Birgit Maifeld

Mäht Nix!
Das Kölsche Glücksgesetz

Birgit Maifeld machte nach ihrer Ausbildung zur Mathematisch-Technischen Assistentin ihren Studienabschluss in Betriebswirtschaft und arbeitet seitdem im Bereich IT und Controlling. Sie ist ein echt kölsches Mädchen und macht in ihrer Freizeit Stadtführungen und Lesungen. Man kennt sie außerdem vom Mundarttheater und anderen Auftritten.

Ihr zweites Hobby neben Köln ist seit vielen Jahren die Psychologie. Eines Tages ist sie auf den Zusammenhang zwischen Grundgesetz und Glücksforschung gestoßen, der Anlass für umfangreiche Recherchen war und Basis für dieses Buch.

Weitere Informationen unter

www.birgit-maifeld.de und

www.das-koelsche-gluecksgesetz.de

Birgit Maifeld

MÄHT NIX!

GLÜCKS

Das Kölsche Grundgesetz

oder

Was die Glücksforschung vom Kölner lernen kann

ISBN 978-3-416-03378-7

Umschlaggestaltung: Birgit Maifeld

Mit Dank an Boze, Jan und Luise.

Inhalt

Einleitung: Woröm? Doröm! 9

Artikel 1: Et es, wie et es 13

Et ging wall, ävver et jeiht nit: Realismus 13

Besser en Plääť wie jar kein Hoor: Selbstakzeptanz 19

Dä jläuv, wat hä lüch: Offenheit 25

Artikel 2: Et kütt, wie et kütt 31

Mer muss dran jläuve: Einstellung 31

Mer es länger dud, wie mer läv: Leben und Tod 41

Vill denke mäht Kopping: Körper und Geist 47

Artikel 3: Et hät noch immer jot jejange 53

Wat nit es, dat kann noch weede: Optimismus 54

Besser Rähn wie jar kei Wedder: Positives Denken 61

Wat mer erläv hät, hät mer hinger sich: Erinnerung 68

Artikel 4: Wat fott es, es fott 75

Wä nix hät, hät nix ze verleere: Bescheidenheit 75

Loss mer eine nünne, sulang mer dat noch künne: In der Gegenwart leben 84

Dun wat de kanns, dun et nit halv, dun et janz: Achtsamkeit 90

Artikel 5: Et bliev nix, wie et wor 97

Do weede mer ald jet drihe: Anpassungsfähigkeit 97

Wä nix us sich mäht, dä es nix: Sinn des Lebens 105

Mer sin jot katholisch, ävver mer jläuve an nix: Glaube 112

Artikel 6: Kenne mer nit, bruche mer nit, fott domet 119

Hammer immer su jemaht: Traditionen 120

Wat mer hät, muss mer fasshalde: Bedürfnisse 128

Mer kennt sich, mer hilf sich: Klüngel 135

Artikel 7: Wat wells de maache? **143**

Mäht nix: Gelassenheit *144*

Küsste hück nit, küsste morje: Entschleunigung *150*

Jede Jeck es anders: Vergleiche *156*

Artikel 8: Maach et jot, ävver nit ze off **165**

Wä sich selvs nix jönnt, es e Bies: Ausgelassenheit *166*

Wann de Firke satt sin, schmieße se der Troch öm: Habituation *173*

Noh der Arbeid es jot räste: Work-Life-Balance *181*

Artikel 9: Wat soll dä Käu? **189**

Käue un Däue häld der Minsch am Levve: Bodenständigkeit *190*

Wo der Häär feet, soll och der Deener levve: Gleichberechtigung *196*

Dat han ich extra verjesse: Selbstbestimmung *203*

Artikel 10: Drinks de eine met? **211**

Ne jode Nohber es besser wie ne wigge Broder: Soziale Bindungen *212*

Jeck loss Jeck elans: Toleranz *220*

Wer jitt, wat hä hät, es wäät, dat hä läv: Hilfsbereitschaft *227*

Artikel 11: Do laachs de dich kapott **235**

Mer han nix, ävver vill för ze laache: Humor *236*

De Haupsaach es, et Hätz es jot: Emotionen *243*

Eine Jeck mäht vill Jecke: Das Glücksvirus *252*

Fazit **262**

Register **265**

Anmerkungen **267**

Einleitung:
Woröm? Doröm!

Warum? Darum!

Zu Beginn eine kleine Umfrage:

Teil 1: Welche der folgenden Begriffe verbindest du spontan mit Köln/Kölnern (bitte ankreuzen):

- o Schönheit
- o Reichtum
- o Bildung
- o Erfolg
- o Kinder
- o Karriere
- o Intelligenz
- o Geselligkeit
- o Toleranz
- o Spaß
- o Optimismus
- o Gastfreundschaft
- o Lebenslust
- o Offenheit

Teil 2: Welche der folgenden Begriffe verbindest du spontan mit Glück / Zufriedenheit (bitte ankreuzen)?

- o Schönheit
- o Reichtum
- o Bildung
- o Erfolg
- o Kinder
- o Karriere
- o Intelligenz
- o Geselligkeit
- o Toleranz
- o Spaß
- o Optimismus
- o Gastfreundschaft
- o Lebenslust
- o Offenheit

Ohne dich zu kennen würde ich darauf tippen, dass die Kreuze in Teil 1 eher auf der rechten und in Teil 2 eher auf der linken Seite zu finden sind. Und kann man daraus folgern, dass die Kölner nicht glücklich sind? Mitnichten! Die Erklärung für diesen scheinbaren Widerspruch traf mich eines Tages in Form eines Geistesblitzes bei strahlendem Sonnenschein im heimischen Garten. Schon länger interessierte ich mich für die Glücksforschung und war an besagtem Tag gerade dabei, mir eine Liste der wichtigsten Erkenntnisse zusammenzustellen, sozusagen die Top 10 der Regeln für ein glückliches Leben. Und dann wurde es mir klar: was ich da vor mir hatte, war nichts anderes als das Kölsche Grundgesetz! Konnte das die Erklärung für den sprichwörtlichen Rheinischen Frohsinn sein?

Dieser Gedanke ließ mich nicht mehr los und war der Beginn einer intensiven Recherche, bei der tatsächlich erstaunliche Parallelen zwischen der kölschen Mentalität und den neuesten Erkenntnissen der Positiven Psychologie[1] zu Tage traten. Selbst aktuelle Ergebnisse aus der neurologischen Forschung lassen sich auf das Grundgesetz zurückführen. So sind sich die Experten einig, dass es unabhängig von Kultur, Alter und Status eine Art gemeinsame Glücks-Basis gibt, also Faktoren, die bei jedem Menschen zur Erhöhung der Lebenszufriedenheit beitragen. Dazu zählen sowohl spezielle Bedürfnisse wie das nach sozialen Bindungen, als auch bestimmte Charakterzüge, wie Humor und Optimismus. Nimmt man alle Faktoren zusammen, ergibt sich nichts Geringeres als eine Beschreibung der Kölschen Lebensart.

Betrachtet man dessen Entstehung, ist das „Kölsche Grundgesetz“ übrigens nicht historisch belegt, wie man aufgrund des Namens vermuten könnte, sondern wurde schriftlich wohl erstmals von Konrad Beikircher erwähnt, der fünf Weisheiten zu Artikeln zusammenfasste[2].

Später haben sich durch unbekannte Quellen weitere Artikel ergeben, bis schließlich das Grundgesetz mit den 11 bekannten Weisheiten entstanden war. Vom Ursprung sind sie allesamt dem Volksmund entnommen und der kennt weitaus mehr Sprüche. Anscheinend haben die Menschen in Köln schon früh erkannt, wie man im Leben glücklich wird. Und so wie Eltern ihren Kindern gute Ratschläge mit auf den Weg geben, wurden die kölschen Weisheiten über die Generationen hinweg überliefert. Dadurch konnten sich beim Kölner im Lauf der Jahre bestimmte Charaktereigenschaften und Handlungsmuster festigen, die zu seiner lebensfrohen Einstellung geführt haben. Und da sich in der Regel das durchsetzt, was den meisten Erfolg hat, sind auch gerade die Sinnsprüche am bekanntesten geworden, die den größten Beitrag zu einem zufriedenen Leben leisten: Das Kölsche Glücksgesetz!

Wenn du bereits Kölner bist, wirst du wahrscheinlich genauso erstaunt wie ich darüber sein, was alles hinter den einfachen Sprüchen steckt und wenn du (noch) kein Kölner bist, darf ich dich einladen, diesen lebensfrohen Menschenschlag auf den folgenden Seiten kennenzulernen und dabei ganz nebenbei spannende Einblicke in die Welt des Glücks zu gewinnen.

Doch bevor es nun losgeht, noch eine wichtige Anmerkung vorneweg: Die kölsche Mentalität hat für mich weniger mit dem Geburtsort zu tun, als vielmehr mit der Lebenseinstellung. Die Stadt wirbt seit Jahren mit dem Slogan «Köln ist ein Gefühl» und die Brauerei Sion hat es vor einigen Jahren mit einem Werbeplakat auf den Punkt gebracht, auf dem es hieß: «Köln muss man nicht verstehen. Köln muss man fühlen». Wenn in diesem Buch vom „Kölner" die Rede ist, ist damit also im übertragenen Sinn die kölsche Lebensart gemeint, so wie sie sich in den zahlreichen Liedern und Texten, Sagen und Überlieferungen, Klischees und der Sprache widerspiegelt.

Zum Abschluss noch eine letzte Frage: Ist dir eigentlich aufgefallen, dass ich dich hier einfach „unverschämt" duze und dass, obwohl wir beim Vorwort sind und uns sozusagen gerade erst kennengelernt haben? Tja auch das gehört zur kölschen Art, denn diese ist offen und aufgeschlossen und sieht jeden als Mensch unter Menschen, was bedingt, dass man ohne langes Vorgeplänkel schnell zum „du" übergeht. Glückstechnisch gesehen ist die Sache mit dem „du" noch einfacher. Überraschungen sorgen für gute Gefühle und überrascht warst du doch sicher, oder?

Artikel 1:
Et es, wie et es

Akzeptiere das Leben und dich selbst

Warum Kölner keine Schönheits-OPs brauchen, sich die Fans des 1. FC Köln für einen Karnevalsverein halten und schicke Clubs in Köln regelmäßig Pleite gehen.

Der Kölner ist ein ausgesprochener Realist in allen Lebenslagen. Er nimmt die Dinge wie sie sind und spricht offen darüber. Daraus schöpft er ein gesundes Selbstvertrauen, was ihm hilft auch über Schwächen mit Humor hinwegzusehen.

Et ging wall, ävver et jeiht nit: Realismus

Es ginge wohl, aber es geht nicht

Tünnes und Schäl wollen zur Bierbörse nach Bonn, deswegen steht Schäl pünktlich um 15 Uhr bei Tünnes vor der Tür. Als er klingelt, ist Tünnes aber noch im Bad beschäftigt, schließlich möchte er für die „lecker Mädche" aus Bonn was hermachen. Schäl drängt ihn sich zu beeilen und da die Zeit langsam knapp wird, müssen sie das letzte Stück zum Bahnhof rennen. Doch als sie abgehetzt und nach Luft hechelnd auf dem Bahnsteig ankommen, sehen sie nur noch, wie der letzte Waggon hinter der Kurve verschwindet. Schäl kann es nicht fassen und fährt Tünnes wütend an:
- «Do dusselije Träntelbotz, wörs do nit widder esu lantsam jewäs, hätte mer nit der Zoch versümp!
/ Du Blödmann, wärst du nicht wieder so langsam gewesen, hätten wir den Zug nicht verpasst!»
Darauf erwidert Tünnes schlagfertig:
- «Do jecke Aapefott bruchs dich jar nit esu opzeräje! Wann do nit esu jerannt wörs, mööte mer jetzt nit esu lang op der nökste Zoch waade!
/ Du Idiot brauchst dich gar nicht so aufzuregen. Wenn du nicht so gerannt wärst, müssten wir jetzt nicht so lange auf den nächsten Zug warten!»

Der erste Artikel des Kölschen Grundgesetzes trifft wie kein anderer das Herz der kölschen Mentalität und ist gleichsam auch eine der bedeutendsten Erkenntnisse der Glückspsychologie: Maßgeblich für unsere Zufriedenheit ist nicht wie die Dinge und Umstände um uns herum sind, sondern wie wir diese wahrnehmen. So können zwei Menschen identisch aufwachsen, dasselbe besitzen und in jeder Sekunde genau dasselbe erleben und trotzdem ist einer glücklich und der andere nicht. Woran das liegt, versuchen Psychologen seit vielen Jahren herauszufinden und mittlerweile ist man sich einig, dass es einige Charaktereigenschaften und Bedingungen gibt, die unabhängig von Alter, Status und Herkunft zum Glück jedes Menschen beitragen. Die erstaunlichste Erkenntnis dabei dürfte sein, dass äußere Einflüsse wie Besitz, Schönheit und Lebensstandard viel weniger Wirkung auf unser Wohlbefinden haben, als bisher allgemein angenommen wurde. Viel wichtiger ist unsere innere Haltung zum Leben.

Der Kölner macht daher zunächst eine Art Bestandsaufnahme und fragt nicht «Wie **geht** es?» sondern «*Wie* ***es*** *et*?». Als Antwort wird er in der Regel eine offene, ehrliche und zutreffende Einschätzung der Lage bekommen. Denn so ist die kölsche Seele: offen, ehrlich und durch und durch realistisch. Diplomatie, Beschönigung, Verdrängung oder Komplexe sind dem Kölner fremd, hier geht man aufrichtig miteinander um und pflegt eine sehr direkte Art. Auf den ungeübten Nicht-Kölner kann so ein schonungsloser Umgang bisweilen für schockierende Momente sorgen. So würde man auf die Frage, ob das mit viel Liebe und Mühe nach Fernsehkochrezept zubereitete indische Abendessen schmeckt, sicher nicht die Antwort erwarten: «*Jo dat schmeck, un zwar jenau esu verdrüch wie ding Blome ussinn. / Ja es schmeckt und zwar genauso vertrocknet, wie deine Blumen aussehen.*».

Genau das kann einem aber durchaus passieren, denn der Kölner richtet sich nicht nach Höflichkeit, sondern nach Tatsachen. Und wenn es so ist, wieso sollte man es dann nicht auch so sagen?

Diese Einstellung steht jedoch ganz im Gegensatz zum aktuellen Gesellschaftstrend. Denn nicht nur in der Werbe- und Medienwelt herrscht mehr Schein als Sein, mittlerweile ist auch das Privatleben zur reinsten Mogelpackung mutiert. Da werden Lebensläufe „aufgehübscht“, Bilder „gephotoshopt“ und im Internet ganze Persönlichkeiten neu erfunden. Doch so viel Spaß das Ganze machen kann, es birgt auch die Gefahr, den Blick für die Realität zu verlieren. Denn irgendwann verschwimmen die Grenzen zwischen Täuschung und Wahrheit und damit auch zwischen Tatsachen und Wahrnehmung. Als Folge verzweifeln junge Mädchen an ihrem vermeintlich nicht perfekten Körper und Arbeitnehmer

Tünnes und Schäl stehen für typische Charaktere. Tünnes ist bodenständig, gutmütig, optimistisch und hat immer den Schalk im Nacken sitzen. Schäl ist geschäftstüchtig, arglistig, pessimistisch und schielt immer mit einem Auge auf das Geld.

an ihrer vermeintlich gescheiterten Karriere. Und wer spricht schon gerne im Bekanntenkreis über Krankheiten und Probleme, wo doch um einen herum alle gesund und zufrieden zu sein scheinen. So kann man denn schnell den Eindruck gewinnen, dass alles - vor allem man selber - nahezu perfekt zu sein hat. In Köln ist das zum Glück anders. Und das liegt nicht nur daran, dass einem alle Nase lang Baustellen begegnen und die Zeitungen täglich voll von neuen Pannen bei der Stadtplanung sind. Nein hier weiß man, dass die Welt nicht nur aus Sonnenschein besteht: *Unjlöck, Nähl un Hoor wahße durch et janze Johr / Unglück, Fingernägel und Haare wachsen das ganze Jahr*. Doch statt nun den Schönheitschirurgen zu konsultieren oder zu behaupten, die Geheimratsecken wären der neueste Trend aus den USA, erkennt der Kölner, dass er manche Dinge eben akzeptieren muss wie sie sind. Diese unscheinbare Erkenntnis hat eine enorme Bedeutung, wie ein kleines Gedankenexperiment zeigen soll.

In Anlehnung an den altehrwürdigen Philosophen Sokrates nehmen wir zunächst an, dass wir rein gar nichts ändern können und alles in der Welt als gegeben hinnehmen müssen: Statt «Ich weiß, dass ich nichts weiß», heißt es dann *et es, wie et es*, also so viel wie „Ich weiß, dass ich nichts ändern kann“. Das ist auf den ersten Blick eine durchaus hilfreiche Einsicht, denn sie nimmt uns eine gehörige Portion Verantwortung ab. Plötzlich müssen wir uns keine Gedanken mehr machen, warum wir nicht im Vorstand sitzen und keine Unsummen mehr für Hyaluronsäure-haltige Cremes ausgeben, um die ersten Fältchen zu bekämpfen. Wir brauchen auch kein schlechtes Gewissen zu haben, weil es statt der Runde auf dem Laufband doch wieder die Nr. 54 vom Chinesen gab und ob wir umweltfreundlich mit dem Fahrrad zur Arbeit radeln oder doch wieder das Auto nehmen ist auch egal, weil wir ja eh keinen Einfluss auf die Dinge um uns herum haben. All dieser Lasten und nun völlig unnötigen Gedanken entledigt, könnten wir uns völlig entspannt zurücklehnen.

Doch Moment mal. Spätestens nach fünf Minuten fällt uns auf, dass es gar nicht so toll ist, wenn wir auf nichts Einfluss nehmen könnten. Einfach nur ein Spielball des Schicksals zu sein, wäre auf Dauer nicht nur ziemlich langweilig, sondern geradezu mega frustrierend (→ Artikel 9 Selbstbestimmung). Der erste Artikel bedeutet deshalb auch nicht, dass man alles als gegeben hinnehmen soll, ganz im Gegenteil. Wenn man erkannt hat, was unabänderlich ist, muss man dem keine Aufmerksamkeit mehr schenken. Das aber hat zur Folge, dass man viel mehr Energie für die Dinge hat, auf die man aktiv Einfluss nehmen kann. So könnten sich Tünnes und Schäl über den verpassten Zug ärgern und die nächsten vierzig Minuten streiten. Das würde zwar in gewisser Weise die Wartezeit verkürzen, sie aber auch nicht schneller in Bonn ankommen lassen. Oder sie wenden eine Methode an, die man Reframing nennt, wobei es darum geht, Dinge gezielt aus einem anderen Blickwinkel zu betrachten, um ihnen so eine neue Bedeutung zu geben. So könnten sie auch schauen wann der nächste Zug fährt und die verbleibende Zeit nutzen, um im Bahnhof die neue Reibekuchenbude zu testen. Das sorgt bei beiden für gute Laune und statt mürrisch und gestresst kann es anschließend frisch gestärkt zur Bierverkostung gehen.

Besser en Pläät wie jar kein Hoor: Selbstakzeptanz

Besser eine Glatze als gar keine Haare

Es ist Sonntagabend und Tünnes und Schäl sitzen in ihrem Stammlokal beim Jussi[3] an der Theke und schauen die Sportschau. Nach der Sendung bestellt Schäl noch zwei Kölsch und fängt an zu jammern.

- «Och Tünnes, Ich well morje nit op de Arbeid jon. De Kolleje sare ich künnt nix, de Sekretärinne meine ich wör fuul un de Praktikante wessen alles besser wie ich. Et leevs dät ich do jar nit mih hin jon.

/ Ach Tünnes, ich möchte morgen nicht zur Arbeit gehen. Die Kollegen sagen ich könnte nix, die Sekretärinnen meinen ich wäre faul und die Praktikanten wissen alles besser als ich. Am liebsten würde ich da gar nicht mehr hingehen.»

Daraufhin leert Tünnes sein Glas in einem Zug, schaut Schäl verständnislos an und sagt mit ernstem Tonfall:

- «Do muss ävver jon, Schäl, och wann du meins do wörs för der Job nit jeeignet. Do bes jesund un bruchs dat Jeld. Ußerdäm besde der Chef. Do musste ald jon.

/ Du musst aber gehen Schäl, auch wenn du denkst, du bist für den Job nicht geeignet. Du bist gesund und brauchst das Geld. Außerdem bist du der Chef. Da musst du schon gehen.»

Im letzten Abschnitt hast du erfahren, dass der Kölner die Dinge akzeptiert wie sie sind und das gilt insbesondere auch für die Schattenseiten des Lebens. Und so schlecht sind diese schließlich auch gar nicht, immerhin kann man sich dort keinen Sonnenbrand holen (Reframing lässt grüßen). Mit dieser pragmatischen Einstellung gegenüber seiner Umwelt betrachtet der Kölner auch sich selbst. Da er weiß, wo seine großen Stärken liegen, kann er zu seinen kleinen Schwächen stehen. Angesichts des leichten Hangs zu Superlativen in Bezug auf alles was kölsch ist, würde man gar nicht vermuten, dass er überhaupt solche hat. Doch in dem was nach außen gelegentlich arrogant wirkt, steckt eigentlich viel Selbstironie, nimmt der Kölner sich doch selber nicht wichtig und schon gar nicht ernst. Und das hat psychologisch gesehen eine paradoxe Wirkung, denn es erhöht das positive Selbstbild! Ironie hilft uns, Dinge gelassener zu sehen und nimmt den Druck, fehlerfrei sein zu müssen. Dadurch trauen wir uns mehr zu, was wiederum das Selbstbild verbessert.

Leider hat sich in manchen Bereichen eine gegenläufige Bewegung breit gemacht. Schaut man sich zum Beispiel gängige Stellenausschreibungen an, werden durch die Bank weg Übermenschen gesucht. Höchste Schulabschlüsse, langjährige Berufserfahrung und umfangreiches Fachwissen sind nur die Grundvoraussetzungen. Neben einem hohen Maß an Eigeninitiative und Teamorientierung wird analytisches Denken genauso wie die Fähigkeit zu kreativen Problemlösungen vorausgesetzt und dass der Bewerber flexibel ist und über entsprechende Belastbarkeit auch bei hohem Arbeitsaufkommen verfügt, ist ohnehin selbstredend. Hat man es dank frisiertem Lebenslauf trotzdem geschafft, im täglichen Arbeitswahnsinn anzukommen, sind Fehler undenkbar. Wenn doch mal irgendetwas schief läuft, lag es entwe-

Dem kölschen Original „De Läsche Nas" wurde in Ehrenfeld sogar ein Brunnen gewidmet. Allerdings läuft es nicht mehr aus allen Nasen.

der an der unfähigen Kollegin, dem dritten Systemabsturz in Folge oder dem unzureichenden Kommunikationsprozess. Ein «Upps, das hab ich total vergessen» oder «Mist, da ist mir wohl ein Fehler passiert» ist nicht mehr drin. Man selber macht ja nichts falsch. Schließlich wird einem nicht nur im Job, sondern auch in Werbung und Medien ständig suggeriert, dass nur der erfolgreich ist, der keine Fehler hat. Kein Wunder, dass da die Selbstachtung stetig sinkt, während die Zahl der Burnout Fälle steigt.

Wie schön es sein kann nicht perfekt zu sein, zeigen dagegen die Kölner Originale. Menschen, die aufgrund ihrer Art, vor allem aber auch ihrer Schwächen, zu stadtbekannten Persönlichkeiten wurden. Da wäre zum Beispiel *de Läsche Nas* (Andreas Lerch), der sich in Ehrenfeld als Schauspieler und Hundefänger einen Namen machte, vor allem aber für seinen überdimensionalen Zinken bekannt war. Oder auch *der Möler Bock* (Heinrich Peter Bock), der statt einen ordentlichen Beruf zu erlernen, lieber durch die Stadt zog und die Damenwelt mit Blumen und blumigen Worten verzückte[4]. Sie alle haben ihren Platz gefunden, denn während Menschen mit vermeintlichen Schwächen nicht selten ins gesellschaftliche Abseits geraten, geht man im kölschen *Veedel* offen und humorvoll mit ihnen um. Dass dabei auch unverblümt über ihre Makel und menschlichen Verfehlungen gesprochen wird zeigt, dass diese kein Grund zum Schämen sind. In der kölschen Mentalität ist es eben nicht wichtig, was jemand „her macht", sondern dass *et Hätz* am rechten Fleck sitzt, da wird einem dann selbst so manche Unart verziehen.

Auch sich selbst gegenüber ist der Kölner im Allgemeinen wohlwollend gesinnt, so kann *och et Stemmche vum schlääachte Jewesse ens en der Stemmbruch kumme / auch die Stimme des schlechten Gewissens mal in den Stimmbruch kommen*. Mit anderen Worten: der Kölner hält sich nicht allzu lang mit den eigenen Fehltritten auf. Was gut ist, denn nicht selten sind wir selbst unsere größten Kritiker. So haben verschiedene Studien gezeigt, dass wir ständig alles bewerten was wir denken und tun und nicht selten fällt unser Urteil dabei negativ aus. Das hat wohl einen evolutionstechnischen Hintergrund, da das automatische kritische Hinterfragen und Beurteilen unserer Handlungen dazu dient, dass wir uns ständig weiterentwickeln und verbessern. Es besteht jedoch die Gefahr, dass wir uns irgendwann nur noch auf unsere Schwächen konzentrieren und damit selber am Weiterkommen hindern. Martin Seligman, Pionier der Positiven

Psychologie rät daher dazu, seine Stärken auszubauen und regelmäßig im Alltag anzuwenden. Soll heißen wenn der kleine Justin unmusikalisch ist, tut man ihm keinen Gefallen damit, ihn mit pädagogisch wertvollen Klavierstunden zu quälen. Viel besser für seine persönliche Entwicklung wäre es, ihn zum Fußballcamp zu schicken. Dort könnte er seine Stürmerqualitäten ausleben und dadurch seine Selbstachtung festigen (und dem 1. FC Köln in ferner Zukunft vielleicht einmal zum zehnten Wiederaufstieg verhelfen).

Nach den bisherigen Erkenntnissen gibt es fünf Schlüsselstärken, die laut Seligman einen besonders hohen Einfluss auf die persönliche Lebenszufriedenheit haben:

- Dankbarkeit (→ Artikel 6 Bedürfnisse)
- Optimismus (→ Artikel 3 Optimismus)
- Lebensfreude (→ Artikel 8 Enthusiasmus)
- Neugier (→ Artikel 7 Vergleiche)
- Bindungsfähigkeit (→ Artikel 10 Soziale Bindungen)

Falls es dich interessiert, wo deine Stärken liegen, kannst du dies unter www.charakterstaerken.org übrigens kostenlos herausfinden.

Förderlich für die Selbstakzeptanz ist es auch, auf die Meinung anderer nicht zu viel Wert zu legen. Selber zu entscheiden, was gut für uns ist, bringt uns viel weiter, als unsere Aufmerksamkeit darauf zu ver(sch)wenden, was andere wohl denken. Dass uns das Urteil unserer Mitmenschen trotzdem so wichtig ist, ist ebenfalls durch die Evolution bedingt. Denn als wir noch in Herden durch die Landschaft zogen, konnte es überlebenswichtig sein, sich nach den anderen in der Gruppe zu richten. Heute jedoch haben die meisten von uns einen festen Wohnsitz und da ist es für ein gesundes Selbstbewusstsein förderlicher, auf die eigene Stimme zu hören und sich selber so zu mögen, dass man selbst aus der größten Kritik noch Lob heraus hören kann.

Wie zum Beispiel die Anhänger des 1. FC Kölns. So trug es sich vor Jahren zu, dass bei einem Spiel der Geißböcke aus dem gegnerischen Block plötzlich laute Sprechchöre zu vernehmen waren. Auf die Melodie des bekannten Schmähverses «Zieht den Bayern die Lederhosen aus» ertönte es da in eindeutig hämischer Absicht «Ihr seid nur ein Karnevalsverein, Karnevalsverein, Karnevalsverein». Womit die Kölner Kicker samt Fans als Witzfiguren hingestellt werden sollten. Doch was als Beleidigung gemeint war, wurde kurzerhand zur Stärke umdefiniert. Denn spontan stimmten tausende FC Fans in der Süd- und Nordkurve mit ein und grölten in leicht abgewandelter Form «Wir sind nur ein Karnevalsverein - ja und?!, Karnevalsverein - ja und?!, Karnevalsverein - ja und?!»

Den Kölner mit Karneval beleidigen zu wollen ist ohnehin ein Witz, schließlich ist man hier stolz darauf, den ältesten, größten, bedeutendsten und schönsten Karneval überhaupt auf der ganzen Welt zu haben. Und selbst wenn die FC Spieler hier und da den Eindruck machen, als wären sie mit zwei Promille auf dem Spielfeld unterwegs - ja und?! Auch Spieler sind nur Menschen und der *Spass an der Freud* ist ohnehin viel wichtiger als ständiger Erfolg.

Dä jläuv, wat hä lüch: Offenheit

Der glaubt, was er lügt

Heute ist ein besonderer Tag für Schäl, denn da man ihn der Steuerhinterziehung beschuldigt, muss er vor Gericht erscheinen. Vor lauter Aufregung ist ihm schon ganz schlecht und dann hat er auch noch einen ausgewachsenen Kater von der Bierbörse. Mit dickem Schädel aber pünktlich und in seinem besten Anzug trifft er bei Gericht ein. Aufgeregt verfolgt er die Sitzung, bis man ihn in den Zeugenstand ruft. Als er seinen Platz eingenommen hat, schaut ihn der Richter mit strengem Blick von der Seite an und fragt:

- «Herr Schäl, Sie wissen, dass falsche Angaben vor Gericht bestraft werden?»

- «Ävver Herr Richter, ja jo dat. Dat hät mer minge Anwalt lang un breid verklört.

/ Natürlich Herr Richter, das hat mir mein Anwalt ausführlich erklärt.»

- «Hat er ihnen auch gesagt, was passiert, wenn sie lügen?»

- «Eja, och dat. Hä meint, dat mer der Prozess dann jewinne däte!

/ Ja auch das. Er meinte, dass wir den Prozess dann gewinnen würden!»

Sein Motto *Et es, wie et es* trägt der Kölner nicht nur im Herzen, sondern auch nach außen. Während es im Allgemeinen eher verpönt ist, Persönliches außerhalb des privaten Umfeldes auf den Tisch zu bringen, kennt die kölsche Seele diesbezüglich keine Skrupel. Wann immer es geht, sprudelt es unaufhaltsam aus ihr heraus. So wird dem neuen Nachbarn in aller Ausführlichkeit von der letzten Darmspiegelung erzählt oder der Dame an der Supermarktkasse beim Bezahlen noch ganz nebenbei geschildert, wie der Ehemann wegen „nächtlicher Ruhestörung" ins Wohnzimmer verbannt wurde. Scham oder Peinlichkeit sind dem Kölner ähnlich fremd wie Taktgefühl, denn dank seiner gesunden Selbstakzeptanz trägt er seine Befindlichkeiten auf der kölschen Zunge. So wird nicht nur das eigene körperliche und seelische Wohlergehen schonungslos jedem offenbart, der es (nicht) wissen möchte, auch mit seiner Meinung hält der Kölner nicht hinter dem Berg. Mit seiner offenen und direkten Art sorgt er dabei nicht selten für verwirrte Reaktionen und empörte Gesichter. Doch was für den einen eine handfeste Beleidigung, ist für ihn nur der ehrliche Ausdruck seiner Wahrnehmung: «*Do rüchs jo nit jrad noh Vijülcher / du riechst nicht gerade nach Veilchen*».

Das ist keineswegs beleidigend gemeint, sondern als aufrichtiger Hinweis zu verstehen. *Et es halt wie et es.* Und da im Kölner ein hervorragender Beobachter steckt, hat er einen besonders guten Blick für die kleinen Unvollkommenheiten seiner Mitmenschen entwickelt. Über die dann auch ganz selbstverständlich gesprochen wird, denn da der Kölner seine eigenen Fehltritte und Macken kennt und offen mit ihnen umgeht, sieht er kein Problem darin, auch andere darauf anzusprechen. Im Grunde drückt er damit sogar sein Mitgefühl und Verständnis aus, schließlich *sök mer keiner hinger der Heck, of mer hät selver dohinger jeläje / sucht man niemanden hinter der Hecke, wenn man nicht selber schon dahinter gelegen hat.*

Wie ich schon öfter feststellen konnte, wenn wir Besuch aus dem nahen und fernen Umland hatten, wird die direkte Art des Kölners schnell als unverschämt empfunden. Regelmäßig muss ich dann aufklären, dass Höflichkeit zwar eine Tugend sein soll, aber sicherlich keine, die man in Köln findet. Doch wer die Worte des Kölners richtig zu nehmen weiß, kann darin auch das Gute sehen. So weiß man bei ihm dank seiner direkten Art zumindest immer, woran man ist. Umgekehrt muss man sich selber nicht um höfliches Geplänkel bemühen. Diejenigen, die sich bei ihm einschmeicheln wollen, nimmt der Kölner ohnehin nicht ernst und reagiert mit der ihm typischen Ironie: «*Nä wat seht ehr widder jot us! / Ach, was sehen Sie wieder gut aus!*» - «*Eja, es alles ussem Dösje! / Oh ja, ist alles aus der (Schmink)dose!*».

Vielleicht gehört der Kölner aufgrund seiner eigenen offenen Art ja sogar zu der Minderheit der menschlichen Lügendetektoren. So bezeichnet der Psychologe Paul Ekman die Menschen, die Lügen mit nahezu hundertprozentiger Sicherheit entlarven können. Er führt das darauf zurück, dass diese Personen „Micro Expressions" in der Mimik ihres Gegenübers erkennen. So nennt er unfreiwillige Muskelzuckungen, die unbewusst durch Emotionen ausgelöst werden und deswegen für den Bruchteil einer Sekunde die wahre Empfindung im Gesicht zeigen[5]. Komplimente sollte man daher am besten nur dann machen, wenn sie auch ehrlich gemeint sind. Und da keiner immer gleich (gut oder auch schlecht) ist, ist es wirkungsvoller, eine konkrete Verhaltensweise zu loben oder zu tadeln, als ein pauschales Urteil abzugeben.

Ganz besonders gilt das bei Kindern. Die Anstrengung hinter dem Erreichen einer guten Note zu loben, ist viel motivierender für die Kleinen, als die Note selbst in den Vordergrund zu stellen (→ Artikel 9 Selbstbestimmung). Und wenn wir uns mal an die eigene Nase fassen, dürfen wir ruhig darüber jammern, dass diese schief ist, aber nicht gleich den ganzen Kopf in den Sand stecken. Denn Schwächen zu leugnen, ist für die Zufriedenheit genauso wenig zielführend wie übermäßige Selbstkritik. Die goldene Mitte ist ein offener und aufrichtiger Umgang mit sich selbst und das hilft auch andere zu durchschauen. Da haben Schmeichler und Hochstapler keine Chance mehr, denn *jemolte Blome ruche nit / gemalte Blumen riechen nicht.*

Apropos Blumen. An dieser Stelle soll einmal mit einem weit verbreiteten Vorurteil aufgeräumt werden: Schönheit macht nicht glücklich! OK, zugegebenermaßen hilft sie (besonders Frauen) gelegentlich weiter. Aber Schönheit liegt schließlich auch immer im Auge des Betrachters und der wichtigste Betrachter ist man selbst. Und sich selber zu mögen und zu akzeptieren geht auch, wenn man nicht wie eine Schönheitskönigin aussieht. Im Vergleich zum Mittelalter können wir uns heute ohnehin alle wie Topmodels fühlen, muss doch dank moderner Medizintechnik niemand mehr entstellt oder verkrüppelt herumlaufen. Und außerdem gilt: Wer nicht dem aktuellen Schönheitsideal entspricht, aber viele Freunde hat, ist viel glücklicher als das Modell, das einsam über den Laufsteg stolziert. Klingt banal, ist aber so. Und weil der Kölner das schon lange weiß, spielt Schönheit in Köln auch keine große Rolle: *De Kölsche sin keine schöne Minscheschlach. Dat es e Jlöck. Dann han se och kein Arbeid*

Flohmarkt als angesagtes Event bei Jack in the Box auf der Bahnbrache des alten Güterbahnhofs Ehrenfeld.

domet, et ze blieve / Der Kölner ist nicht schön. Zum Glück, denn so hat er auch keine Arbeit damit, es zu bleiben. In Köln liebt man den prolligen Poldi, den schnauzbärtigen Höhner Frontmann Henning Krautmacher und den kauzigen Schlagerfriseur Tim Toupet. Was nicht heißen soll, dass der Kölner nicht attraktiv wäre, doch dies nach außen zur Schau zur stellen, ist nicht seine Art.

Dies erkannte auch ein Stuttgarter, mit dem ich vor ein paar Jahren sonntags in der Stadt spazieren ging. Er war gelinde gesagt entsetzt, wie die Menschen „herumliefen“, wo er sich doch extra in den sprichwörtlichen Sonntagsanzug geschmissen hatte, um als Mann von Welt etwas herzumachen. Tja, als solcher war er in Köln dann wohl an der falschen Adresse, denn selbst im Stadtbild zeigt sich, wie wenig der Kölner auf Schi Schi gibt. So macht die Stadt insgesamt nicht gerade den saubersten Eindruck und man muss schon genauer hinschauen, um die schönen Ecken zu finden. Es gibt zwar immer wieder Versuche, das Stadtbild zu pimpen, doch

Schickimicki kommt bei der breiten Bevölkerung einfach nicht an. So musste im neuen Szeneviertel am Rheinauhafen bereits ein teurer Club nach dem anderen aufgrund mangelnder Besucher die Pforten schließen[6]. Die angesagten Events finden in Köln auf alten Industriegeländen und Bahnbrachen statt. Und selbst die Promis gehen beim Rosenmontagszug mit, statt über den roten Teppich zu laufen. In Köln zählt halt das Sein und nicht der Schein. Deswegen heißt es auch nicht *Et es, wie et schingk* sondern *Et es, wie et es*!

Zusammenfassung Artikel 1:
Realismus ist förderlich für das Glück. Denn nicht die Umstände selbst sind Ursache für unsere Zufriedenheit, sondern unsere Einstellung dazu. Wenn wir akzeptieren, was wir nicht ändern können, haben wir mehr Energie, um unser Leben aktiv zu gestalten.

Praktische Tipps zur Umsetzung:

- Stell dich in einer kölschen Eckkneipe an die Theke und stelle die Universalfrage: «*Wie es et*?».
- Besuche eine Vorstellung des Hänneschen Theaters und achte besonders auf die Rolle des „*Speimanes*".
- Nehme mit einem eigenen Stand am Nachtflohmarkt bei Jack in the Box teil. http://www.nachtkonsum.com/koeln

Artikel 2:
Et kütt, wie et kütt

Freue dich auf die Zukunft und
erwarte immer das Beste

Wie aus ein paar Römern 11.000 Jungfrauen wurden, warum Kölner keine Probleme mit dem Sterben haben und wie man sich gute Laune einfach herbei schunkeln kann.

Der Kölner pflegt einen gelassenen Umgang mit dem Lauf des Lebens. Und dank seiner Fantasie und guten Laune schafft er es spielend, die Zukunft positiv zu beeinflussen.

Mer muss dran jläuve: Einstellung

Man muss dran glauben

Tünnes geht pfeifend durch die Stadt, als ihm Schäl begegnet. Verwundert fragt der ihn:
- «Wat bes do dann esu jot jefuzz?
/ Wieso bist du so gut drauf?»
- «Och ich han Urlaub om Balkon jemaht.
/ Ich habe Urlaub auf dem Balkon gemacht.»
- «Wie sull dat dann jon?
/ Wie soll das denn funktionieren?»
- «Pass op Schäl, hück morje han ich mer op der Balkon jet Sand jestreut, ne arabische Jranatsappelstee jemaht, der Vürhang öm der Balch jeweckelt, e bessje mem Stohl jewackelt un mer vörjestallt, ich wör ene Prinz in der Sahara un dät do om Kamel rigge. Do kanns der nit vürstelle, wat dat för ene Spass wor.
/ Pass auf Schäl. Heute morgen habe ich mir ein bisschen Sand auf den Balkon gestreut, einen arabischen Granatapfeltee gemacht, einen Vorhang umgewickelt, ein bisschen auf dem Stuhl gewackelt und mir vorgestellt, ich sei ein Prinz in der Sahara und würde dort auf einem Kamel reiten. Du kannst dir nicht vorstellen, wie viel Spaß das gemacht hat.»
Schäl ist ganz begeistert von der Vorstellung, so preiswert Urlaub machen zu können und fragt:
- «Sach Tünn, wann do et nöckste Mol Urlaub mähs, nimmpste mich dann met?

/ Sag mal Tünnes, wenn du das nächste Mal Urlaub machst, nimmst du mich dann mit?»

- «Dat deit mer leid Schäl, dat jeiht nit. Minge Balkon es esu klein, do pass nor eine Stohl drop!

/ Das tut mir leid Schäl, aber das geht nicht. Mein Balkon ist so klein, da passt nur ein Stuhl drauf!»

Nachdem es im ersten Artikel darum ging, wie pragmatisch der Kölner mit der Gegenwart umgeht, wird es nun Zeit, einen Blick in die Zukunft zu wagen. Auch hier lauern Dinge, an deren Verlauf wir nicht rütteln können. Und auch hier gilt, der Kölner ist kein Fatalist, der sich mit dem Lauf des Schicksals abgefunden hat. Er akzeptiert vielmehr das Unabänderliche und kann sich dadurch umso mehr dem „freien Teil" seiner Zukunft widmen. Und wie es scheint, haben wir alle mehr Einfluss auf die Zukunft, als man es auf den ersten Blick vermuten würde. Denn was uns wie ein Zufall vorkommt, ist oft eine Verkettung unbewusster Gedanken und Handlungen. Dieses Phänomen ist als „Selbsterfüllende Prophezeiung" bekannt oder auch „Gesetz der Resonanz". Demnach strebt alles in uns danach, unsere Wünsche zu erfüllen, wenn wir nur fest daran glauben. Und so mystisch wie sich das im ersten Moment anhören mag, ist es gar nicht. Im Grunde ist unser Gehirn tatsächlich darauf programmiert, alles zu tun was wir möchten. Es macht sozusagen die eigenen Glaubenssätze wahr.

Angenommen ich halte mich für einen Versager und bin überzeugt, dass ich eigentlich sowieso keine Chance auf den ausgeschriebenen Traumjob habe. Oder ich rede mir das ein, damit die Enttäuschung bei einer Absage nicht zu groß wird. Egal welcher Grund hinter meinen

Gedanken stehen mag, unbewusst wird diese Botschaft umgesetzt. In meinem Bewerbungsschreiben werde ich zum Beispiel (ohne dass es mir auffällt) viele negativ besetzte Worte verwenden, im Lebenslauf nicht alle Kompetenzen aufführen und falls ich trotzdem zu einem Gespräch eingeladen werde, nervös und unsicher wirken. All das geschieht ungewollt und unbewusst, führt aber dazu, dass der potentielle Chef einen schlechten Eindruck bekommt und mir den Job nicht gibt. An der Stelle darf ich mich dann bei meinem Gehirn bedanken, da es alles getan hat, damit ich am Ende Recht behalte.

Der Psychologe Richard Wiseman konnte in einem groß angelegten Projekt nachweisen, dass denjenigen, die sich für Glückspilze halten, tatsächlich mehr Glück widerfährt. Dahinter steckt kein Zufall und schon gar kein Wunder, sondern allem voran die individuelle Einstellung. Zum Beispiel erzählen Glückspilze mehr Leuten von ihren Plänen und starten mehr Versuche, diese in die Tat umzusetzen. Alleine dadurch erhöhen sie die Wahrscheinlichkeit, dass es ihnen gelingt. Menschen, die sich für Pechvögel halten, geben umgekehrt viel schneller auf und lassen Chancen oft unbemerkt vorbeiziehen. Viele Pechvögel der Untersuchung hatten auch ein ängstlicheres Wesen. Dadurch waren sie allgemein nervöser, benahmen sich ungeschickter und - wer hätte es gedacht - es passierten ihnen mehr Missgeschicke[7].

2001 entdeckte der Soziologe David Phillips sogar einen tödlichen Fall der Selbsterfüllenden Prophezeiung. Studenten hatten ihn auf die Idee gebracht, als sie davon erzählten, dass die Vier im asiatischen Raum als Unglückszahl gilt, weil sie in der Aussprache ähnlich wie das Wort Tod klingt. Der Professor wertete daraufhin die

Sterberegister der USA von 1973 bis 1998 aus. Und tatsächlich: am vierten jeden Monats waren etwa 13 Prozent mehr Chinesen und Japaner gestorben als an den anderen Tagen. Bringt die Zahl Vier also tatsächlich Unglück? Wohl kaum. Phillips erklärt die Ergebnisse so, dass der Stresspegel der Asiaten aufgrund des Aberglaubens an den entsprechenden Tagen besonders hoch war. Und Stress macht anfälliger für einen Herzinfarkt[8].

Der umgekehrte Fall, dass Glauben alleine eine Heilung hervorrufen kann, ist indes schon länger belegt und als Placebo-Effekt bekannt. Hierbei wird Patienten ein völlig wirkungsloses Präparat verabreicht. Sind diese jedoch überzeugt ein Medikament einzunehmen, wird trotzdem ein Genesungsprozess in Gang gesetzt: *Däm eine hilf de Salv, däm andere et Döppe / Dem einen hilft die Salbe, dem anderen die Verpackung*. Besonders gut funktioniert das bei Schmerzpatienten. Anscheinend löst der Glaube an ein wirksames Medikament in diesem Fall aus, dass der Körper selber Stoffe ausschüttet, die Schmerzen unterdrücken. Mittlerweile werden sogar ganze Scheinoperationen durchgeführt, die ebenfalls in vielen Fällen zur Besserung der Beschwerden führen.

Bei der Selbsterfüllenden Prophezeiung geht es also nicht darum, durch Willenskraft die Welt zu verändern, sondern unbewusst Einfluss auf das eigene Verhalten und Empfinden auszuüben. Und das kann man auch ganz bewusst zu seinem Vorteil nutzen, indem man einfach fest an das glaubt, was man erreichen möchte (laut Theorie geht es dann nämlich zwangsläufig in Erfüllung). Eine bekannte Technik hierzu ist die Autosuggestion, bei der ein Ziel visualisiert wird. Je genauer die Vision ist, desto stärker wird das innere Bestreben, das Ziel zu erreichen. Wichtig dabei ist nur, dass das Ziel realistisch ist (wenn ich gerne 20cm größer wäre, ist es recht unwahrscheinlich, dass ich über Nacht anfange zu wachsen, selbst mit der besten Visualisierungstechnik nicht) und ich mir nicht nur das Ergebnis vorstelle, sondern auch den Weg dahin.

Ebenso bekannt sind Affirmationen, eine Art prägnanter Glaubenssätze («Ich werde nicht zunehmen»). Diese sind besonders erfolgreich, wenn sie positiv formuliert sind («Ich werde abnehmen»), konkret («Ich werde 30Kg abnehmen») und ebenfalls realistisch («Ich werde 3Kg abnehmen»). Die wohl berühmtesten Affirmationen sind die zehn Gebote. Eine ähnliche Funktion haben für den Kölner seine unzähligen Lieder. Nicht umsonst handeln diese meist von all dem, was der Kölner gerne hätte: Die schönste Stadt, die schönsten Mädchen und eine zentrale Rolle im Weltgeschehen. Klar weiß auch der Kölner, dass dem in der Realität nicht so ist, doch er gibt die Hoffnung nicht auf, dass seine Wünsche eines Tages in Erfüllung gehen.

Auch Personal Trainer benutzen häufig und gerne Affirmationen, um das Selbstbewusstsein ihrer Kunden zu stärken. Da kann der Kölner nur müde drüber lächeln, praktiziert er doch schon seit über 400 Jahren das, was heutzutage als „Chaka-Seminare“ für teures Geld an den (Karriere)Mann gebracht wird. Nur heißt es bei ihm nicht „Chaka“ sondern *Alaaf* [9] (an dieser Stelle ein wirklich wichtiger Hinweis für alle Imis[10]: Rufe nie, aber auch wirklich niemals auf kölnischem Gebiet Helau, hier kennt der Kölner keine Toleranz). Zur Herkunft des Ausrufs gibt es mehrere Erklärungen. Die bekannteste vermutet dahinter den altkölnischen Begriff *all af*, was so viel wie

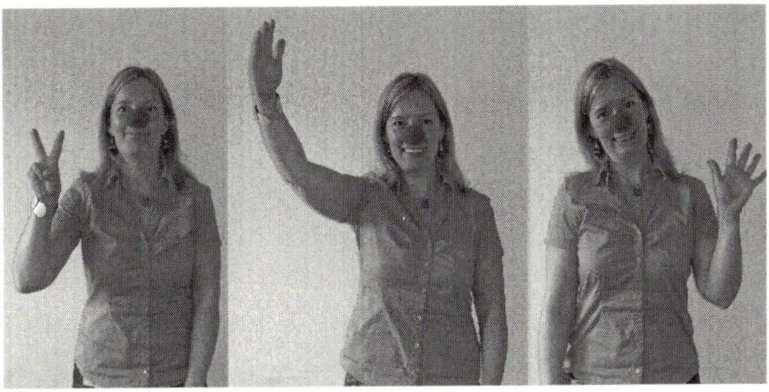

Beim „Alaaf!“ kann man viel falsch machen. In der Mitte die einzig richtige Version, daneben ein paar interessante Fehlversuche.

„alles ab“ bzw. „alles weg“ bedeutet. *Kölle Alaaf* könnte man dann mit „(von) Köln alles weg!“ bzw. „Köln vor allem (anderen)!“ übersetzen. Da mag nun manch einer denken typisch arroganter Kölner, doch eigentlich ist sein kleiner Hang zur Selbstbeweihräucherung nur ein Ausdruck gesunden Selbstbewusstseins. Und für das gab es durchaus Gründe, schließlich war Köln im Mittelalter eine wohlhabende Handels- und Kirchenmetropole und eine der bedeutendsten Städte Europas. Zumindest für einen bestimmten Zeitraum war *Köln all af* also gar nicht so falsch. Mittlerweile sieht das zwar anders aus, aber der alte Bürgerstolz ist so tief in der kölschen Seele verwurzelt, dass sie alles tut, um den alten Ruhm aufrecht zu erhalten. Wer kann es ihr verdenken. Also werden Superlative gesucht und zusammengebastelt was das Zeug hält und seien sie auch noch so weit hergeholt. (Wusstest du zum Beispiel, dass die Zoobrücke die am weitesten gespannte Kastenträgerbrücke der Welt ist?).

Zur Bedeutung von Alaaf gibt es aber auch noch eine näher liegende Erklärung, die einen Bezug zur Fastenzeit sieht. Bevor die schnöde Zeit des Verzichtes begann, mussten alle guten Speisen und Getränke noch schnell verfressen und versoffen werden, es musste also *all af*. Die schönste Erklärung liefert jedoch das Handbuch der Fremdwörter von Dr. Friedrich Erdmann Petris von 1852. Hier wird nämlich auf das keltische Wort «alaf» verwiesen, das - wer hätte es gedacht - Glück bedeutet.

Womit wir wieder beim Thema wären. Übrigens ist es für das Glücksgefühl gar nicht zwingend notwendig, dass wirklich alle Wünsche in Erfüllung gehen. Oft löst schon die reine Vorstellung von etwas ähnliche oder sogar dieselben körperlichen Vorgänge aus, wie das tatsächliche Erleben. Vielleicht ist dir das auch schon mal passiert, dass du hungrig an die leckeren Bratkartoffeln von Muttern gedacht hast und dir allein bei der Vorstellung schon das Wasser im Mund zusammengelaufen ist. Auch Mitfühlen basiert auf diesem Prinzip. Wir müssen Handlungen nicht selber erleben, um die damit verbundenen Gefühle zu spüren. Darum lieben wir Soaps und Reality Shows, denn neurologisch gesehen erleben wir alle Höhen und Tiefen unserer Lieblingsdarsteller mit, als wären wir selbst dabei. Wahrscheinlich wird das von sogenannten Spiegelneuronen verursacht. Mit Hilfe von bildgebenden Verfahren konnte man zum Beispiel beobachten, dass diese im selben Muster feuern, egal ob eine Bewegung selber ausgeführt oder nur beobachtet wird. Die Neurologen vermuten, dass das geistige Nachvollziehen dazu dient, uns selber auf eine entsprechende Handlung vorzubereiten.

Noch heute findet man in der Goldenen Schatzkammer von St. Ursula viele Reliquien. Der obere Teil der Wände ist sogar vollständig mit Knochen bedeckt!

Wenn die Vorstellung alleine wirkt, können wir uns also quasi mit Hilfe der Fantasie eine Zukunft ganz nach unseren Wünschen formen und wer den Kölner kennt weiß, dass seine Fantasie keine Grenzen hat. Das beste Beispiel dafür ist wohl die Geschichte der heiligen Ursula. Diese hatte sich eigentlich der Kirche verschrieben, musste aus politischen Gründen jedoch den Sohn des heidnischen Königs von Anglia heiraten. Aus Trotz stellte sie zur Bedingung, vorher samt ihren Freundinnen nach Rom zu pilgern. Dort prophezeiten Engel ihr, dass sie auf dem Rückweg in Köln als Märtyrerin sterben würde. Und tatsächlich wurde Köln zu der Zeit von Hunnen belagert, die keine Gnade kannten und die unschuldigen Jungfrauen abmetzelten. In der Nacht kehrten Ursula und ihre Freundinnen jedoch als Geister zurück und erschreckten die schlafenden Hunnen dermaßen, dass sie ihre Belagerung fluchtartig aufgaben. Köln war gerettet. Soweit zumindest die Legende. Tatsächlich wurde in Köln im Mittelalter eine Inschrift gefunden, auf der vom Ort des Martyriums der heiligen Jungfrauen die Rede ist. Diese Nachricht verbreitete sich wie ein Lauffeuer und zog Ströme von Pilgern an. Als man einige Zeit später auch noch ein riesiges Gräberfeld auftat, waren die Pilger nicht mehr zu bremsen, jeder wollte eines der begehrten jungfräulichen Knöchelchen haben und es entstand ein regelrechter Reliquienboom. Nun geben aber elf zarte Damen nicht wirklich viel an Gebeinen her. Da ließen die Kölner ein wenig ihre Fantasie spielen und übersetzten die Inschrift neu. Aus 11 jungfräulichen martyris (Märtyrer) wurden kurzerhand 11 mille (tausend) Jungfrauen. Nun konnten guten Gewissens schier unendlich viele Reliquien verkauft werden und die Knöchelchen mutierten zum absoluten Exportschlager. Da konnte es die Kölner auch nicht schocken, als man feststellte, dass sich im Gräberfeld auch männliche Knochen befanden. Mit ein wenig Fantasie wurde die Legende einfach um ein paar Bischöfe und den Papst höchstpersönlich erweitert, die die Jungfrauen auf ihrer Rückfahrt begleitet hatten. Mittlerweile weiß man, dass es sich bei der Todesstätte um ein einfaches römisches Gräberfeld handelte und die Existenz von Ursula ist unter Historikern mehr als umstritten. Aufgrund fehlender Nachweise wurde sie zeitweise sogar aus dem römischen Festtagskalender gestrichen. Doch wen interessiert das schon? Die Heilige Ursula mag es vielleicht nicht gegeben haben, wirken tut sie trotzdem. *Mer muss nor dran jläuve*.

Mer es länger dud, wie mer läv: Leben und Tod

Man ist länger tot, als man lebt

Heute haben Tünnes und Schäl einen schweren Gang vor sich. Ihr alter Thekenkumpel Döres ist im Alter von 90 Jahren verstorben und wird heute auf Melaten beerdigt. Trotz des traurigen Anlasses ist es eine schöne Zeremonie und die beiden sind sich sicher, dass Döres die Rede des Pfarrers gefallen hätte. Nachdem die anderen Trauergäste gegangen sind, tritt Schäl an das Grab und wirft einen großen Strauß Blumen hinein. Nach ihm tritt Tünnes vor und wirft zwei Frikadellen hinterher. Schäl schüttelt daraufhin den Kopf und äußert sein Unverständnis:
- «Sach Tünnes, wat soll dat? Der ärme Döres kann die Frikadelle doch jar nit mih esse!
/ Sag mal Tünnes, was soll das? Der arme Theo kann die Frikadellen doch gar nicht mehr essen!»
Darauf entgegnet Tünnes ganz gelassen:
- «Jo un? Du jläuvs doch nit, dat hä ding Blome en en Vas stellt!?
/ Ja und? Du glaubst doch nicht etwa, dass er deine Blumen in eine Vase stellt!?»

Trotz der vielen schönen Beispiele aus dem letzten Abschnitt gibt es nun aber doch manche Dinge im Leben, auf die wir keinen Einfluss haben. Pragmatisch wie der Kölner ist, macht er sich darüber jedoch keine allzu großen Sorgen, braucht er sich um das, was ohnehin auf ihn zukommt, doch nicht zu kümmern. Und statt die Augen vor dem Schicksal zu verschließen, geht er offen damit um und blickt selbst dem Altern und dem Tod unerschrocken entgegen. Damit bereitet er sich nicht nur geistig darauf vor, sondern nimmt ihm auch den Schrecken. Getreu dem Motto: Problem erkannt, Gefahr gebannt. So unterliegt er auch nicht dem weit verbreiteten Jugendwahn. Während mancheiner versucht der Natur mit Botox und Haartransplantationen ein Schnippchen zu schlagen, steht der Kölner zu seinen Falten und sieht auch die Vorteile, die das Älterwerden mit sich bringt: *Ne Appel, dä schrumpelt, fuult nit leich / ein Apfel, der schrumpelt, fault nicht leicht.*

Neulich beim Treffen des Klaaf Schmölzchens[11] meinte Fredy, ein stolzer Ü80er: «*Nöckste Mettwoch kann ich nit, do hammer Klassetreffe / Nächsten Mittwoch habe ich keine Zeit, da haben wir Klassentreffen*». Woraufhin Willi, stolzer Ü70er fragte: «*Wie, deis do dann met der selver aanstüsse? / Wie, stößt du dann mit dir selber an?*». Womit er wohl ausdrücken wollte, dass die Wahrscheinlichkeit einer großen Wiedersehensrunde in diesen Altersgefilden doch eher gering ist. Fredy wiederum ganz Kölner und deswegen in keiner Weise pikiert, meinte daraufhin nur: «*Och wann winnijer kumme, bliev mih för mich üvverich. / Och je weniger kommen, desto mehr bleibt für mich über*». Das nenne ich mal einen humorvollen Umgang mit dem Alter. Und schließlich kann man auch im Alter noch sehr aktiv sein, so sind 25 Prozent der über 60jährigen Kölner ehrenamtlich engagiert[12] und überall im Stadtbild sieht man rüstige Rentner, die nichts um ihr Alter geben. Im Februar 2013 besuchte die Express einen von Kölns ältesten Bewohnern, Friedrich „Fritz“ Zenk[13]. Sein Geheimnis: «Ich freue mich auf jeden neuen Tag. Ich lache gerne, genieße mein Leben. Jahrzehntelang trank ich täglich einen halben Liter Kölsch. Jetzt gerne Rotwein. Mit einer Pflegerin mache ich noch Gymnastik. Ich bin 104 – na und?» Und tatsächlich schützt ein Glas Rotwein am Tag vor Herzinfarkt und den Körper auf Trab zu halten hält jung. Am University College of London fand man sogar heraus, dass das Risiko an Demenz zu erkranken durch regelmäßige Bewegung um ein Viertel gesenkt werden kann. Die Forscher vermuten, dass vor allem eine verbesserte Durchblutung zu der Schutzwirkung führt. Außerdem regt Bewegung die Ausschüttung von Botenstoffen an, die sich günstig auf die Bildung neuer Nervenzellen auswirken[14].

Einen besonders großen, wenn nicht sogar den größten Einfluss auf das Lebensalter hat jedoch die individuelle Einstellung. So scheinen glückliche Menschen länger zu leben, wie bei einer Langzeitstudie eindrucksvoll nachgewiesen werden konnte. Im Rahmen einer umfangreichen Untersuchung zu Alzheimer wurden über einhundert Aufsätze von Nonnen ausgewertet, die diese sechzig Jahre zuvor bei ihrem Eintritt ins Kloster verfasst hatten. Unter anderem hatten sie einen kurzen Lebenslauf geschrieben und Gründe für ihren Eintritt ins Kloster angegeben. Da im Kloster für alle Nonnen annähernd die gleichen Lebensbedingungen herrschten, lag der maßgebliche Unterschied zwischen ihnen in der Persönlichkeit und individuellen Lebenseinstellung. Deswegen untersuchte man die Texte auf deren emotionalen Gehalt. Enthielt der Lebenslauf beispielsweise mehr schöne oder schlechte Erlebnisse und wurden bei der Beschreibung mehr positive Wörter benutzt oder negative. Am Ende ergab die Auswertung, dass die Nonnen, deren Aufsätze besonders viele positive Inhalte hatten, im Schnitt bis zu 10 Jahre älter geworden waren[15].

Ob es am rheinischen Frohsinn liegt, weiß man nicht, aber Stand Dezember 2013 waren bereits 170 Kölner älter als 100 Jahre[16], Tendenz steigend. Altkanzler Konrad Adenauer wurde stolze 91 Jahre alt. Auch er pflegte einen humorvollen Umgang mit dem Alter, so wurde er der Überlieferung nach mit 83 von einem Maler porträtiert, der von Adenauers Rüstigkeit beeindruckt war und sich wünschte, ihn mit 100 Jahren noch einmal malen zu dürfen. Adenauer erwiderte daraufhin augenzwinkernd in schönstem rheinischen Dialekt: «Ja warum denn nich, dat schaffen se bestimmpt, Sie sehen doch noch janz jut aus!»

Doch auch das längste Leben ist irgendwann einmal zu Ende. Da der Tod aber bei den meisten Menschen großes Unbehagen auslöst, gehört er zu den Themen, um die man einen möglichst großen Bogen macht. Nicht so in Köln. Hier ist der Tod ein Teil des Alltags und es ist durchaus nicht respektlos gemeint, wenn man hemmungslos Witze über ihn reißt. Sechzehn Jahre lang waren Martin Stankowski und Rainer Pause mit ihrem kabarettistischen Programm «Tod im Rheinland» unterwegs und haben sich an „Originalschauplätzen" über den Umgang mit Tod und Sterben ausgelassen, Probeliegen im Sarg inbegriffen. Da hörte man in der Trauerhalle lautes Lachen, trank im Krematorium ein Kölsch oder auch zwei und unterhielt sich beim Bestatter ungezwungen darüber, ob man sich lieber verpackt in solider Eiche im Erdboden versenken oder von einem holländischen Schiff in alle Winde verstreuen lassen sollte. Die zahlreichen Zuschauer empfanden die ausverkauften Aufführungen dabei keineswegs als pietätlos, auf die meisten hatte die Auseinandersetzung mit dem Tabuthema Tod sogar eine befreiende Wirkung. Die kölsche oft humorvolle Haltung zum Sterben macht sich also nicht über dieses lustig, sondern respektiert es als unabänderlichen Teil des Lebens. Und wer sich der Vergänglichkeit bewusst ist, weiß die Lebenszeit umso mehr zu schätzen, wie der folgende Text sehr schön beschreibt:

«Dat Mutterhätz wat uns Famillisch hät jedraage,
uns Halt un Stütz em Levve wor
un sich jesorg noch bis zoletz,
dat hätt jetz opjehoot ze schlaage.
Ohne Engk et keine Anfang jitt,
un Kumme un Jon no beienein off litt.
Et beß stellt mer sich fröh jenoch drop en
un jitt singem Levve ne fazünglije Senn.[17]
/ Das Mutterherz, was unsere Familie getragen hat,
uns Halt und Stütze im Leben war
und sich bis zuletzt gesorgt hat,
das hat jetzt aufgehört zu schlagen.
Ohne Ende gibt es keinen Anfang
und Kommen und Gehen liegen oft nah beieinander.
Am besten stellt man sich früh genug darauf ein
und gibt seinem Leben einen anständigen Sinn.»

Ich weiß nicht, ob man Kölsch verstehen muss, um zu fühlen, wie sich beim Lesen der Originalversion ein warmes Gefühl im Herzen ausbreitet. Obwohl es ums Sterben geht, lösen die kölschen Worte keine Traurigkeit aus, sondern vor allem ein Gefühl von Trost und Zuversicht. Dies mag auch der Grund sein, warum viele Todes-

DÄ ENE HÄT NE ACKERJAUL,
DÄ AND'RE HÄT NE SCHIMMEL,
DOCH WAT MER LETZTLICH WIRKLICH HÄT,
ENTSCHEIDET SICH IM HIMMEL.

MINGER JODEN PATENTANT

HERTHA V.

MET OP DÄ WÄCH

VUM MÄNNCHE

17.3.1996

Der eine hat einen Ackergaul,
der andere hat einen Schimmel,
doch was man letztlich wirklich hat,
entscheidet sich im Himmel.

anzeigen und Grabsteininschriften ebenfalls in Kölsch und nicht selten mit einer Prise Humor verfasst sind.

Nun muss man dazu sagen, dass der Kölner Endgültiges ohnehin nicht wirklich mag und es in der Regel vermeidet, sich festzulegen. Daher ist es nicht verwunderlich, dass er sich auch beim Thema Sterben ein kleines Hintertürchen offen hält. So bedeutet der Tod zwar das Ende des Lebens auf Erden, aber wer sagt denn, dass es im Himmel nicht genauso schön sein kann? Zumal der Kölner zu Petrus und dem Herrgott ohnehin ein inniges Verhältnis pflegt (→ Artikel 5 Glaube). Vielleicht sollten wir uns alle ein bisschen mehr mit dem Tod beschäftigen, denn schließlich *es mer länger dud, wie mer läv*.

Vill denke mäht Kopping: Körper und Geist

Viel Denken verursacht Kopfschmerzen

Tünnes und Schäl sind wie jeden Donnerstag nach der Arbeit im Haus Thomas bei Jussi verabredet. Schäl ist als erster da und bestellt sich schon mal zwei Kölsch, denn Tünnes müsste jeden Moment kommen. Doch sein Freund lässt heute auf sich warten und trifft erst mit einer knappen Stunde Verspätung ein. Mit einem schweren Seufzer lässt er sich an der Theke nieder und schaut ziemlich mitgenommen aus. Ganz besorgt fasst Schäl ihm deswegen an die Schulter und fragt:
- «Sach Tünnes, wat sühste dann esu fädich us?
/ Sag Tünnes, warum siehst du denn so geschafft aus?»
Darauf entgegnet dieser seufzend:
- «Dat kann ich der sare. Ich hat hück der aanstrengenste Arbeitsdaach in mingem janze Levve. Stell der vür, em Büro es der Komputer usjefalle un ich moot der janze Daach selver denke.
/ Das kann ich dir sagen. Ich hatte heute den anstrengendsten Arbeitstag meines Lebens. Stell dir vor, der Computer ist ausgefallen und ich musste den ganzen Tag selber denken.»

Der Kölner zeigt sich nach außen meist fröhlich und zuversichtlich, selbst in Zeiten der Not. So wundert sich manch einer denn auch über die gute Stimmung bei der FC Abstiegsfeier oder das fröhliche Lied über das Hochwasser in der Altstadt. Überhaupt begegnet der Kölner seinen Sorgen gerne mit einem Lied auf den Lippen. Nicht selten handelt dieses dann auch von den kleinen und großen Sorgen des Lebens, wie beispielsweise ein Klassiker der Pudelbande, in dem es heißt «*He deit et wih un do deit et wih, alles wat schön wor, dat darfs de nit mih. He deit et wih un do deit et wih, alles, wat jot deit, dat kammer nit mih / Hier tut es weh und da tut es weh, alles was schön war, das darf man nicht mehr. Hier tut es weh und da tut es weh, alles was gut tut, das kann man nicht mehr*». Sobald das Lied irgendwo gespielt wird, stimmen alle fröhlich mit ein, es wird geschunkelt was das Zeug hält und anschließend glückselig die eigenen Wehwehchen aufgezählt. Der Kölner scheint es zu lieben, über seine Nöte und Leiden zu singen, als könnte er diese einfach wegschunkeln. Nun magst du denken, was ein Quatsch, wenn ich mies drauf bin, kann ich noch so viel schunkeln und das ändert gar nix. Und sowieso würdest du wohl nie auf den Gedanken kommen, bei schlechter Laune gerade zu singen. Aber glaubt man der Wissenschaft, ist das gar keine so schlechte Idee.

Dass psychische Konflikte Auswirkungen auf körperliche Vorgänge haben können, wird bereits seit Jahren in der Psychosomatik untersucht. Nicht umsonst bereitet einem manche Entscheidung, die man „aus dem Bauch heraus" gefällt hat, Bauchschmerzen. Und ein Problem, das man durch sorgfältiges Nachdenken zu lösen versucht, ist nicht selten die Ursache von Kopfschmerzen. Aus Studien zur Körpersprache sind zahlreiche Thesen bekannt, die davon ausgehen, dass bestimmte Gefühle bestimmte Verhaltensweisen auslösen. Demnach führt eine ablehnende Haltung dazu, dass wir die Arme verschränken, Unsicherheit lässt uns zu Boden blicken und bei Verliebtheit scheinen wir uns ständig an der Nase zu kratzen. Schon Ende des 19ten Jahrhunderts stellte der Wegbegründer der Positiven Psychologie William James das Prinzip auf den Kopf. Um «guter Laune zu werden, müsse man sich vergnügt aufrichten, vergnügt um sich schauen und sich so verhalten, als wäre die gute Laune bereits da». Sein Ansatz, dass eine bewusste Körperhaltung Einfluss auf unsere Gefühle hat, versank jedoch lange im psychologischen Keller. Erst in neuerer Zeit beschäftigen sich Wissenschaftler wieder mit dem Phänomen und aktuelle Studien zeigen, dass der Effekt tatsächlich auch umgekehrt wirkt. Soll heißen, wenn wir uns eine Idee anhören, während wir dabei die Arme verschränkt haben, ist es wahrscheinlicher, dass wir diese ablehnen und wenn wir ständig zu Boden blicken, fühlen wir uns unsicherer. Häufiges Kratzen an der Nase würde dementsprechend unsere Hormone in Wallung bringen.

Die Psychologen Paul Ekman und Wallace Friesen haben in jahrelanger Arbeit sämtliche Facetten der Mimik erforscht[18]. Dabei konnten sie zeigen, dass das Anspannen bestimmter Gesichtsmuskeln (z.B. durch Lächeln) die entsprechende Emotion auslöst (z.B. ein freudiges Gefühl). Sie schlossen daraus, dass es eine Art Rückkopplung zwischen der Mimik und den Gefühlszentren im Gehirn gibt. Oder einfacher ausgedrückt: unser Gehirn scannt unser Gesicht ab und gleicht unsere Gefühlslage dem an, was unser Gesicht ausdrückt. Du kannst dieses Phänomen gleich jetzt einmal selber ausprobieren. Denke dazu intensiv an eine Situation oder Person zurück, die dich richtig wütend gemacht hat. Und merkst du, wie dein Blut in Wallung gerät und dein Atem langsam schneller wird? Dann ziehe jetzt beide Augenbrauen für mindestens 20 Sekunden hoch. Und, immer noch sauer oder lässt das Gefühl langsam nach[19]?

Dieser Rückkopplungseffekt beschränkt sich übrigens nicht nur auf die Mimik und wird dir daher noch in den anderen Artikeln begegnen. Unser Gehirn hat sozusagen ständig ein Auge auf uns und unser Verhalten und zieht seine Schlüsse daraus. Wenn wir eine bestimmte Gefühlsregung auslösen wollen, müssen wir uns also einfach bewusst so verhalten, als ob wir das Gefühl schon hätten, denn dann stellt sich das echte Gefühl von ganz alleine ein. Sitzt du zum Beispiel traurig und einsam zu Hause, geh in die nächste Kneipe und setz ein Lächeln auf. Oder hast du Angst vor Spinnen, besuch ein Insektarium. Dein Gehirn wird denken, wenn ich mich freiwillig unter so viele Krabbeltiere begebe, muss ich diese ja unheimlich mögen und sogleich wirst du den Wunsch verspüren, diese süßen kleinen Kuscheltierchen ausgiebig zu streicheln (so zumindest die Theorie).

Vielleicht hatte William James ja kölsche Vorfahren, zumindest scheint der Kölner diese Erkenntnis schon länger verinnerlicht zu haben. So könnte das kölsche Gehirn denken, wenn ich schunkele, muss ich gut drauf sein, also kann ich das Stressprogramm herunterfahren. Außerdem kann ich nicht alleine sein (wer es noch nicht ausprobiert hat, zum Schunkeln braucht es mindestens zwei). Selbst wenn ich Sorgen hätte, wäre also jemand da, der mir hilft. Und da geteiltes Leid bekanntlich halbes Leid ist, verringert sich die Größe der Sorgen linear zur Anzahl der Mitschunkler. Und am Ende haben selbst die größten Sorgen keine Chance mehr. Ob das Gehirn nun so denkt oder nicht, bekannt ist jedenfalls, dass Singen

Singen macht Spaß. Vor allem gemeinsam, wie hier beim Singenden Biergarten im Fort X im Rahmen von Sommer Köln.

die Produktion von Glückshormonen anregt und das Gemeinschaftsgefühl stärkt.

In Köln lässt sich dieses Phänomen übrigens gut am Beispiel der «*Loss mer singe*» Bewegung beobachten. Angefangen hat alles ganz harmlos in der Küche von Georg Hinz, der seine Freunde zum gemeinsamen Singen der neuen Karnevalslieder nach Hause eingeladen hatte. Ein Jahr später wiederholt der Kreis sein „Einsingen in den Karneval" mit Textzetteln in der beliebten Kneipe Lapidarium, so dass auch ungeübte Kölschsinger fröhlich miträllern konnten. Am Anfang noch ein Kneipenspaß, hat sich das gemeinsame Singen rasend schnell verbreitet. Schon ein Jahr später gab es bereits die erste Kneipentour durch 6 Kölner Kneipen mit über 1000 Besuchern und 2012 fand das Einsingen in sage und schreibe 44 Kneipen statt. Daneben gibt es mittlerweile eine eigene Karnevalssitzung, ein Sommerfest, ein Weihnachtssingen, Nachwuchswettbewerbe, Schulprojekte und eine große Karnevalsparty. Und warum? Weil alle Leute Spaß am Singen haben und singen einfach Spaß macht.

Zum Schluss übrigens noch eine gute Nachricht für alle notorischen Gesangsverweigerer: Gegen miese Laune und akute Grübelattacken hilft auch jede andere Art von Bewegung. Also eine Runde durch den Stadtpark joggen, am besten noch mit einem Lächeln auf den Lippen, bringt die gute Laune ebenfalls in Gang.

Zusammenfassung Artikel 2:
Wir formen unsere Zukunft durch unsere Erwartungen, denn unbewusst handeln wir so, dass wir unsere Ansichten bestätigen. Wir können aber auch Handlungen bewusst ausführen, um unsere Gefühle positiv zu verändern.

Praktische Tipps zur Umsetzung:

- Mache eine Führung auf dem Melaten Friedhof mit, am besten auf kölsch. Wird über diverse Stadtführer angeboten.
- Besuche die Goldene Schatzkammer von St. Ursula (Öffnungszeiten auf Anfrage).
- Geh zu einer *Loss mer singe* Veranstaltung und lass deine Stimmbänder vibrieren was das Zeug hält. Weitere Infos unter *www.lossmersinge.de*

Artikel 3:
Et hät noch immer jot jejange

Bewahre dir einen gesunden
Optimismus und positiven Blick

Welcher Kölsche Karnevalshit zur Nationalhymne wurde, wie sich die Stadt 19 Jahre lang zur Millionenstadt pfuschte und warum bei der größten Schlacht des Mittelalters nur ein einziger Kölner starb.

Der Kölner ist ein unerschütterlicher Optimist und versteht es, dem Leben die guten Seiten abzugewinnen. Seine Lebensfreude verliert er selbst in schweren Zeiten nicht und aus der Erinnerung an gemeisterte Situationen schöpft er Selbstvertrauen für die Zukunft.

Wat nit es, dat kann noch weede: Optimismus

Was nicht ist, kann noch werden

Tünnes und Schäl stehen an der Theke und haben bereits einige Kölsch intus und einen lustigen Abend hinter sich. Nun wollen sie sich aber auf den Heimweg machen, sonst gibt es noch Ärger von ihren besseren Hälften. Also gibt Schäl dem Wirt Jussi ein Zeichen, dass sie zahlen möchten. Als Schäl sein Portemonnaie auspackt, fällt im plötzlich ein, dass Tünnes ihm ja noch Geld schuldet.
- «Hür ens Tünnes, do fällt mer en, ich krijjen noch zwanzich Euro vun der, die ich der vör e paar Mond jelient han. Darf ich dann dodrop hoffe, dat do mer die och ens widder jiss?
/ Hör mal Tünnes. Ich bekomme noch 20 Euro von dir, die ich dir vor ein paar Monaten geliehen habe. Darf ich denn darauf hoffen, dass du mir die auch irgendwann zurückgibst?»
Daraufhin sieht Tünnes ihn mit großen Augen an und antwortet:
- «Ävver sicher Jung. Die Hoffnung sollt mer nie verleere!
/ Aber sicher. Die Hoffnung sollte man nie verlieren!»

Artikel 3 steht für den unbeirrbaren und für die kölsche Mentalität typischen Optimismus. Der Kölner hat ein ungewöhnlich großes Vertrauen in die Zukunft und ist der Überzeugung, was immer diese auch für ihn bereit hält, er wird es bewältigen. Denn *Et hät noch immer jot jegange* soll nicht heißen, dass alles im Leben rosig verläuft. Es drückt vielmehr die Zuversicht des Kölners aus, mit allen Herausforderungen klar zu kommen. Kein Wunder, hat man in über 2000 Jahren Stadtgeschichte doch einiges durchgemacht: Hochwasser und Pest, Besatzungen durch die Franzosen und Preußen, einen jahrhunderte lang schwelenden Streit mit den Erzbischöfen und nicht zuletzt fünf Abstiege des 1. FC Köln. Doch was immer auch die Stadt erschüttert hat, der Kölner hat es überstanden. Und das hat sein Selbstvertrauen gestärkt. Als die meisten Unternehmen in Zeiten der Wirtschaftskrise eher verhalten in die Zukunft blickten, bewerteten die Kölner ihre Lage durchweg positiv. Als Grund dafür sah Herbert Ferger, der damalige Geschäftsführer der IHK, neben dem allgemeinen Stimmungsumschwung vor allem den sprichwörtlichen Rheinischen Optimismus[20].

Die Gabe des Kölners auch in schweren Zeiten eine zuversichtliche Haltung zu bewahren, zeigte sich vor allem nach dem Krieg. Schnell kehrten die Kölner voller Hoffnung in ihre Stadt zurück und obwohl diese fast vollständig zerstört war, ließen sie den Mut nicht sinken. Der Zeitzeuge Werner Kinn, damals noch ein Kind, beschreibt die Stimmung in der Stadt wie folgt: «Als man seinerzeit in ganz Deutschland verzweifelnd über Besatzungsdruck und Lebensmittelknappheit stöhnte, sang man in Köln: 'Wir sind die Eingeborenen von Trizonesien[21]', und die Menschen standen dabei schunkelnd auf den Trümmern ihrer Häuser. Wenn mein Vater bei solcher Radiomusik meine Mutter in der Küche in den Arm nahm und mit ihr tanzte, dann verflog jegliches Stimmungstief, auch wenn die Nachkriegsjahre noch so hart für uns waren»[22]. In dem hier erwähnten Trizonesien-Lied beschrieb Karl Berbuer die damalige Lage Deutschlands mit einer gehörigen Portion (Selbst)Ironie. Da aber nicht jeder die Mentalität des Kölners kennt und seinen Humor versteht, ist das Lied bis heute umstritten. Die New York Times sah darin sogar neu aufkeimenden Nationalstolz und titelte im Frühjahr 1949 «Die Deutschen werden wieder frech». Doch Berbuer nutzte den Humor als Mittel, um Mut zu machen und Hoffnung zu wecken. Und weil die Menschen genau das brauchten, wurde das Trizonesien-Lied zu einem der größten Schlagererfolge der Nachkriegszeit. Bei offiziellen Anlässen wurde es zeitweise sogar als Ersatz für die fehlende deutsche Nationalhymne gespielt.

Nun mag manch einer nicht nachvollziehen können, wie man angesichts des Krieges und des damit verbundenen Leides überhaupt Frohsinn empfinden konnte. Doch wie es scheint, liegt uns diese außergewöhnliche Fähigkeit sogar in den Genen. Forschungen legen nahe, dass Humor unter anderem dazu dient, Krisen besser bewältigen zu können. Deswegen ist unser Sinn für Humor gerade dann besonders ausgeprägt, wenn es uns schlecht geht (→ Artikel 11 Humor). Unter diesem Gesichtspunkt verwundert es nicht, dass der Karneval dem Kölner gerade in der Nachkriegszeit so wichtig war. Auch der damalige Oberbürgermeister Konrad Adenauer erkannte den Stellenwert der Unterhaltung für das Wohlergehen seiner Schäfchen. Dank seiner Hilfe konnte das beliebte Millowitsch Theater bereits am 16. September 1945 mit einer überwältigenden Resonanz wiedereröffnet werden. Ab 1946 fanden (vorerst heimlich) wieder erste kleine Karnevalsveranstaltungen statt und 1949 zogen nach zehn Jahren erstmals wieder *Jecken* am Rosenmontag durch die Stadt. Ihr Motto: «*Mer sin widder do un dun wat mer künne / wir sind wieder da und tun was wir können».*

Wie wichtig es ist, die Hoffnung nicht zu verlieren, zeigte auch eine Langzeituntersuchung zur Lebensqualität in Südafrika. Über dreißig Jahre lang befragte die Forschungsleiterin Valerie Møller Menschen zu ihren Lebensumständen, Hoffnungen und Ängsten. Und wie sie herausfand, war es vor allem der Glaube an eine bessere Zukunft, der den Menschen half, die schwierige Zeit der Apartheid durchzustehen. Und selbst nach Einführung der Demokratie empfanden diejenigen in ihrem Leben mehr Zufriedenheit, die optimistisch in die Zukunft blickten[23].

Eine zuversichtliche Einstellung ist also förderlich für unser Glücksempfinden und stärkt unser Selbstvertrauen. Optimisten trauen sich im Allgemeinen mehr zu und lassen sich von Rückschlägen weniger entmutigen. Sie erreichen eher ihre Ziele und haben das Gefühl, ihr Leben selber zu bestimmen (ebenfalls ein wichtiger Glücksfaktor, wie du noch in Artikel 9 erfahren wirst). So empfindet ein Optimist ein positives Erlebnis als etwas, auf das er selber Einfluss hatte und das ihm jederzeit widerfahren kann. Ein negativer Vorfall ist für ihn dagegen eine einmalige Sache, die durch äußere Faktoren verursacht wurde. Pessimisten sehen das Ganze genau andersherum. Schlechte Ereignisse halten sie für den Normalzustand und sich selber für die geborenen Pechvögel. So kommt es, dass Optimisten und Pessimisten bei sonst gleichen Bedingungen die Welt auf völlig unterschiedliche Weise wahrnehmen. Und da sich das alles sehr theoretisch anhört, sehen wir uns das doch am besten mal an einem Beispiel an:

Stell dir vor es ist Sonntagnachmittag, die Sonne scheint und Tünnes und Schäl sind auf dem Weg zu einem Auswärtsspiel des 1. FC Köln gegen Fortuna Düsseldorf. Die A57 ist frei und bester Laune fiebern die beiden dem Spiel entgegen. Wenn der FC heute gewinnt, übernimmt er die Tabellenführung und hat gute Chancen für den Wiederaufstieg in die erste Liga. Die beiden sind gut in der Zeit und wollen in der Nähe des Stadions einen Parkplatz suchen, als es plötzlich heftig rumst. Ein dicker Mercedes ist ihnen von hinten mit Karacho reingefahren, als sie an einer roten Ampel gehalten hatten. Der Opel von Tünnes ist völlig eingebeult und den beiden sitzt ein gehöriger Schrecken (und wahrscheinlich auch ein leichtes Schleudertrauma) im Nacken.

Halten wir an dieser Stelle kurz inne. Stell dir vor, du hättest mit im Auto gesessen. Auf einer Skala von -5 (großes Pech) bis +5 (großes Glück), wie würdest du den Vorfall für dich bewerten?

Schauen wir nun, wie die Geschichte ausgegangen ist, dazu beamen wir uns einige Stunden in der Zeit vor. Die beiden sind mittlerweile wieder zu Hause und berichten ihren Frauen von dem Vorfall. Schäl ist völlig außer sich und erzählt seiner Liebsten, was für ein Pech die beiden hatten. Das Auto hinüber und dazu noch eine Hand angeknackst. Natürlich die rechte, ist ja klar, bei dem Pech, was er sowieso immer hat. Tünnes derweil nimmt seine Frau überglücklich in den Arm und ist froh, dass er so ein Glück hatte und glimpflich davon gekommen ist. Immerhin war es nur ein Mercedes und kein LKW, was tödlich hätte enden können. So hat Gott sei

Dank nur der Wagen Schaden genommen und beide sind mit leichten Blessuren davon gekommen.

Und, bist du eher der Tünnes oder Schäl Typ? Optimisten wie Tünnes sehen immer das Positive in den Dingen und haben alleine schon dadurch viel öfter das Gefühl, Glück zu haben. Und selbst Situationen, in denen ihnen Unglück widerfährt, können sie durch positive Vergleiche besser und schneller verarbeiten.

In der kleinen Geschichte hat der FC übrigens das Spiel gewonnen und Tünnes und Schäl fiebern nun dem greifbaren Aufstieg entgegen. So wie die Fans des 1. FC Köln, die angesichts der Mitgliederzahlen ziemlich große Optimisten sein müssen. Trotz fünfmaligem Abstieg des Vereins, hat sich die Anzahl der Mitglieder im selben Zeitraum verzehnfacht. Offensichtlich glauben die FC

Mitgliederzahlen des 1. FC Köln

Stand jeweils November

1998	Abstieg in die 2. Bundesliga	5.357
2000	Aufstieg in die 1. Bundesliga	6.866
2002	Abstieg in die 2. Bundesliga	10.050
2003	Aufstieg in die 1. Bundesliga	13.500
2004	Abstieg in die 2. Bundesliga	17.500
2005	Aufstieg in die 1. Bundesliga	29.000
2006	Abstieg in die 2. Bundesliga	32.250
2008	Aufstieg in die 1. Bundesliga	43.200
2012	Abstieg in die 2. Bundesliga	56.000

Trotz fünfmaligem Abstieg haben sich die Mitgliederzahlen in den letzten 15 Jahren verzehnfacht!

Fans fest an eine positive Wendung. Genau wie Hauptsponsor REWE, der die Geißböcke seit vielen Jahren unterstützt. Bereits Anfang September 2013 hat die REWE Group das Hauptsponsoring beim FC Kölle vorzeitig bis 2015 verlängert. Das nenne ich mal einen ausgeprägten Optimismus! Eventuell basiert dieser auch darauf, dass der FC 1964 erster Meister der neu gegründeten Bundesliga wurde. Denn immer wenn unser Gehirn eine Prognose für die Zukunft macht, greift es auf Erfahrungen in der Vergangenheit zurück. Positive Erlebnisse in der Vergangenheit lassen einen somit auch optimistischer in die Zukunft blicken. Neurologisch gesehen könnte sich in den Köpfen der FC Fans 1964 also so etwas wie ein (neuronales) Erfolgsmuster eingeprägt haben, das seitdem jedes Mal aktiviert und verstärkt wird, wenn es um ihren Lieblingsclub geht. Das so geformte Gehirn kann sich quasi gar nichts anderes mehr vorstellen, als dass der FC zwangsläufig irgendwann wieder Meister wird, denn *wat nit es, dat kann schleeßlich noch weede / was nicht ist, kann schließlich noch werden*.

Besser Rähn wie jar kei Wedder: Positives Denken

Besser Regen als gar kein Wetter

Tünnes und Schäl waren wie jeden Donnerstagabend einen heben, deswegen ist Tünnes am nächsten Tag ziemlich müde. Nach der Arbeit macht er es sich gleich im Wohnzimmer gemütlich. Doch kaum hat er die Füße ausgestreckt, kommt der kleine Tünnemann die Tür herein und setzt sich zu seinem Vater aufs Sofa.
- «Papa, ich muss der jet sare.
/ Papa, ich muss dir etwas sagen.»
- «Wat es dann Jung?
/ Was ist denn los?»
- «Et Scholljohr es öm un morje fange de Ferie aan.
/ Das Schuljahr ist um und morgen beginnen die Ferien.»
- «Jo un dat wollste mer jitz unbedingt sare?
/ Und das wolltest du mir unbedingt sagen?»
- «Nä, noch jet Papa, do häs Jlöck!
/ Nein, noch was Papa, du hast Glück!»
- «Jo, wiesu dat dann?
/ Warum?»
- «För et nökste Johr bruchste mer kein neu Schullböcher zo kaufe.
/ Für das nächste (Schul)jahr brauchst du mir keine neuen Bücher zu kaufen.»

Als ich neulich in der Mittagspause eine Runde auf dem Melatenfriedhof spazieren war, kamen zwei ältere Damen vorbei und legten vor einem frischen Grab Blumen nieder. «*Och et es jo ald jot, dat der Määtes jestorve es, so moot hä winninstens nit mih mit erlevve dat sing Firma pleite jejange es. / Gut, dass Martin gestorben ist, so musste er wenigstens nicht mehr miterleben, dass seine Firma pleite gegangen ist*». Da zeigt sich die Gabe des Kölners, sich immer eine positive Haltung zu bewahren. Von den beiden Seiten einer Medaille sieht er meist nur die Gute oder schafft es, auch der Schlechten noch etwas Nützliches abzugewinnen. Dies schlägt sich dann auch positiv auf sein Befinden nieder, denn wie in Artikel 1 beschrieben, spielt es für das Glücksempfinden vor allem eine Rolle, wie wir unsere Umwelt wahrnehmen und bewerten. Insbesondere was seine Stadt angeht, ist der Kölner absoluter Spezialist darin, seine Wahrnehmung auf das Positive zu fokussieren. Mit Begeisterung stürzt er sich auf die Entdeckung, dass im fernen Amerika Kölsch gebraut wird, und interpretiert dies nicht nur als Kompliment für sein Bier, sondern gleich als internationale Liebeserklärung an seine Stadt[24]. Das in japanischen Reiseführern vor Köln gewarnt wird (wegen der Taschendiebe), wird von ihm dagegen geflissentlich übersehen.

Und so funktioniert im Grunde unser aller Gehirn, es lenkt die Aufmerksamkeit gezielt auf die Dinge, die uns beschäftigen. Hat man sich gerade schmerzvoll getrennt, sieht man plötzlich überall frisch verliebte Pärchen. Und nach dem Kauf einer roten Hose fühlt man sich als absoluter Trendsetter, da auf einmal alle Welt rote Hosen zu tragen scheint. Dass wir vor allem die Dinge sehen, die uns gerade wichtig sind, bezeichnet man als selektive Wahrnehmung. So gibt es nicht mehr Pärchen oder rote Hosen als vorher, doch unser Gehirn filtert diese aus der

Masse heraus, so dass uns die vielen Singles und die blauen, weißen und grauen Hosen eine Zeitlang nur nicht mehr auffallen. Grundsätzlich sehen wir ohnehin immer nur einen ganz kleinen Teil der Welt (→ Artikel 4 Aufmerksamkeit) und füllen den Rest nach eigenem Ermessen unbewusst auf, wobei unsere persönlichen Erfahrungen eine große Rolle spielen. Denn das Gehirn spart sich gerne Arbeit und wendet daher zwei grundsätzliche Prinzipien bei der Informationsverarbeitung an.

Zum einen interpretiert es eingehende Informationen gerne so, dass bereits vorhandene Überzeugungen bestätigt werden («meine Meinung steht fest, bitte verwirren Sie mich nicht mit Tatsachen»). Denn umzudenken oder sich mit Widersprüchen zu beschäftigen, würde viel mehr Energie verbrauchen. Zum anderen greift das Gehirn wann immer es möglich ist, auf Bekanntes zurück. Zum Beispiel auf die Informationen, die zuletzt eingegangen sind, was auch als Priming bezeichnet wird. Schaue ich mir zum Beispiel Sonntagabend den Tatort an und höre auf einmal merkwürdige Geräusche in der Wohnung, vermute ich sofort Einbrecher dahinter und mein Puls geht schlagartig hoch. Was daran liegt, dass es beim Tatort um lebensgefährliche Situationen geht und meine Aufmerksamkeit deshalb besonders hoch ist (du erinnerst dich, die reine Beobachtung reicht aus, um die entsprechenden Gefühle auszulösen). Und das mir als erstes Einbrecher in den Sinn kommen liegt daran, dass ich diese soeben noch im Fernsehen gesehen habe.

Die verblüffende Wirkung von Priming konnte in vielen Versuchen nachgewiesen werden, so gingen Studenten zum Beispiel langsamer, wenn ihnen vorher Bilder von alten Menschen gezeigt wurden[25] und Mathematikstudentinnen konnten schlechter rechnen, wenn man sie vorher auf ihr Geschlecht hingewiesen hatte[26]. Ein bekannter Primingtest für den Alltag geht übrigens wie folgt: Bitte antworte möglichst schnell und spontan auf die folgenden Fragen

- Welche Farbe hat Schnee?
- Was ist das Gegenteil von schwarz?
- Welche Farbe hat ein Blatt Papier?
- Was trinkt die Kuh?

Falls das Priming funktioniert hat, solltest du die letzte Frage mit Milch beantwortet haben. Aber so wie Kühe Wasser trinken, hat uns das Priming auch beim Tatort auf die falsche Fährte gelockt, denn statt Einbrechern handelt es sich nur um die liebe Miezekatze, die auf leisen Pfoten durch die Wohnung schleicht.

Auch die Zuversicht der FC Fans aus dem letzten Abschnitt basiert auf der Faulheit des Gehirns. Denn das, woran wir uns gut erinnern können, halten wir automatisch für wahrscheinlicher. Verfügbarkeitsfehler nennen das die Psychologen. Auf die Frage, ob mehr Menschen durch Verkehrsunfälle oder Herz-Kreislauferkrankungen sterben, tippen die meisten auf die Unfalltoten. Tatsächlich aber sind letztere weltweit Todesursache Nummer 1. Aufgrund der tagtäglichen Berichterstattung sind uns die Unfälle jedoch präsenter und wir halten sie unbewusst für wahrscheinlicher. Dabei geht die größte Lebensgefahr von unserem Herz-Kreislaufsystem aus. Wenn man nun bedenkt, dass dieses in starkem Maße positiv von guten Gefühlen beeinflusst wird, wird klar wie wichtig es ist, für das eigene Glück zu sorgen.

Dem Kölner scheint das bewusst zu sein, nutzt er die Prinzipien der Wahrnehmung doch geschickt, um sein

Glückskonto aufzufüllen. Aufgrund seiner positiven Einstellung erinnert er sich besonders gut an positive Erlebnisse, nimmt diese entsprechend leichter wahr und erlebt sie dank selbsterfüllender Prophezeiung dann auch viel öfter. Zugute kommt ihm dabei die Neuroplastizität, also die Tatsache, dass sich das Gehirn ständig im Umbau befindet. Tatsächlich ändern sich Anzahl, Größe und Stärke von Neuronenverbindungen laufend. Unsere Gefühle funktionieren gewissermaßen wie Muskeln und gleiche Gedankengänge verstärken vereinfacht gesagt das entsprechende Areal im Gehirn. Das heißt, je öfter wir an positive Dinge denken, desto leichter fällt es uns, diese wahrzunehmen, uns daran zu erinnern und auch für die Zukunft zu erwarten. Man muss also nicht als Optimist geboren sein, sondern kann sich eine positive Einstellung auch antrainieren.

Leider sind wir im Alltag oft von negativen Eindrücken umgeben, so werden in den Medien schlechte Nachrichten verbreitet, im Büro gelästert und bei den Nachbarn gestritten. Dabei beeinflussen diese ganzen negativen Informationen unbewusst unsere Stimmung und Wahrnehmung (→ Artikel 11 Emotionale Ansteckung). Zumal wir ohnehin auf schlechte Ereignisse schneller, stärker und länger reagieren als auf gute. Diese Tendenz basiert wohl darauf, dass wir beim Auftreten einer Gefahr unsere ganze Aufmerksamkeit benötigen, um schnell entscheiden und handeln zu können. Wenn das Mammut um die Ecke kam, konnten wir schließlich nicht erst lange überlegen, mit welcher Strategie wir ihm am besten begegnen. Und das es heute keine Mammuts mehr gibt, ist wohl irgendwie noch nicht in unserem Stammhirn angekommen.

Dazu ein kleiner Test zwischendurch, was fällt dir an den folgenden Aufgaben auf?

$48 + 20 = 68$
$3 * 10 = 30$
$81 / 8 = 9$
$62 - 3 = 58$
$44 + 51 = 95$

Die meisten Menschen erwarten schon bei der Frage, dass in einer der Aufgaben ein Fehler ist und freuen sich, wenn sie diesen gefunden haben. So lautet die Antwort denn auch meistens, eine Lösung ist falsch obwohl man ja genauso gut sagen könnte, dass vier Aufgaben richtig gelöst sind. Doch der Fokus auf das Schlechte liegt uns in den Genen und so halten wir uns auch im Leben oft an den kleinen Ärgernissen auf, während wir die großen Freuden übersehen. Zum Glück lässt sich dies durch Training ändern, also einfach öfter mit den guten Dingen des Lebens beschäftigen, dann wird der Blick automatisch darauf gelenkt. Und mit ein bisschen Übung kann man selbst bei negativen Erfahrungen eine positive Haltung bewahren. Zum Beispiel mit Hilfe der Reframing Technik aus Artikel 1. Wie das gehen kann, zeigen zum Abschluss noch ein paar „Trainingstipps“:

Dinge umdeuten: Manchmal erkennt man erst später, dass ein vermeintlich negatives Ereignis doch auch etwas Gutes hatte. So wollte man 1248 den alten karolingischen Dom nach und nach abreißen, um an dessen Stelle einen gotischen Bau zu errichten. Versehentlich brannte statt eines kleinen Teils jedoch gleich der ganze alte Dom nieder. Was erst nach einer Katastrophe aussah, machte

Platz für den prächtigsten und größten Bau des Mittelalters, den Kölner Dom. Wer weiß wie der heute aussehen würde, hätte der ursprüngliche Plan funktioniert.

Ironische Position einnehmen: Ironie schafft Distanz und nimmt den Dingen die Schwere. So hatte der Kölner Radprofi Marcel Wüst im August 2000 einen schweren Unfall, bei dem er sein rechtes Augenlicht verlor. Ganz Kölner versteckte er daraufhin jedoch weder sich noch das fehlende Auge. Kaum wieder auf den Beinen, stand er schon auf der Bühne, um über die komplizierte Operation zu berichten und anderen Mut zu machen. Und mit der für den Kölner typischen Ironie meinte er nur gut ein halbes Jahr nach dem Vorfall: «Ich schaue optimistisch in die Zukunft, wenn auch nur mit einem Auge»[27].

Dinge aus anderer Perspektive sehen: Köln nennt sich selber seit 1991 Millionenstadt, wird in offiziellen Statistiken jedoch erst seit 2010 als solche geführt. Die jahrelange Diskrepanz erklärte Oberbürgermeister Roters wie folgt: «Nach fast 20 Jahren kann nun endlich auf die Erklärung verzichtet werden, warum Köln einerseits, und zwar bei den Einwohnern mit Haupt- und Nebenwohnsitz Millionenstadt ist, andererseits, nämlich bei den Bürgerinnen und Bürgern mit Hauptwohnung, wiederum nicht»[28]. Soll heißen, um sich den großen Wunsch des Status einer Millionenstadt zu erfüllen, hat man einfach jahrelang (entgegen der offiziellen Festlegung) die Zweitwohnsitze mitgezählt. Zum Glück ist das nun nicht mehr nötig, da seit 2010 über eine Million Einwohner ihren Hauptsitz in Köln haben. Wenn da mal nicht die selbsterfüllende Prophezeiung aus Artikel 2 am Werk war.

Wat mer erläv hät, hät mer hinger sich: Erinnerung

Was man erlebt hat, hat man hinter sich

Tünnes macht gerade ein anstrengendes Wochenende durch. Erst gesteht ihm sein Sohn, dass er sitzen geblieben ist, dann gerät er mit Schäl in einen Unfall und nun steht auch noch die Feier zu seiner Silbernen Hochzeit an. Wochenlang hat seine Frau Annemie alles geplant und ihn mit den Vorbereitungen genervt. Nun ist die ganze Wohnung geschmückt, das Buffet appetitlich drapiert und die ganze Familie eingetroffen. Als alle ihren vorgesehenen Platz eingenommen haben, schauen sie erwartungsvoll auf Tünnes, der zu einer Rede ansetzt:
«Hück vör fünnenfunzwanzig Johr han ich et Annemie jehierot. Wann ich et noh fünnef Johr ömjebraht hätt, wör ich vielleich op zwanzig Johr en de Blech jekumme. Hück ävver wör ich ene freie Mann. – Do muss ich doch irjendjet falsch jemaht han.
/ Heute vor 25 Jahren habe ich Annemie geheiratet. Wenn ich sie nach fünf Jahren umgebracht hätte, wäre ich vielleicht für 20 Jahre ins Gefängnis gekommen. Aber heute wäre ich ein freier Mann. – Da muss ich doch irgendwas falsch gemacht haben.»

Ein sehr beliebter und viel zitierter Spruch in Köln lautet: «*Et muss nit stemme, es muss nor schön sin / Es muss nicht stimmen, es muss nur schön sein*». Was ausdrückt, dass es dem Kölner nicht so sehr auf den genauen Wahrheitsgehalt einer Geschichte ankommt, sondern

Eine echt kölsche Spezialität und immer wieder Anlass zu Verwirrung: Der Halve Hahn

vielmehr auf den damit verbundenen Unterhaltungswert. So gibt es zu jeder Geschichte denn auch mindestens zwei bis drei Versionen, wie beispielsweise zur Entstehung des *Halven Hahns* (Roggenbrötchen mit einer dicken Scheibe Gouda. Dazu Senf und gelegentlich auch Zwiebeln). Zum einen wird von einem Reisenden berichtet, der sich in Köln in einem Gasthaus niedergelassen hat, um eine kleine Stärkung zu sich zu nehmen. Angesichts des knappen Reisebudgets soll er den Köbes gefragt haben, ob er auch *e halv han* kann, also ein halbes Brötchen. Der Köbes kam dem Wunsch gerne nach und der Name war geboren.

Nicht weniger schön ist die Geschichte von dem Kölner Bräutigam, der sich in der misslichen Lage sah, zu seiner Hochzeitsfeier auch die Familie der Braut einladen zu müssen, die sehr zum Leidwesen des angehenden Gatten aus Düsseldorf kam. Typisch Kölner erlaubte er sich einen kleinen Scherz mit der auswärtigen Verwandtschaft und kündigte groß ein Festessen mit gebratenen Hähnchen an. Statt der halben Hähnchen servierte der Köbes den Düsseldorfern jedoch wie vorher abgesprochen nur halbe Käsebrötchen. Die frisch gebackenen Schwiegereltern dürften ähnlich erstaunt aus der Wäsche geschaut haben wie noch heute manch ein Tourist.

Nun magst du denken, wenn ich Geschichten hören möchte, schalte ich das Fernsehen ein, aber wenn ich 20 Euro für eine Führung bezahlt habe, möchte ich auch wissen, wie es sich wirklich zugetragen hat. Doch das zu beantworten ist gar nicht immer so einfach, denn oftmals fehlt eine schriftliche Überlieferung und das Wissen wurde über Generationen hinweg durch Erzählungen weitergegeben. Und da macht sich nicht nur der „Stille-Post-Effekt“[29] bemerkbar, sondern wie heute ausreichend erforscht ist, „erfinden“ wir unsere Vergangenheit bei jeder Erinnerung neu. Dachte man früher die Erinnerung würde wie ein Videofilm aufgezeichnet, weiß man heute, dass nur Ausschnitte und Eckdaten abgespeichert werden. Den Rest, also sozusagen die Gedächtnislücken, „basteln“ wir uns beim Erinnern zusammen. Dadurch kann es passieren, dass wir das Erlebte bei jeder Erinnerung ein wenig anders rekonstruieren. Das kann sogar so weit gehen, dass eine Erinnerung an Erlebnisse geschaffen wird, die niemals statt gefunden haben (bekannt als false memory syndrom). Man erlebt das gerne bei Familientreffen, wo Insa noch genau weiß, wie Onkel Ingo mit Tante Agnes beim 50ten eine feucht-fröhliche Karaokeeinlage gegeben hat, während Edith darauf schwört, dass die beiden sich lautstark gestritten haben und Agnes daraufhin um 21 Uhr frühzeitig gegangen ist. Sowohl Edith als auch Insa können sich noch ganz genau an die

Details erinnern und jeder sieht es vor sich, als wäre es gestern gewesen. Wie kann das sein?

Einen zentralen Anteil am Vorgang des Erinnerns hat das Stirnhirn, das auch für unser Gefühlsleben eine wichtige Rolle spielt. Man konnte beispielsweise zeigen, dass wir uns an Sachen, die uns stark berühren, besser erinnern (du weißt doch sicher auch noch genau, was du am 11. September 2001 gemacht hast?) Dabei scheint es so, dass wir bei negativen Gefühlen eher Fakten abspeichern und bei positiven eher Begleitumstände im Gedächtnis behalten. Versuchen wir uns an etwas zu erinnern, wird also gleichzeitig das Emotionszentrum angesprochen und unsere momentane Stimmung beeinflusst auch unsere Erinnerung. So könnte es sein, dass Insa gerade bester Laune ist und vor kurzem an einem Junggesellinnenabschied teilgenommen hat, während bei Edith der Haussegen schief hängt und sie Familienfeiern ohnehin doof findet.

Ähnlich wie bei der Selbsterfüllenden Prophezeiung bestätigt unser Gehirn also auch bei der Erinnerung unsere Erwartungen. Befinde ich mich gerade in einem Stimmungshoch, erinnere ich mich eher an schöne Momente (die meine gute Laune bestätigen), während Traurigkeit die schlechten Erinnerungen zum Vorschein bringt. Umgekehrt bewirken bewusste Erinnerungen an schöne Momente, dass sich die Laune hebt und Gedanken an weniger gute Zeiten, dass man in ein Stimmungstief gerät. Was daran liegt, dass beim Erinnern dasselbe neuronale Bild im Gehirn erzeugt wird, wie zum Zeitpunkt des tatsächlichen Geschehens. Unser Gehirn durchlebt das Geschehene beim Erinnern sozusagen noch einmal. Und je intensiver wir uns dabei an das Erlebte erinnern können, desto stärker können wir die damaligen Gefühle wieder spüren.

Es handelt sich hierbei um einen ähnlichen Effekt wie bei den Bratkartoffeln aus Artikel 2. So wie uns die Vorstellung an schöne Dinge in eine gute Stimmung versetzen kann, können dies also auch Erinnerungen. Experten auf dem Gebiet der Glücksforschung raten daher eine Art Glückstagebuch zu führen, in dem man alle schönen Momente und Erlebnisse regelmäßig festhält. Einen Blog zu schreiben oder Fotos zu machen ist ebenfalls eine gute Möglichkeit, um die Erinnerungen festigen und die guten Zeiten im Leben jederzeit neu aufleben lassen zu können.

Betrachtet man die Funktionsweise des Gehirns, könnte es sich nun beim sprichwörtlichen Rheinischen Frohsinn um eine Art Glücksspirale handeln. Der Kölner erinnert sich durchweg an schöne, positive Dinge aus seiner Vergangenheit, was ihn in eine gute Laune versetzt. Und weil er die meiste Zeit gut gelaunt ist, hat er eine Art selektiven Erinnerungsfilter und erinnert sich vor allem an alles Erfreuliche, was ihm widerfahren ist. Und dank der mangelnden historischen Nachweise, kann das dann sogar so weit gehen, dass er sich etwas solange schön erinnert, bis es als fundiertes Wissen überliefert wird.

So oder so ähnlich geschehen bei der viel zitierten Schlacht bei Worringen. Diese fand (wenn man den Geschichtsbüchern glaubt) am 5. Juni 1288 statt und war wohl eines der wichtigsten Ereignisse der rheinischen Geschichte. Die Gegner waren der Kölner Erzbischof Siegfried von Westerburg auf der einen und die Kölner Bürger auf der anderen Seite. Letztere waren es endgültig leid, dass der Erzbischof ihnen immer wieder Schwierigkeiten machte und über die Stadt bestimmen wollte. Also zogen sie nach Worringen, um in einer ruhmreichen Schlacht ihre Freiheit zu erkämpfen. Soweit die Version der Kölner. In außerhalb von Köln erhältlichen Geschichtsbüchern kann man hingegen nachlesen, dass es in der Schlacht um das Herzogtum Limburg ging und der Graf von Geldern gegen den Grafen von Berg kämpfte. Dabei holte sich der eine Graf Unterstützung beim Herzog von Brabant und der andere beim Kölner Erzbischof. Mit eindrucksvollen Heeren standen sich die Parteien nun auf dem Schlachtfeld gegenüber, darunter im Heer des Herzogs auch irgendwo am Rand ein paar unbedeutende Kölner Ritter und bergische Bauern. Nach stundenlangen Kämpfen ging das Herzogsheer als Sieger vom Platz. Der Graf von Berg war samt Kölner Erzbischof geschlagen. Dass unter den tausenden Toten nur ein einziger Kölner umkam dürfte zeigen, wie gering ihre Rolle beim Kampfgeschehen war. Trotzdem hatten sie ihr Ziel erreicht, ihre Loyalität zum Herzog brachte ihnen die Unabhängigkeit ein. Übrigens wurden auch die bergischen Bauern belohnt, die mit den Kölnern Seite an Seite gekämpft (oder zumindest beim Kampf zugesehen) hatten. Als Dank für ihre Treue zum Herzog erhielt ihr kleines Dorf an der Dussel die Stadtrechte, die Geburtsstunde von Düsseldorf.

Zusammenfassung Artikel 3:
Erinnerung, Wahrnehmung und Zukunftserwartung hängen eng zusammen. So wie ich über das eine denke, nehme ich auch das andere wahr. Eine positive Einstellung in der Gegenwart fördert daher die Fähigkeit, schwierige Zeiten zu überstehen und zuversichtlich in die Zukunft zu blicken.

Praktische Tipps zur Umsetzung:

- Besorg dir eine Karte für das nächste Spiel des 1. FC Köln gegen die Bayern und glaube fest an einen Sieg (ggf. glaube vorher noch fest an den Wiederaufstieg).
- Mache einen Spaziergang durch die Innenstadt und versuche dabei so viele positive Dinge wie möglich aufzuspüren. Für jede Entdeckung kannst du dich anschließend mit einem leckeren Kölsch in einer der schönen Altstadtkneipen belohnen.
- Mach drei Stadtführungen von verschiedenen Anbietern mit und frage bei jeder Führung nach der Bedeutung des *Halven Hahns*.

Artikel 4:
Wat fott es, es fott

Bleibe stets bescheiden und genieße das Hier und Jetzt

Warum die Kölner lieber ein Plumpsklo besuchen statt ein Schloss zu besichtigen, ihre Feinde umarmen statt sie zu bekämpfen und lieber im statt auf dem Trockenen sitzen.

Der Kölner gibt nichts auf Reichtum, weiß er doch, dass man die größten Freuden im Leben nicht kaufen kann. Stattdessen genießt er die kleinen Momente im Hier und Jetzt und ist dankbar für das, was er hat.

Wä nix hät, hät nix ze verleere: Bescheidenheit

Wer nichts hat, hat nichts zu verlieren

Nach der denkwürdigen Rede von Tünnes auf der Silberhochzeit ist sein Annemiechen tagelang verstimmt. Erst als Tünnes sich redlich Mühe gegeben hat, gibt sie schließlich nach und verzeiht ihm. Als Zeichen der Versöhnung begleitet sie ihn sogar zum jährlichen Betriebsfest. Die beiden haben dort auch eine Menge Spaß, denn es gibt gute Musik, eine reichliche Auswahl an Getränken und ein schmackhaftes Büffet. Das wird von Tünnes ausgiebig genutzt und zum mittlerweile fünften Mal kommt er mit einem pickepackevoll beladenen Teller zurück. Das wird Annemie doch so langsam peinlich und sie ermahnt ihren Mann leise:
- «Tünn, nu halt dich doch ens jet zoröck! Wat sollen dann de Lück vun der denke?
/ Tünnes, nun halte dich doch mal etwas zurück! Was sollen denn die Leute von dir denken?»
Darauf erwidert dieser trocken:
- «Vun mir denke die jar nix. Ich saren jedesmol dat wör för dich.
/ Von mir denken sie nichts. Ich sage jedesmal, das wäre für dich.»

Ohne telepathische Fähigkeiten zu haben, könnte ich darauf wetten, dass du im Vorwort kein Kreuz bei Reichtum gemacht hast, als du an Köln gedacht hast. Es sei denn, du wohnst zufällig im Hahnenwald oder hast gerade vorher eine Folge der Geißens gesehen. Gut, es gibt neben Familie Geiß auch andere Kölner, die es zu Ruhm und Reichtum gebracht haben und die in pompösen Villen in Marienburg residieren oder sich eine schicke Wohnung im Kranhaus gegönnt haben, doch typisch für Köln ist das sicherlich nicht. Schaut man sich die durchschnittliche Bevölkerung an, sind es vor allem die vielen Studenten und Künstler, die ins Auge fallen. Und die beliebtesten *Veedel* sind die Südstadt, Ehrenfeld und Nippes, alles ehemalige Arbeiterviertel, die sich heute vor allem durch ihre Kultur, hohe Kneipendichte und kleine Einzelhändler hervortun.

Und das liegt an einer Eigenschaft, die man dem Kölner im ersten Moment gar nicht unbedingt zutrauen würde: Bescheidenheit. So empfinden ihn einige aufgrund seiner Vorliebe für kölsche Superlativen wohl eher als hochmütig denn als demütig, doch damit tut man ihm Unrecht. Ganz im Gegenteil, Prahlen verursacht für ihn geradezu körperliche Schmerzen: *Huffaht lick Ping / Hochmut tut weh.* Das er trotzdem bei jeder Gelegenheit erwähnt, in der tollsten Stadt, mit den meisten Kneipen und den schönsten Kirchen zu wohnen, basiert nicht wie bisweilen angenommen wird auf Überheblichkeit, sondern resultiert aus seiner positiven Grundhaltung (und dem Glauben an die Selbsterfüllende Prophezeiung aus Artikel 2). Und wie im letzten Artikel gezeigt wurde, ist diese positive Selbsteinschätzung (zugegebenermaßen hin und wieder auch Überschätzung) psychologisch gesehen sogar durchaus sinnvoll.

Im Herzen aber ist der Kölner bescheiden und der Heimatschriftsteller Ernst Weyden erkannte schon zu Beginn des 19ten Jahrhunderts: «Gering waren die Bedürfnisse und daher mit Wenigem zu befriedigen[30]». So gab es zwar auch in Köln Glanz und Gloria, aber das in einer soliden Form und ohne viel Schi Schi. Das Stadtbild war von durchaus beeindruckenden Bürgerbauten geprägt, prunkvolle Anwesen aber suchte man vergeblich (und findet sie bis heute selten). Und wie schon in Artikel 1 erwähnt, hat sich die Abneigung des Kölners gegen Prunk und Protz bis heute erhalten.

Einen eindrucksvollen Beweis dafür lieferte jahrelang eine kleine, scheinbar heruntergekommene Kneipe in Deutz. Hier führte der wortkarge und mürrische Hans Lommerzheim fast ein halbes Jahrhundert lang die Regie. Das Gebäude sah aus, als würde es jeden Moment in sich zusammenfallen und die Einrichtung hätte gut und gerne aus einem Museum stammen können. Die legendären Plumpsklos wurden nur auf vehementes Drängen des Ordnungsamtes ersetzt, wobei der Gang auf die „neuen“ Toiletten, hatte man sie denn einmal im Hinterhof gefunden, immer noch einem kleinen Abenteuer glich. Trotzdem standen die Kölner stundenlang Schlange, um einen der begehrten Plätze zu ergattern. Und wer es nicht mehr auf einen Hocker schaffte, nahm kurzerhand auf einem umgedrehten Bierkasten Platz[31]. Das zeigt die Mentalität des Kölners, groß und pompös passt einfach nicht zu ihm und warum auch? *En de kleinste Döppe es off de beste Salv / In den kleinsten Dosen ist oft die beste Salbe.*

Doch was ist mit dem Dom, dem in aller Bescheidenheit prächtigsten, imposantesten und eindrucksvollsten Bauwerk der Welt? Der kommt durchaus protzig daher, doch war er kein Bau des Volkes, sondern der Kirche. So sollten die frisch in Köln eingetroffenen Reliquien der Heiligen Drei Könige eine angemessene „Verpackung“ erhalten. Dazu gab man den Bau eines neuen prächtigen Gotteshauses in Auftrag, das nach dem Vorbild der berühmten Kathedralen von Paris und Straßburg im gotischen Stil errichtet werden sollte. Das kölsche Volk sah dem Bau indes skeptisch entgegen, demonstrierte ein solches Vorhaben doch in erster Linie die Macht der Kirche. Und so störte es die Kölner auch nicht, als die Bauarbeiten um 1530 mit einem halbfertigen Südturm vorerst endeten und für rund 300 Jahre still standen. Das ausgerechnet die ungeliebten Preußen, die seit 1815 in der Stadt das Sagen hatten, die Fertigstellung des imposanten Bauwerks vorantrieben, trug nicht gerade zu seiner Beliebtheit bei. Erst als der Dom im Zweiten Weltkrieg nahezu unversehrt aus der fast völlig zerstörten Altstadt ragte und seine Spitzen zum Himmel reckte, wurde er für die Kölner zum Symbol der Hoffnung. Seitdem gibt es Nichts, was der Kölner so sehr mit Heimat verbindet wie seinen Dom und solange der noch steht, geht die Welt nicht unter und den Rest kriegt man auch wieder hin.

Bescheidenheit ist übrigens nicht nur ein verkannter Charakterzug des Kölners, sondern auch ein weiterer Schlüssel zum Glück. So tragen Geld und Besitztümer zwar unbestreitbar zur subjektiven Zufriedenheit bei, doch nur bis zu einem gewissen Grad. Danach passt sich der Mensch den Umständen des Wohlstands sehr schnell an, so dass diese kaum noch eine Rolle für sein Glücksempfinden spielen. So das Ergebnis des World Happiness Report, der 2012 von der UNO veröffentlicht wurde[32]. Anhand diverser internationaler Glücksstudien

Lebenszufriedenheit in Deutschland

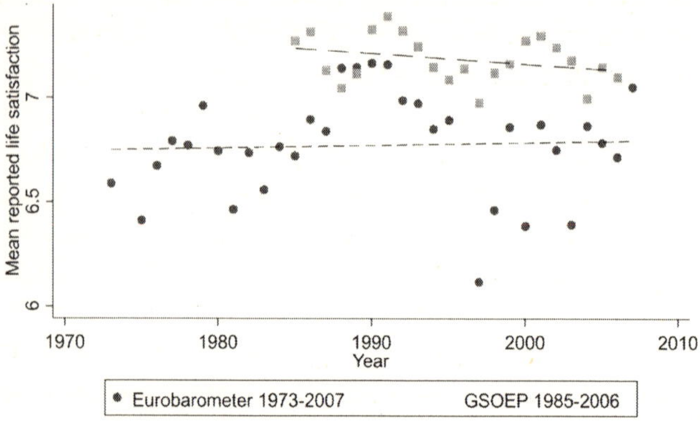

Source: Eurobarometer and German Socio-Economic Panel.
Mean life satisfaction reported on a 0-10 scale.

Die Deutschen werden immer unzufriedener. (Die obere Linie zeigt die durchschnittliche Zufriedenheit in Westdeutschland an, die untere in Europa.)

wurde dabei untersucht, wie zufrieden die Menschen weltweit sind. Heraus kam unter anderem, dass Menschen in reichen Ländern insgesamt glücklicher sind als in armen, was nicht weiter erstaunt. Doch der Grund dafür liegt nicht am Reichtum, sondern vor allem an den gesellschaftlichen Umständen, wie sie in wohlhabenden Ländern vorliegen. Darunter vor allem politische Freiheit (→ Artikel 9 Selbstbestimmung), starke soziale Netzwerke (→ Artikel 10 Soziale Beziehungen) und die Abwesenheit von Korruption (→ Artikel 6 Klüngel). Auffällig ist zudem, dass das Glücksniveau in den reichen Ländern trotz stetig wachsender Wirtschaft seit Jahren stagniert. In Deutschland ist die Lebenszufriedenheit der Menschen in den letzten 20 Jahren sogar insgesamt gesunken, und das obwohl das Pro-Kopf-Einkommen so hoch ist wie nie zuvor. Diesen Effekt, der auch in anderen Wohlstandsstaaten zu beobachten ist, bezeichnen Psychologen auch treffend als „Wohlstandsparadox".

Das mehr Geld nicht zwingend glücklicher macht, konnte auch Tim Judge von der University of Florida zeigen, der in einer Metaanalyse insgesamt 92 Studien mit über 15.000 Personen auswertete. Sein Fazit: Ist die Schwelle überschritten, die ein abgesichertes Leben ermöglicht, steigt das subjektive Glücksempfinden mit höherem Gehalt kaum noch an[33]. Verschiedenen Umfragen zufolge scheint die Grenze in Deutschland übrigens bei ungefähr 2000€ monatlichem Nettoeinkommen zu liegen. Wenn du das erreicht hast, werden weitere Gehaltserhöhungen dein Glücksniveau kaum noch steigern, da kannst du deine Energie auch getrost in Freizeitaktivitäten stecken.

Vielleicht magst du ungeachtet all dieser Erkenntnisse der Glücksforscher denken, dass dich Geld und Besitztümer trotzdem glücklich machen. Das wäre zumindest nicht ungewöhnlich, denn das Streben danach liegt uns sozusagen in den Genen. So konnte früher in Dürreperioden nur überleben, wer vorher genügend Lebensmittel angehäuft hatte. Noch heute kann man dieses urzeitliche Verhalten vor jedem Feiertag beobachten, wenn Massen von Supermarktjunkies vorsorglich die Regale leer kaufen. Und auch für die erfolgreiche Fortpflanzung spielen Besitztümer durchaus eine Rolle, kann man doch nicht nur im Tierreich beobachten, dass viele Weibchen denjenigen potentiellen Erzeuger auswählen, der die beste Ausstattung mitbringt. Dieser Mechanismus steht uns in der heutigen Zeit, in der eigentlich alles immer verfügbar ist, im wahrsten Sinne des Wortes jedoch oft im Weg. Denn Besitz erfordert Platz und jeder Gegenstand, mit dem wir uns umgeben, erfordert unsere Aufmerksamkeit. Wird es zu viel, kann man dann auch schnell mal den Überblick verlieren. So ist es durchaus verständlich, wenn verzweifelte Damen vor dem überfüllten Kleiderschrank stehen und nichts zum Anziehen finden.

Immer mehr Menschen verzichten daher nicht nur aus Geldmangel bewusst auf Besitz und setzen stattdessen aufs Teilen und Tauschen. Die Bedeutung des kollektiven Konsums hat in den vergangenen Jahren sprungartig zugenommen und Ökonomen sprechen schon von der „Shareconomy". Während Carsharing und Wohngemeinschaften in den Großstädten schon länger gang und gäbe sind, teilt und tauscht man mittlerweile auch immer mehr Gebrauchsgegenstände. Und das liegt nicht nur an Platzgründen, sondern auch an einem neuen Bewusstsein der Verbraucher. Zukunftsforscher prognostizieren gar das baldige Ende der Konsumgesellschaft, da der Mensch aus Übersättigung nach neuen Quellen des Glücks sucht. Während man früher gerne mal beim Nachbarn klingelte, muss man sich heute nicht einmal mehr kennen, um von den Vorteilen des Teilens zu profitieren. Dank Internet hat jeder Zugriff auf Miet-, Tausch- und Leihartikel, die weltweit angeboten werden[34].

Neben dem ökonomischen Nutzen hat der neue Trend auch einen positiven Einfluss auf die Persönlichkeit. Denn wie sich gezeigt hat sind diejenigen, die weniger an ihrem Besitz hängen, im Allgemeinen auch großzügiger, was ein weiterer wichtiger Faktor für die Lebenszufriedenheit ist (→ Artikel 10 Hilfsbereitschaft). Dabei muss sich die Genügsamkeit gar nicht mal nur auf Eigentum beziehen. Auch in anderen Lebensbereichen gilt weniger ist mehr. Tiki Küstenmacher, der Erfinder und Verbreiter des „simplify Prinzips" hat daraus sogar eine ganze Philosophie entwickelt, die mit einfachen Methoden Ordnung ins Leben bringt und von allerlei Überflüssigem befreit[35].

Vielleicht hat er dabei sogar ein wenig vom Kölner abgeschaut, wo dieser doch nicht hortet, sondern Dinge gebraucht und im Allgemeinen kein Problem damit hat, sich zu trennen. Nur manchmal, da fällt es auch dem Kölner schwer loszulassen: 20 Jahre lang stand vor dem Kölner Hauptbahnhof mitten auf dem Vorplatz die *Rievkochebud / Reibekuchenbude* von Gerd Mettmann. Dann der Schock: Der Pachtvertrag lief aus und im Rahmen der Neugestaltung des Bahnhofsvorplatzes sollte die in den Augen der Stadtplaner unansehnliche Bude *fott*. Das sahen die Kölner ganz anders und sammelten 30.000 Unterschriften für den Erhalt der geliebten Brutzelhütte. Doch leider ohne Erfolg. Am 31.1.2004 ging der letzte goldene Reibekuchen vom Blech. *Wat fott es, es fott.*

Loss mer eine nünne, sulang mer dat noch künne: In der Gegenwart leben

Lass uns einen trinken,
solange wir das noch können

Nachdem Tünnes sich zum zweiten Mal einen Fauxpas gegenüber seiner Liebsten geleistet hat, hängt der Haussegen schief und er kommt für eine Weile bei seinem Freund Schäl unter. Am ersten Tag kommt er ganz aufgeregt nach der Arbeit zurück, stürmt in die Wohnung, schnappt sich eine Flasche Kölsch und leert diese in einem Zug aus. Schäl ist ganz erschrocken und fragt:
- «Jo leeven Jott Tünnes, wat es dann met der los?
/ Lieber Gott Tünnes, was ist denn mit dir los?»
- «Schäl, do jläuvs et nit, ich wör baal ömjekumme!
/ Schäl, das glaubst du nicht, ich wäre beinahe ums Leben gekommen!»
- «Öm Joddeswelle! Wat es dann passeet? Jeiht et der dann och jot?
/ Um Gottes Willen! Was ist denn passiert? Geht es dir auch gut?»
- «Jo, ich han nix. Ävver stell der vör, ich waade jrad op de Bahn, do treff hinger mer ene Mann der Schlag. Wie leich hätt der mich treffe künne!
/ Ja, ich habe nichts. Aber stell dir vor, ich warte gerade auf die Bahn, da trifft hinter mir den Mann der Schlag. Wie leicht hätte der mich treffen können!»

Im letzten Abschnitt ging es darum, dass Besitz nicht unbedingt glücklich macht. Deswegen schadet es nicht, hin und wieder mal ordentlich zu entrümpeln. Wer weiß, welche Schätze dadurch zum Vorschein kommen? Und wenn man ohnehin gerade beim Aufräumen ist, kann man sich gleich auch einmal den „Gedankenschrank" vornehmen, nicht selten findet sich da nämlich auch ganz schön viel unnötiger Ballast. Egal ob unverarbeitete Kindheitserinnerungen, Ärger über verpasste Chancen, Sorge vor der anstehenden Prüfung oder Planungen für das nächste Meeting. Nicht selten kreisen die Gedanken um Dinge aus der Vergangenheit oder Zukunft. Doch was bringt es darüber zu grübeln, was gewesen wäre, wenn man sich nicht für die Bäckerlehre, sondern für ein Studium entschieden hätte? Und sich zu ärgern, weil sich die teure Bluse aus dem Urlaub im Nachhinein als Fehlkauf entpuppt, macht sie auch nicht schöner. Am besten gleich in den Müll damit oder an die ungeliebte Tante verschenken, denn was nicht mehr im Schrank hängt, kann uns nicht mehr ärgern: *Wat fott es es fott.*

Wir können aus unserer Vergangenheit lernen, aber ändern können wir sie nicht. Ist auch gar nicht nötig, denn das Glück lässt sich ohnehin nur im Hier und Jetzt finden. Deswegen macht es aus Sicht der Glücksforschung auch keinen Sinn, seiner Zeit gedanklich voraus zu sein. Der Blick in die Ferne kann aufschlussreich sein, aber wer nur in der Zukunft plant, verpasst die Gegenwart. Da wird im Geiste beim Frühstück schon das 9 Uhr Meeting durchgegangen, beim Jour Fixe die Rückfahrtroute geplant und auf der Autobahn an die Abendgestaltung gedacht. Das kann so weit gehen, dass sich das ganze Leben gedanklich in der Zukunft abspielt, während die Gegenwart unbemerkt vorbeizieht: wenn das Projekt erst mal durch ist, wird die Wohnung renoviert, sobald die Renovierungsarbeiten abgeschlossen sind, wird sich im Fitnessstudio angemeldet und spätestens wenn die Kinder aus dem Haus sind, geht es auf die lang ersehnte Kreuzfahrt. Und irgendwann stellt man fest, dass die Haare ergraut, die Knochen müde und die Kinder längst erwachsen sind.

Das wir überhaupt planen können, stellt eine besondere kognitive Leistung dar. Doch glücklich macht das Antizipieren offensichtlich nicht. Der Harvard Psychologe Matthew Killingsworth führte dazu eine ungewöhnliche Studie durch. Er entwickelte eine iPhone-App mit dem Namen «Track Your Happiness», über die mehr als 5000 Nutzer in bestimmten Abständen kontaktiert wurden. Dabei sollten sie jedesmal angeben, wie sie sich fühlen, was sie gerade tun und woran sie gerade denken. Die Auswertung der Daten lieferte eindeutige Ergebnisse: Selten waren die Leute gedanklich bei dem, was sie gerade taten. Schade, denn diejenigen, die mit ihrer Aufmerksamkeit bei der Sache waren, waren dabei deutlich glücklicher. Und das erstaunlicherweise selbst dann, wenn sie gerade mit unangenehmen Dingen beschäftigt waren[36]. Dass das sogenannte „Mind-Wandering", also das Umherschweifen der Gedanken dem Glück im Weg steht, ist übrigens keine neue Erkenntnis. Schon 400 nach Christus predigte der Theologe Augustinus seinen Mitmenschen, man könne das Glück nur durch Mäßigung und kluge Betrachtung der gegenwärtigen Situation finden. Auch Albert Schweitzer mahnte, dass keine Zukunft gutzumachen vermag, was man in der Gegenwart versäumt. Nicht ganz so philosophisch, im Kern aber mindestens genauso zutreffend, rät daher auch der Kölner dazu *eine zo nünne, sulang mer dat noch künne.* Denn trotz seiner sprichwörtlich optimistischen Art ist er sich bewusst, dass es auch jederzeit anders kommen kann. Und so genießt er die schönen Momente, die das Leben ihm bietet und ist immer für einen kleinen Plausch oder ein spontanes Kölsch zu haben (zum Beispiel im Büdchen aus Artikel 10).

Selbst in der Psychologie ist man übrigens nicht mehr ungeteilter Meinung darüber, was die Aufarbeitung der Vergangenheit angeht. Während die einen darin immer noch den Königsweg zur Erlangung des Seelenheils sehen, raten andere dazu, sich intensiver mit der Gegenwart auseinander zu setzen. Zumal unser Gemüt ohnehin eine Art selbstregulierendes System zu sein scheint, das selbst nach einschneidenden Ereignissen über kurz oder lang wieder auf den Ursprungszustand zurückpendelt. Soll heißen, egal durch welche guten und schlechten Zeiten wir gehen, am Ende sind wir doch wieder genauso zufrieden oder auch nicht wie vorher.

Die bekannteste Studie dazu führte Philip Brickman durch, der die Auswirkung von prägnanten Lebensereignissen anhand von Lottogewinnern und Unfallopfern untersuchte. Unmittelbar nach dem Gewinn waren die Lottomillionäre wesentlich zufriedener als vorher, doch nach nur 18 Monaten fühlten sie sich wieder genau wie vor ihrem großen Los. Und selbst die Unfallopfer hatten sich im selben Zeitraum mit ihrer neuen Situation arrangiert[37]. Neuere Studien bestätigen die Ergebnisse und es sieht so aus, als ob wir uns (seelische Erkrankungen ausgenommen) nach spätestens zwei Jahren an jeden neuen Zustand gewöhnt haben und glückstechnisch wieder auf unserem „Soll-Wert“ liegen. Umso wichtiger also, diesen dauerhaft hochzuschrauben. Zum Beispiel, indem man die schönen Augenblicke im Hier und Jetzt genießt.

Und weil das am besten mit einem freien Kopf geht, gehört Vergebungsbereitsschaft zu den wichtigsten seelischen Stärken der Positiven Psychologie. Negative Gefühle erzeugen im Allgemeinen eine Art Tunnelblick, was uns viele Chancen verpassen lässt. Vergebung hilft dabei, Ärger und Verbitterung loszulassen, was auch den Horizont wieder erweitert.

Der portugiesische Psychologe Félix Neto erforscht seit vielen Jahren welche Faktoren zur Versöhnung zwischen Gruppen beitragen. Dazu hat er unter anderem Untersuchungen mit Opfern und Tätern von bewaffneten Auseinandersetzungen in verschiedenen Ländern durchgeführt. Was ihn am meisten dabei erstaunte, dass selbst Kriegsopfer sehr interessiert daran waren, an seinen Studien teilzunehmen. Indem sie den Tätern vergaben, fiel es ihnen anscheinend leichter, die Opferrolle abzulegen und ihre Selbstachtung und Unabhängigkeit zurückzugewinnen[38]. Vergebung kann also ein Mittel sein, hinderlichen seelischen Ballast loszuwerden. Und wenn der erst mal weg ist, ist der Weg wieder frei, um das Leben zu genießen. Deswegen ist der Kölner auch nie lange böse und verfolgt in Sachen Konflikte eine besondere Strategie: *Wann do dinge Feind ömärms, kann hä sich nit mih bewäje / wenn du deinen Feind umarmst, kann er sich nicht mehr bewegen*. Vielleicht ist er bei der Worringer Schlacht aus dem letzten Artikel auch deswegen so glimpflich davon gekommen.

Besitzt du eigentlich auch ein Kleidungsstück, das du dir für besondere Anlässe aufhebst? Oder hast du ein solches schon einmal zur Kleidersammlung gegeben, weil der besondere Anlass nie kam, dir das gute Stück aber irgendwann nicht mehr gepasst hat? Das Aufheben von Gegenständen für besondere Anlässe war früher weit verbreitet, so hatten unsere Großeltern nicht nur das gute Porzellan, das nur einmal im Jahr zu Weihnachten aus der Vitrine geholt wurde, sondern manchmal sogar ein ganzes Zimmer, das nur „für gut" betreten werden durfte. Ist das nicht verrückt? Da haben die Menschen oft jahrelang gespart, um sich etwas kaufen zu können und haben es dann nicht benutzt, sondern für besondere Gelegenheiten aufgespart.

Das ist heute zum Glück anders, so ist der Gebrauch von Gegenständen ähnlich Trend bestimmend wie das Teilen aus dem letzten Abschnitt. Statt sich mit allem Möglichen auszustatten, dass man irgendwann vielleicht einmal braucht, greifen immer mehr Menschen auf die Möglichkeit zurück, Dinge bedarfsgerecht zu mieten. Und wie du noch in Artikel 8 sehen wirst, macht es ohnehin viel glücklicher Dinge zu gebrauchen, statt sie zu besitzen. Glückstechnisch gesehen ist es daher auch besser, nicht all seine finanziellen Reserven in eine ungewisse Zukunft zu stecken, sondern auch dafür zu verwenden, dass man in der Gegenwart etwas davon hat, denn *wer weiß ald, wat morje es / wer weiß schon, was morgen ist*?

Dun wat de kanns, dun et nit halv, dun et janz: Achtsamkeit

Tu was du kannst, tu es nicht halb, tu es ganz

Nachdem Annemie gehört hat, dass ihren lieben Tünnes fast der Schlag getroffen hätte, hat sie ihn schnell wieder zu sich zurückgeholt. Nun sitzen sie gemütlich im heimischen Wohnzimmer und schauen fern. Nebenan muss Schäl derweil wieder alleine die Sportschau gucken. Als gerade über den Aufstieg des FC berichtet wird, kommt seine Frau herein und stuppst ihn an:
- «Mach ens die Flimmerkess leis, ich mööch doch ens hüre, wat der Tünnes mit singer Frau do drüvven am verzälle es!
/ Mach mal den Fernseher leise, ich möchte mal hören, was Tünnes und Annemie drüben erzählen.»
Murrend macht Schäl den Fernseher leise und sieht zu, wie seine Frau sich das Ohr an der Wand platt drückt. Nach einer Weile fragt er nach:
- «Jo un, wat sin se am verzälle?
/ Und, worüber reden sie denn?»
- «Et Annemie meint jrad för dä Tünnes, hä soll ens räuich sin, domet se hüre kann, wat mer he drüvve am schwade sin.
/ Annemie meinte gerade zu Tünnes, er soll mal ruhig sein, damit sie hören kann, worüber wir hier drüben reden.»

In einer Großstadt wie Köln gibt es jede Menge zu entdecken, doch wie oft laufen wir an eindrucksvollen Hausfassaden vorbei, bemerken die Schönheit der alten Platanenalleen nicht oder nehmen den Duft vom Stand des Gemüsehändlers nicht wahr. Kein Wunder, denn um in Köln heil von A nach B zu kommen, sollte man seine Aufmerksamkeit tunlichst auf den Verkehr richten. Um bei dem Durcheinander von unsinnigen Ampelschaltungen und unnötigen Baustellen den Durchblick zu behalten, kann man es sich wirklich nicht leisten, die Umgebung zu erkunden. Leider, denn so entgeht uns wahrscheinlich, dass sich ein Schwarm glänzender Stare im Stadtgarten niedergelassen hat, um die Ecke ein neuer Inder eröffnet hat und in der Körnerstraße eine wunderschöne alte Gründerzeitvilla[39] steht.

Dass wir oft nicht mitbekommen, was um uns herum passiert, liegt aber nicht nur am chaotischen Kölner Verkehr. Unsere Aufnahmefähigkeit ist von Natur aus begrenzt (und zwar bei Männern und Frauen gleichermaßen) und wir können uns immer nur auf einen Teil unserer Umgebung konzentrieren. So filtert unser Gehirn viel von dem was um uns herum geschieht automatisch aus und versorgt uns nur mit den wichtigsten Informationen. Erinnere dich doch mal an die letzte Party, wo du warst und dich richtig gut amüsiert hast. Wahrscheinlich hast du mit den Leuten gequatscht, gelacht, getanzt und ganz nebenbei ein Kölsch nach dem anderen heruntergekippt. Und Schwuppsdiwupps war das Fass leer und du voll. Ganz zu deiner Verwunderung, da du gar nicht richtig mitbekommen hast, wie viele Kölsch es waren und woher auf einmal diese merkwürdigen Ausfallerscheinungen kommen. Ist dir das alleine zu Hause auch schon mal passiert? Die Antwort lautet vermutlich nein, denn dort bist du beim Trinken nicht durch hundert Sachen abgelenkt. Und wenn du dir dann doch mal ein Feierabendbierchen gönnst, versorgt dich dein Gehirn regelmäßig mit Informationen über Menge und Wirkung des Alkohols. Das funktioniert übrigens genauso beim Essen. Vor dem Fernseher werden wir nicht richtig satt, da unsere Aufmerksamkeit auf den Film gelenkt ist und die Information, dass wir nebenbei essen, gar nicht vom Gehirn verarbeitet wird.

Wie sehr Ablenkung unsere Wahrnehmung einschränken kann, zeigten die Psychologen Christopher Chabris und Daniel Simons von der University of Illinois mit ihrem mittlerweile legendären Gorillatest (falls du das Experiment ausprobieren möchtest, such erst im Internet nach dem Test und lies dann weiter!). Dabei wurde ein kurzes Video mit einem Basketballspiel gezeigt und die Probanden sollten zählen, wie oft sich die Spieler mit den weißen Trikots den Ball zuspielten. Fast jeder nannte die richtige Anzahl, doch wie so oft ging es in dem Experiment eigentlich um etwas ganz anderes. Mitten im Spiel lief nämlich gut sichtbar ein großer Gorilla (natürlich kein echter) durch das Bild, und mehr als zwei Drittel der Testkandidaten hatte diesen glattweg übersehen[40].

Und die Kapazitätsbegrenzung unserer Aufmerksamkeit geht noch weiter. So beschränkt sich zum Beispiel unser Sehfeld auf einen nur winzig kleinen Ausschnitt, was du jetzt gleich einmal selber testen kannst. Ich wette, du schaffst es nicht, mehr als drei Wörter gleichzeitig zu lesen und auch nicht mehr als zwei Zeilen gleichzeitig scharf zu sehen. Das verblüffende ist, es werden auch nicht mehr, wenn du die Schriftart verkleinern würdest (probiere es ruhig mal am PC aus!). Und ähnliches passiert auch mit allen anderen Informationen, die auf uns einströmen. Im Grunde nehmen wir immer nur ein Bruchstück der Welt wahr, denn obwohl uns das Gehirn vormacht, dass wir über eine detailgetreue Wahrnehmung verfügen, blendet es in Wirklichkeit alles aus, was es für irrelevant hält (zum Beispiel die roten Hosen aus Artikel 3). Ganz schön schwierig, bei diesen Bedingungen das Glück zu finden. Dabei sind sich Glücksforscher einig, dass Glück keine dauerhafte Sache ist, sondern eine Art Konto, auf das man sein Leben lang einzahlen muss. Statt des großen Lottogewinns sind es die vielen Dreier, also die kleinen oft unscheinbaren Glücksmomente, die das allgemeine Wohlbefinden auf Dauer steigern. Doch während wir auf der Suche nach dem ganz großen Los sind, laufen wir dank eingeschränkter Aufmerksamkeit genau an diesen einfach vorbei.

Zum Glück ist die Lage nicht hoffnungslos, denn auch Aufmerksamkeit lässt sich trainieren. Und hat man das Augenmerk erst einmal auf die schönen Momente im Leben programmiert, sieht man plötzlich immer mehr. Ob es nun die Stare im Stadtgarten sind oder ein Baby, das lächelt oder eine duftende Rose, es gibt so viel Schönes zu entdecken und erleben, selbst oder gerade im Großstadtdschungel Köln. Das mag auch der Grund sein, warum der Kölner eine ausgezeichnete Beobachtungsgabe hat, was sich vor allem in seiner Sprache widerspiegelt, die voll von bildhaften Umschreibungen ist. So ist ein *Schmal* so dünn, dass er *noch nit ens Platz för Buchping / noch nicht mal Platz für Bauchschmerzen* hat und ein *Föttchen-an-der-Ääd* ist so klein, dass sich der Po

Kleine Konzentrationsübung zwischendurch: Wie schnell findest du den Unterschied zwischen den beiden Bildern?

nur ein kleines Stück über dem Asphalt bewegt. Auch an Detailreichtum mangelt es dem Kölschen nicht, so ist jemand, der ***em** Drüjje setz* gut aufgehoben, jemand der ***om** Drüjje setz* jedoch mittellos. Da muss man schon sehr aufmerksam sein, um den feinen Unterschied zu hören.

Eine ungeteilte Aufmerksamkeit ist aber nicht nur wichtig, um das Kölsche zu verstehen, sondern hat auch einen weiteren Effekt. Wenn wir konzentriert bei einer Sache sind, wird unser Belohnungssystem angesprochen, welches dafür sorgt, dass Dopamin ausgeschüttet wird und wir uns gut fühlen (ähnlich wie bei der Vorfreude auf etwas). Ob es die teure Zigarre ist, das Candlelight Dinner mit dem Schatz oder der wohlverdiente Urlaub, all das macht nur dann zufrieden und erzeugt Glücksgefühle, wenn wir mit ganzem Herzen und voller Aufmerksamkeit dabei sind. Schauen wir beim Rauchen gleichzeitig Fernsehen, schreiben während des romantischen Dates SMS oder checken im Urlaub die Mails von der Firma, bringen wir uns selber um den Genuss, die Freude und die Erholung. Deswegen lohnt es sich, die eigene Achtsamkeit zu trainieren und dafür musst du dich nicht einmal in den Kölner Verkehr stürzen. Auch für zu Hause gibt es ein paar einfache Tipps:

- Schalte bewusst einen Sinn aus: z.B. mit geschlossenen Augen anziehen, den richtigen Schlüssel nur durch ertasten finden, mit zugehaltener Nase essen

- Schreibe ein Glückstagebuch und halte freudige Momente fest: z.B. ein netter *Köbes*, ein strahlend blauer Himmel, das Läuten des *Dicken Pitters*

- Betrachte einen Gegenstand in allen Details, z.B. ein Kölsch: Ist die Farbe überall gleich, in welcher Art läuft der Schaum im Glas herab, wie ändert sich der Geschmack?

Und ansonsten hilft es, einfach mit offenen Augen durch die Welt zu gehen, denn zum Glück *hät mer et Aansinn ömesöns / kostet Anschauen nichts*.

Zusammenfassung Artikel 4:
Glück kann man nicht besitzen, denn es sind vor allem die kleinen Freuden im Leben, die unser Wohlbefinden auf Dauer steigern. Und diese finden wir im Hier und Jetzt, wenn wir achtsam sind und uns ganz auf eine Sache konzentrieren.

Praktische Tipps zur Umsetzung:

- Räume deine Schränke aus, sortiere alles aus, was du nicht mehr brauchst und spende es an einen guten Zweck
  z.B. *www.koelnszweitehand.de*
- Schlag das Buch zu, pack etwas Geld ein und die Gedanken weg und gehe jetzt direkt zur nächsten Kneipe, um ein paar Kölsch zu trinken.
- Mache einen Ausflug zum Naturschutzgebiet Am Hornpottweg, nehme ein Fernglas und Verpflegung mit und versuche einen Blick auf den Eisvogel zu erhaschen.

Artikel 5:
Et bliev nix, wie et wor

Sei offen für Neuerungen und setze dir im Leben Ziele.

Wie aus einem Wunderheilmittel das weltberühmte Eau de Cologne wurde, was der Kölner mit Wahrsagern gemeinsam hat und was ein Obdachloser in der Weihnachtskrippe macht.

Der Kölner blickt auf 2000 Jahre Stadtgeschichte zurück, die ihn nachhaltig geprägt haben. Im Wandel der Zeiten hat er gelernt, sich an neue Situationen anzupassen, ohne sich dabei zu verlieren. Selbst der Religion hat er seinen eigenen Stempel aufgedrückt.

Do weede mer ald jet drihe: Anpassungsfähigkeit

Da werden wir schon etwas dran drehen

Es ist Montagmorgen 9 Uhr und Schäl ist schon seit einer Stunde fleißig bei der Arbeit. Bald ist wieder Monatsabschluss und er muss noch einige Rechnungen in den Computer eingeben.
Auf einmal geht die Tür auf und Schäl zuckt vor Schreck regelrecht zusammen, so war er in seine Arbeit vertieft. Als er aufblickt, sieht er Tünnes hereinkommen und ist ganz erstaunt.
- «Jo sach ens Tünnes, wat es dat dann, do bes jo vill fröher em Büro wie söns. Wie kütt et?
/ Sag mal Tünnes, du bist ja viel früher im Büro als sonst. Wie kommt das?»
Tünnes legt seine Jacke ab und setzt sich noch ganz außer Atem an seinen Schreibtisch.Er holt tief Luft und erklärt:
- «Ach Schäl, dat kütt esu: Mi Auto es en der Werkstatt un do moot ich hück morje ze Foß jon!
/ Ach Schäl, das kommt so: Mein Auto ist in der Werkstatt und da musste ich heute Morgen zu Fuß gehen!»

Der Kölner erfreut sich an den Momenten im Hier und Jetzt, weiß er doch, dass *nix bliev wie et wor / nichts bleibt, wie es war* und man deswegen die schönen Augenblicke im Leben genießen muss. Doch wer jetzt denkt, der Kölner trauere der Vergangenheit hinterher, liegt falsch. An sich sehr beständig, hegt und pflegt er zwar seine Bräuche und Gewohnheiten (→ Artikel 6 Traditionen), Angst vor Veränderung hat er trotzdem nicht, lautet doch seine feste Überzeugung, *dat krijje mer ald hin / das bekommen wir schon hin*. Und die kommt nicht von ungefähr, schließlich unterlag der Kölner in 2000 Jahren Stadtgeschichte ständigem Wandel.

Bereits in den Geburtsstunden der neuen Siedlung mussten sich die germanischen Ubier den Sitten der römischen Regenten anpassen. Unter diesen wuchs die neu gegründete Colonia[41] zu einer ansehnlichen Stadt mit gehobener Wohnkultur und blühendem Handel heran. Dies interessierte die Franken gut 500 Jahre später jedoch herzlich wenig, hatten diese sich doch vor allem der Landwirtschaft verschrieben. Nach Übernahme der CCAA zogen sie sich deshalb ins angrenzende Umland zurück, das für viele Jahre fest in der Hand von Bauern bleiben sollte. Da ein Großteil der Römer jedoch mittlerweile in Köln sesshaft geworden war, blieben diese selbst nach dem Fall des römischen Reiches in der Stadt zurück. So wuchs in 800 Jahren ein buntes Völkchen aus Einheimischen und Eroberern heran, das lernte, verschiedene Sitten unter einen Hut zu bringen.

Dann jedoch setzte Karl der Große den Kölnern erstmals einen (geistlichen) Stadtherren in Form des Erzbischofs Hildebold vor die Nase, der von nun an in religiösen Angelegenheiten das Sagen hatte. Die Kölner, bislang gewohnt sich untereinander zu einigen, hatten damit verständlicherweise so ihre Probleme und es sollte noch schlimmer kommen. Mitte des 10ten Jahrhunderts ernannte der König und spätere Kaiser Otto I. seinen Bruder Bruno nicht nur zum Erzbischof, sondern übertrug ihm zudem das Herzogtum Lothringen, zu dem auch Köln gehörte. Damit wurde er zum geistlichen und weltlichen Herr über die Stadt, ein Status, den fortan alle Erzbischöfe für sich in Anspruch nahmen. Und da das Amt des Kirchenfürsten nicht durch Vererbung sondern durch Ernennung weitergegeben wurde, hatten die Kölner von nun an laufend *ene neue Jeck am Hals / einen neuen Narren am Hals*. Bis sich Köln knapp 500 Jahre später die städtische Freiheit erkämpfen konnte, lenkten ganze 37 Erzbischöfe die Geschicke der Stadt.

Wiederum 500 Jahre später war Schluss mit Freiheit und Religion, denn als die Franzosen 1794 durch das Eigelsteintor marschierten, übernahmen sie nicht nur die Stadt, sondern brachten auch radikale gesellschaftliche Änderungen mit sich. Die meisten Kirchen wurden enteignet und zweckentfremdet (der Dom wurde unter anderem als Pferdestall genutzt) und statt die Toten in Kirchennähe zu begraben, wurde ein neuer Zentralfriedhof vor den Stadttoren angelegt. Auch Scheidung, Papiergeld und Straßenbeleuchtung führten die Freiheitskämpfer aus dem Süden ein. Diese Maßnahmen waren zur damaligen Zeit geradezu revolutionär und man kann zu Recht behaupten, dass mit den Franzosen ein frischer Wind durch die Stadt wehte, der den Mief des Mittelalters wegfegte. Doch kaum fingen die Kölner an, sich mit den neuen Sitten zurechtzufinden, war es wieder Zeit zum Umdenken, denn nur zwanzig Jahre später fiel Köln den Preußen in die Hände. Nun kam es ganz dicke für die gemütlichen, lebenslustigen und katholischen Rheinländer, nicht nur der Karneval wurde streng reglementiert, jetzt sollten die kölschen *Pänz / Kinder* sogar protestantisch erzogen werden! In den Folgejahren brachten dann vor allem die Industrialisierung und die beiden Weltkriege weitreichende Veränderungen für Köln und die Kölner mit sich.

Vielleicht ist durch diese ganzen Irrungen und Wirrungen auch die Oberflächlichkeit entstanden, die man dem Kölner nicht ganz zu Unrecht nachsagt. Doch wie sollten bei den ständigen politischen Umbrüchen auch Vertrauen und tiefgründige Beziehungen entstehen? Da stand man sich doch am besten, wenn man nach allen Seiten hin offen blieb und keine allzu ausgeprägte Loyalität an den Tag legte. Da der Kölner nie sicher sein konnte, in welche Richtung das politische Fähnchen am nächsten Tag wehen würde, entwickelte er sich im Laufe der Jahre zu einem wahren Opportunisten und Meister der Anpassung. Statt hartnäckig auf Prinzipien zu beharren, ist er in der Lage, seine Ansichten geschickt zu ändern, vor allem dann, wenn es zu einem harmonischen Miteinander (und dem eigenen Vorteil) beiträgt. Ein Beispiel für so eine kölsch-kreative Strategieanpassung ist die Legende zur Entstehung des Kölnisch Wassers:

Bei seiner Hochzeit 1772 soll der Kaufmann Wilhelm Mülhens von einem Mönch ein ganz besonderes Geschenk erhalten haben: das Geheimrezept für eine Art Wunderelixier, das sowohl innerlich wie äußerlich bei fast allen (leichten) Beschwerden angewendet werden konnte. Schon bald eröffnete er eine Manufaktur in der Glockengasse und vermarktete sein Produkt als „Aqua mirabilis", welches man pur oder mit Wein vermischt zu sich nehmen konnte. Gerne wurde das Mittelchen auch in Tücher getropft und vor den Mund gehalten, um den damals allgegenwärtigen Gestank in der Stadt zu unterdrücken. Als Napoleon 1810 ein Gesetz erlässt, nachdem die Rezepturen aller medizinischen Mittel veröffentlicht werden müssen, gerät Mülhens unter Druck. Um das Firmengeheimnis zu schützen, ändert er kurzerhand die Strategie und verkauft das Produkt fortan als Duftwasser. Das war der Durchbruch. Nicht nur die in Köln stationierten französischen Soldaten machten das „Eau de Cologne“ in ihrer Heimat bekannt, das „Kölnische Wasser“[42] entwickelte sich schnell zum absoluten Verkaufsschlager und eroberte als Souvenir und Mitbringsel die ganze Welt.

Soweit die Version der Firma Mülhens. Ob das Rezept tatsächlich als Geschenk in die Hände des geschäftstüchtigen Mülhens kam, darf mit gutem Grund angezweifelt werden. Gab es doch schon seit 1709 die Kölnischwasser-Fabrik von Johann Maria Farina, der das „Aqua mirabilis“ bereits zu dieser Zeit ziemlich Gewinn bringend vermarktete. Und wie das mit erfolgreichen Produkten so ist, dauerte es nicht lange, bis Nachahmer auf die Bühne traten. Dank Gewerbefreiheit und fehlendem Produktschutz gab es zeitweise um die 100 Anbieter von Kölnisch Wasser Variationen. Doch Farina kämpfte für sein Original und war sogar maßgeblich an der Einführung des Markenschutzgesetzes beteiligt, dessen erste Eintragung dann auch das Label von Farina wurde. Mühlens musste sich daraufhin etwas Neues einfallen lassen und gab seinem Duft die gerade durch die Franzosen vergebene neue Hausnummer 4711[43].

Unabhängig davon, wie viel Wahrheitsgehalt in der Kölnisch Wasser Legende steckt, Mülhens war sicher nicht der einzige Kölner, der sich mit Hilfe kreativer Denkansätze aus einer scheinbar aussichtslosen Lage befreien konnte. Dank seiner ausgeprägten Vorstellungskraft fällt es dem Kölner im Allgemeinen leicht, bei

Problemen mehrere (auch ungewöhnliche) Lösungs- und Handlungsmöglichkeiten auszutüfteln[44].

Während der Kölner grundsätzlich der Überzeugung ist *do kammer ald jet dran drihe*, ist uns allen zumindest eine gewisse Anpassungsfähigkeit und Lernbereitschaft gegeben. Doch anders als zu Urzeiten, wo die Menschen keine Wahl hatten und sich ständig wandelnden Lebensumständen anpassen mussten, leben wir heute gemeinhin recht behaglich. Und wenn die Anreize fehlen, etwas zu ändern, kann es schnell passieren, dass wir in eine starre Haltung geraten. Um unsere Flexibilität nicht gänzlich zu verlieren, kann es daher nützlich sein, sich ab und zu bewusst in ungewohnte Situationen zu begeben, spontan zu handeln und Zufallsentscheidungen zu treffen. Das bringt unsere kreativen Fähigkeiten zum Vorschein und hilft uns, mit unerwarteten Umständen besser umgehen zu können (→ Artikel 8 Habituation). Schließlich ist das Leben bekanntermaßen kein Ponyhof und selbst bei den größten Glückpilzen läuft es nicht immer zufällig genau wie geplant. Auch sie erleben Rück- und Schicksalsschläge, können sich den Umständen aber besser anpassen und kommen daher eher wieder auf die Beine.

Nun könnte die turbulente und stets unbeständige Stadtgeschichte des Kölners auch dazu geführt haben, dass seine seelische Robustheit besonders hoch ist. Hat er doch eins im Lauf der Zeit gelernt: Nicht nur an der Börse muss man manches einfach aussitzen, denn *wie schlemm et och es, et bliev nix wie et wor / wie schlimm es auch ist, es bleibt nichts, wie es war*.

2000 Jahre Stadtgeschichte

38 vor Chr. - 455 nach Chr. Römerzeit
Aus einer Siedlung der Ubier wird eine Kolonie römischen Rechts und ein bedeutendes Handelszentrum.

455 - 911 Franken und Merowinger
Chodwig wird König der Franken und bringt das Christentum nach Köln. Karl der Große erhebt Köln zum Erzbistum.

911 - 1396 Mittelalter, Zeit der Erzbischöfe
Erzbischöfe regieren über die Stadt, zahlreiche Kirchen werden erbaut und der Grundstein zum Dom gelegt.

1396 – 1794 Freie Reichsstadt
Eigene Stadtverfassung mit dem Verbund- und Transfixbrief. Bau von prächtigen öffentlichen Gebäuden.

1794 – 1814 Franzosenzeit
Es gilt der Code Civil. Die Stadt erwacht aus dem mittelalterlichen Mief und wird sauberer und sicherer.

1815 - 1918 Preußen und Industrialisierung
Fertigstellung des Kölner Doms und erster Rosenmontagszug. Sprengung der mittelalterlichen Stadtmauer.

1919 – 1945 Weimarer Republik und Drittes Reich
Adenauer wird Bürgermeister und verbindet Tradition mit Fortschritt. Der Krieg bringt Armut und Zerstörung.

1946 – 2000 Aufbruch ins 21te Jahrhundert
Wiederaufbau und Vergrößerung duch Eingemeindung. Köln wird Millionenstadt und Medienmetropole.

Wä nix us sich mäht, dä es nix: Sinn des Lebens

Wer nichts aus sich macht, der ist nichts

Am Montagnachmittag knöpft sich Annemie ihren Tünnes vor, um mit ihm über ihren Sohnemann zu sprechen. Sie macht sich Sorgen, weil dieser das Schuljahr wiederholen muss. Sie bittet Tünnes, mit dem Nachwuchs mal ein ernstes Vater-Sohn-Gespräch zu führen. Als der Kleine später am Abend nach Hause kommt, packt sich Tünnes den Rabauken und setzt an:

- «Sach ens Jung, et es jo nit schlemm, dat de dis Johr setze jeblevve bes, dat es dingem Vatter och e paar Mol passeet. Ävver ding Mam mäht sich Sorje. Häste dann ald en Idee, wat de noh der Schull maache wells?

/ Hör mal mein Junge, es ist nicht schlimm, dass du dieses Jahr sitzen geblieben bist. Das ist mir auch ein paar Mal passiert. Aber deine Mutter macht sich Sorgen. Weißt du denn schon, was du nach der Schule machen möchtest?»

- «Jo Papa, dann well ich studeere!

/ Ja Papa, dann möchte ich studieren!»

- «Dat es jot Jung! Un wat wellste noh dem Studium maache?

/ Das ist gut mein Junge! Und was möchtest du nach dem Studium machen?»

- «Jo wann ich mem Studium fädich ben, dann jon ich en Rent!

/ Ja wenn ich mit dem Studium fertig bin, dann gehe ich in Rente!»

Der Kölner ist im Großen und Ganzen mit sich und der Welt im Reinen. Er weiß die guten Seiten des Lebens zu schätzen, ist zufrieden mit dem was er hat und kann sich bei Bedarf auf veränderte Bedingungen seiner Umgebung gut einstellen. All das sind positive Eigenschaften, die zu einer größeren Lebenszufriedenheit beitragen. Doch einen kleinen Haken hat das Ganze, wer mit allem zufrieden ist, wird leicht träge, denn gerade die Unzufriedenheit ist es, die uns antreibt, uns motiviert und in uns den Wunsch erweckt, etwas im Leben zu ändern. Diese Motivation scheint dem Kölner ganz und gar zu fehlen. Warum auch etwas ändern, wo alles gut ist, so wie es ist? Die Welt um ihn herum ändert sich doch ohnehin schon laufend, da bleibt er im Privatleben doch lieber in seinem bekannten Umfeld und hegt die lieb gewonnenen Gewohnheiten und Traditionen. (Der Kölner nennt übrigens alles Tradition, was bereits zum zweiten Mal stattfindet.) Und nach außen gibt er sich so, wie er es in vielen Jahren wechselhafter Stadtgeschichte gelernt hat: unverbindlich, mehrdeutig und vage. Der Kölner legt sich halt nicht gerne fest, sondern hält sich immer ein Hintertürchen offen.

Kein Wunder, dass der Konjunktiv die beliebteste Zeitform im Kölschen ist, lässt sich damit doch alles versprechen ohne wirklich Verbindlichkeiten einzugehen: «Könnten Sie mir morgen helfen und den Rasen mähen?» – «*Jo do dät ich doch sage, dat wör mer en Ihr! / Ja da würde ich doch sagen, das wäre mir eine Ehre!*». Der Bittsteller freut sich über die Hilfsbereitschaft, hat jedoch nicht den näheren Sinn des konjugativischen Gebrauchs im Kölschen verstanden. Denn der Kölner meint, er würde es sagen (tut es aber nicht) und es wäre ihm eine Ehre (ist es aber nicht). Übersetzt heißt das mit anderen Worten «*Maach dinge Dress allein! / Mäh den Rasen selber*!». Was die scheinbare und tatsächliche Bedeutung von Formulierungen angeht, wäre das Kölsche damit geradezu prädestiniert für die Formulierung von Arbeitszeugnissen.

Mit dem Konjunktiv kann der Kölner auch wunderbar Absichten formulieren, ohne damit wirklich eine Intention kundzutun. Quasi ein Vorfühlen beim Gegenüber, mit der Möglichkeit schnell zurückrudern zu können, sofern man nicht auf Zustimmung stößt: «*Ich künnt jo ens der Jupp froge… / Ich könnte ja mal Josef fragen…*» (in diesem Moment wird die Mimik des Gegenübers gescannt, die sich zu einem missbilligenden Ausdruck verzieht) «*…ävver dat dät ich jo niiiie maache! / …aber das würde ich ja niemals tun*!». Und will man seine Ansicht zum Ausdruck bringen, gelingt auch das mit dem Konjunktiv spielend leicht, ohne selber eine Angriffsfläche zu bieten: «*Jetz hätt ich jo baal jesaht, dat do ene boore Bellrämmel*[45] *wörs… / Jetzt hätte ich ja fast gesagt, dass du ein Blödmann wärst…*». Da aber keine Beleidigung ausgesprochen wurde und diese wenn auch nur als Möglichkeit dargestellt worden wäre, kann sich ja nun wirklich niemand angegriffen fühlen.

Neben dem Konjunktiv kennt der Kölner noch eine weitere wunderbare Technik, um jeglichem Konflikt aus dem Weg zu gehen, das Stilmittel des Paradoxen: «*Do wells Jottseidank ald widder jon? Et wor doch esu schön, wie do nit do wors. / Du willst zum Glück schon wieder gehen? Es war doch so schön, wie du nicht da warst.*» Eine sprachlich-psychologische Meisterleistung. Dank selektiver Wahrnehmung blendet der Angesprochene alles aus, was nicht zu seiner eigenen Meinung passt (→ Artikel 3 Positives Denken). Und da wir im Großen und Ganzen meist von uns selber überzeugt sind, wird sich der ungebetene Besucher darin bestätigt fühlen, dass seine Anwesenheit schmerzlich vermisst wird. Was als Beleidigung gemeint war, kommt also letztlich als Kompliment an.

Mit dieser Technik könnte der Kölner auf jedem Jahrmarkt auftreten, denn Handleser und Wahrsager machen auch nichts anderes, als möglichst ambivalente Aussagen zu treffen, damit jeder ihrer Kunden genau das heraushören kann, was auf ihn passt: «Wenn Ihnen danach ist, sind Sie durchaus sehr kontaktfreudig, es gibt jedoch auch Momente, in denen Sie gerne alleine sind». Diese Aussage dürfte auf 100 Prozent der Menschen zutreffen, und sowohl die Kontaktfreudigen als auch die Schüchternen fühlen sich verstanden und nicken begeistert mit dem Kopf. Interessant wäre es nun zu sehen, was passieren würde, wenn die Jahrmarktsdame gerade einen Kölner vor sich sitzen hätte. Angenommen, der Zufall hätte genau diese Konstellation zusammengeführt. Auf die vorsichtige Nachfrage, ob sie denn mit ihrer Annahme richtig liegt, würde der Kölner wahrscheinlich trocken erwidern: «*Do häs rääch, ävver wat de sähs es Quatsch. / Du hast recht, aber was du sagst, ist Blödsinn*».

Nun ließen sich noch seitenweise herrliche Beispiele für die geniale Doppeldeutigkeit des Kölners finden, doch sollte man sich diesen Teil der kölschen Mentalität ausnahmsweise nicht zum Vorbild nehmen. Zum Kölner gehört die Hintertürchen Taktik wie die Schaumkrone zum Kölsch, doch im Normalfall gilt, jede Entscheidung ist besser als keine. Ziele festlegen und darauf hinarbeiten macht uns glücklich. Die meisten von uns haben deswegen auch schon früh eine Vorstellung davon, was sie im Leben erreichen möchten (bei den kölschen *Pänz* stehen an erster Stelle: Prinz im Karneval oder *Funkemariechen* werden). Erst mit dem Alter verblassen unsere großen Ambitionen und wir geben uns immer mehr mit dem zufrieden, was wir haben. Das kann wie im Fall des Kölners auch durchaus gut sein, nämlich dann, wenn unsere Bedürfnisse tatsächlich erfüllt sind. Doch wenn wir uns nur einreden zufrieden zu sein, eigentlich aber nur zu träge sind, etwas zu ändern oder Angst vor den Folgen haben, dann geht das meist nicht lange gut. Spätestens zur Midlife Crisis stellen wir plötzlich unser ganzes Leben in Frage und würden am liebsten komplett aus unseren Gewohnheiten ausbrechen. Früher ging man in diesem Fall „Zigaretten holen" und wurde nie mehr gesehen.

Da rauchen aber mittlerweile out ist, suchen die Menschen heutzutage schon in jungen Jahren nach Möglichkeiten, ihr Leben sinnvoll zu gestalten. Na gut, der Zusammenhang zwischen Rauchen und Sinnfindung ist ein wenig konstruiert. Tatsächlich wird es aber gerade für die jüngere Generation immer wichtiger, dem Leben einen Sinn zu geben. Zum einen liegt das daran, dass die Grundbedürfnisse bei den meisten ausreichend gedeckt sind (sie befinden sich also an der Spitze der Bedürfnispyramide aus Artikel 6). Zum anderen hatte nicht nur die Jugend niemals zuvor so viele Gestaltungsmöglichkeiten für das eigene Leben, wie wir es heute haben. Da wo unser Weg früher zu großen Teilen durch gesellschaftliche und religiöse Konventionen vorgezeichnet war, stehen wir heute vor der großen Frage: was ist uns im Leben wichtig? Oder wie es die Vertreter der Positiven Psychologie formulieren: Was macht uns glücklich?

Für den Kölner war es lange Zeit die Erreichung der Selbstständigkeit. Und auch der Glaube spielte im katholischen Köln eine wichtige Rolle. Doch mit Franzosen, Preußen und Aufklärung hat dieser im Laufe der Zeit immer mehr an Bedeutung verloren. Schaut man sich aktuelle Umfragen an, belegt der Glaube nicht nur in Köln nur noch einen der unteren Plätze. Weit oben stehen soziale Beziehungen und eine Aufgabe im Leben. Für viele heißt das Kinder und Karriere, zunehmend gewinnen aber auch „höhere" Ziele wie Nachhaltigkeit und Umweltschutz an Bedeutung. Sich dafür einzusetzen, kann ebenfalls eine sinnstiftende Wirkung haben. Viele halten auch die Gesundheit für das Wichtigste im Leben, womit sie sicher nicht falsch liegen. Allerdings trägt Gesundheit ähnlich wie Geld nur indirekt zur Zufriedenheit bei. Soll heißen, Krankheit und Armut können unglücklich machen, Gesundheit und Reichtum aber nicht zwingend glücklich.

Umgekehrt wird da schon eher ein Schuh draus. Denn immer wieder zeigt sich, dass Glück, beziehungsweise die damit verbundenen körperlichen Vorgänge, eine positive Wirkung auf die Gesundheit haben. Das Immunsystem wirkt gestärkt, die Abwehrkräfte gesteigert und Heilungsprozesse beschleunigt. Und erstaunlicherweise ist es im Grunde gar nicht wichtig, was man sich für Ziele gesetzt hat, um dem Leben einen Sinn zu geben. Denn am Ende ist es nicht die Erreichung des Zieles die glücklich macht, sondern vor allem der Weg dorthin. Hat man sich jahrelang für etwas eingesetzt, kann sogar eine große Leere eintreten, wenn das Ziel endlich erreicht ist (worauf soll man dann noch hinarbeiten?). So folgt nicht selten auf den Höhepunkt der Karriere ein seelischer Absturz, was für Sportler, Schauspieler und Spitzenmanager gleichermaßen gilt. Nicht umsonst heißt es im Volksmund „der Weg ist das Ziel". Ob man nun in seiner Sportart immer besser wird, die Karriereleiter eine Stufe weiter nach oben steigt, seine Sammlung um ein seltenes Stück erweitert oder menschlich an Reife und Charakterstärke gewinnt, Wachstum in jeder Art macht uns zufrieden.

Insofern ist die Entscheidungsunlust des Kölners vielleicht doch nicht so schlecht. In dem er sich nie auf ein endgültiges Ziel festlegt, bleibt er immer auf dem Weg. Deswegen ist in Köln auch immer Karneval. Während es anderswo heißt „am Aschermittwoch ist alles vorbei", fängt in Köln am Tag vor Aschermittwoch alles neu an. Denn dann wird traditionell das Motto der neuen Session verkündet. Somit gilt nach der Session ist vor der Session und Karneval hat 365 Tage. Und der Kölner hat immer etwas, auf das er hinarbeiten kann, denn *wä nix us sich mäht, dä es nix.* Das gilt im Karneval und im Leben gleichermaßen.

Mer sin jot katholisch, ävver mer jläuve an nix: Glaube

Wir sind gut katholisch,
aber wir glauben an nichts

Im Bett wird Tünnes schon von Annemie erwartet. Gespannt möchte sie wissen, wie das Gespräch mit dem Sohn gelaufen ist. So richtig traut sich Tünnes nicht mit der Sprache herauszurücken und greift zu einer Notlüge. Er berichtet, dass der Junge sehr motiviert sei und große Pläne für die Zukunft habe. Zufrieden schläft Annemie daraufhin ein. Tünnes jedoch plagt wegen seiner Lüge das schlechte Gewissen und er kann die Nacht kaum schlafen. Am nächsten Tag hört er bei seinem Kumpel Schäl vorsichtig nach:
- «Sach ens Schäl, wat passeet eijentlich, wammer ein vun der zehn Jebodde brich?
/ Sag mal Schäl, was passiert eigentlich, wenn man eines der zehn Gebote bricht?»
Schäl zieht daraufhin die Stirn in Falten und überlegt angestrengt. Nach einiger Zeit meint er unsicher:
- «Jo esu jenau weiß ich dat och nit. Ich denke mer ävver, dann blieven nur noch nüng üvverich.
/ So genau weiß ich das auch nicht. Ich denke mir aber, dann bleiben nur noch neun über.»

Als Kaiser Konstantin 313 das Christentum zur Staatsreligion ausrufen ließ, wirkte in Köln mit Maternus bereits der erste Bischof. Schon einige Jahre zuvor soll der tapfere Soldat Gereon in Köln ums Leben gekommen sein, da er an seinem christlichen Glauben fest hielt[46]. Und ähnlich wie die britische Ursula und ihre elf, pardon elftausend Jungfrauen (→ Artikel 2 Einstellung) wurde der thebäische Hauptmann Gereon kurzerhand zum kölschen Märtyrer ernannt (da zeigt sich die wahre kölsche Toleranz). Dabei hatten die Römer eigentlich gar nichts gegen das Christentum an sich. Ähnlich wie die germanischen Ubier glaubten sie an viele Götter und einer mehr oder weniger hätte da auch keinen Unterschied gemacht. Doch genau das sahen die Christen anders. Denn nach ihrem Glauben konnte es nur einen geben und so weigerten sie sich beharrlich, den römischen Kaiser als weiteren Gott anzuerkennen (in dem Fall also nix mit Toleranz). Das kostete viele Christen das Leben und bot reichlich Stoff für Sagen, Legenden und heilige Knöchelchen. Solange bis die Franken die Macht am Rhein übernahmen und sich der mächtigste unter ihnen, der Merowinger Chlodwig, aus politischen Gründen taufen ließ.

Damit war die Zeit der Vielgötterei am Rhein vorbei und das Christentum in Köln angekommen. Die neue Religion verbreite sich schnell und Köln wurde erst Bischofssitz und später Erzbistum mit Hildebold als erstem Kölner Erzbischof. Folgte der Kölner seinem Hirten in religiösen Angelegenheiten noch weitgehend ohne Murren, änderte sich das Verhältnis schwerwiegend, als Erzbischof Bruno erstmals auch die Position des weltlichen Stadtherren für sich beanspruchte. Jahrhundertelang sollte die städtische Freiheit ewiger Streitpunkt zwischen Stadt und Erzbischof bleiben. So entwickelte der Kölner schon früh ein gespaltenes Verhältnis zur Kirche. Auf der einen Seite hatten die religiösen Werte einen hohen Stellenwert für ihn und Ordensschwestern, die sich um pflegebedürftige Menschen kümmerten, wurden besonders verehrt. Auf der anderen Seite missfiel ihm das Machtstreben der Kirchenherren zutiefst, was er in seinem typischen Spott zum Ausdruck brachte. So hieß es *„Paafesäck han kein Böddem / Klingelbeutel haben keinen Boden"* und *„wie et Jeld, su de Predigt / wie das Geld, so die Predigt"*. Dabei profitierte die Stadt durchaus vom überschäumendem Unternehmergeist der Kirchenfürsten. Die zahlreichen Kirchen, Heiligen und Reliquien zogen Schwärme von Pilgern an, die in der Stadt ihr Geld ließen. Sie führten sogar dazu, dass sich Köln als einzige von vier Städten weltweit den Beinamen Heilig geben durfte. Spätestens mit dem Import der Gebeine der Heiligen Drei Könige wurde „Sancta Colonia" zum bedeutendsten Wallfahrtsort nach Rom und Jerusalem.

Übrigens waren die geistlichen Herren ähnlich kreativ wie der Kölnisch Wasser Fabrikant Mülhens. Da es strikt verboten war, Reliquien zu verkaufen, packte man die Knöchelchen einfach in aufwendig verzierte (und entsprechend teure) Behälter. Diese wurden dann für gutes Geld verkauft, die *Knöchelcher* gab es gratis dazu. Doch trotz aller wirtschaftlichen Vorteile, die ständige Einmischung der geistlichen Herren in die städtischen Belange passte dem selbstbestimmten Kölner nicht in den Kram und er schaffte es, die städtische Freiheit gegen den Erzbischof durchzusetzen.

Was den Glauben anging, blieb Köln indes weiterhin streng katholisch, bis 1794 die Franzosen kamen und alles umkrempelten. Die Stadt büßte ihren Stand als

Ein Schädel aus der Goldenen Kammer von St. Ursula.

Reichsstadt ein und die Erzbischöfe verloren ihre Kirchen und ihre Macht. Plötzlich durften Juden und Protestanten in der Stadt leben, die Kirchen wurden zweckentfremdet und sogar die Scheidung wurde erlaubt. Selbst der Bischofssitz fiel vorübergehend (bis 1821) an Aachen. Alles in allem ein schwerer Schock für die Kirche und die Kölner.

Noch doller sollte es mit den protestantischen Preußen kommen, der Streit über die Konfession der Kinder aus Mischehen führte sogar dazu, dass König Friedrich Wilhelm III. den damaligen Erzbischof Freiherr Droste zu Vischering 1837 inhaftieren ließ[47]. Dies sorgte für großes Aufsehen und ist als „Kölner Ereignis" in die Annalen eingegangen. Zum ersten Mal standen die Kölner und ihr Erzbischof auf derselben Seite. Dennoch haben sowohl die Freiheitsgedanken der Franzosen als auch die aufklärerische Art der Preußen ihre Spuren beim Kölner hinterlassen und den Glauben nachhaltig verändert. Herausgekommen ist am Ende der „Rheinische Katholizismus".

So bezeichnet der Kölner sich selber nicht als römisch-katholisch, sondern als rheinisch-katholisch, ein kleiner aber bedeutender Unterschied, der sich vor allem darin zeigt, dass der Kölner die Religion vermenschlicht hat. Ähnlich wie die britische Ursula und den afrikanischen Gereon machte er auch Petrus und den lieben Gott zu Kölschen, zu denen er seitdem ein freundschaftliches Verhältnis pflegt. Mit diesem Draht zum Himmel brauchte der Kölner dann auch keinen irdischen Vertreter mehr, sondern klärte seine Angelegenheiten fortan direkt mit dem Herrn.

Bis auf wenige Ausnahmen, gab es doch (mindestens) einen Erzbischof, den die Kölner über alles liebten und schätzten, den legendären Kardinal Frings. Dieser sah seine Hauptaufgabe darin, für das Wohl seiner kölschen Schäfchen zu sorgen, und leistete dafür auch abseits des Gebetbuchs wahre Lebenshilfe. Unvergessen und viel zitiert seine Silvesterrede von 1945, in der es hieß «Wir leben in Zeiten, da in der Not auch der einzelne das wird nehmen dürfen, was er zur Erhaltung seines Lebens und seiner Gesundheit notwendig hat, wenn er es auf andere Weise, durch seine Arbeit oder durch Bitten nicht erlangen kann». Dies interpretierten die Kölner als geistlichen Segen zum *Klüttenklau* (Kohlendiebstahl) und gingen dem *fringsen* fortan ungeniert nach. Zu Hause wurde geheizt und sonntags ging man in die Beichte, um *de Schöpp avzekratze / die Schaufel abzukratzen*. Eine schöne bildliche Umschreibung dafür, sich der Sünden zu „entledigen“.

Ein weiterer wichtiger Aspekt des rheinischen Glaubens ist die Gleichberechtigung, hat der Kölner doch grundsätzlich etwas gegen Standesdünkel (→ Artikel 9 Selbstbestimmung). Wunderschön umgesetzt ist dieser Gedanke in der Milieukrippe in Sankt Maria in Lyskirchen[48]. Da sitzt Maria auch schon einmal mit dem Junkie zusammen auf der Bank und eine Prostituierte beobachtet, wie ein Polizist dem Obdachlosen über die Straße hilft. Diese Szenen drücken aus, Gott ist für alle da. Für den Kölner hat Religion also vor allem etwas mit menschlichem Miteinander zu tun und weniger mit gehorsamem Glauben.

So zwiespältig wie das Verhältnis des Kölners zur Religiosität ist, so sind auch die aktuellen Meinungen der Forscher dazu, ob diese glücklich macht. Diejenigen, die ihren Glauben praktizieren, werden dies sicher bejahen und viele Studien geben ihnen Recht. Auf der anderen Seite birgt der Glaube aber auch negative Seiten und obwohl es immer mehr Atheisten gibt, gibt es deswegen nicht weniger glückliche Menschen. Wahrscheinlich ist es wie beim Geld so, dass nicht die Religion selbst Quelle des Glücksempfindens ist, sondern das, was damit zusammenhängt. So finden soziale Werte wie Gesetzestreue und Moral unter religiösen Menschen mehr Zuspruch. Auch freundschaftliche Beziehungen und Familienzusammenhalt sowie Lebenszufriedenheit und Dankbarkeit werden durch eine religiöse Einstellung verstärkt.

Seit den 1980er Jahren versuchen Forscher den Ursprung des Glaubens übrigens auch im Gehirn zu finden. Aufsehen erregte in diesem Zusammenhang die These des Verhaltensgenetikers Dean Hamer, der meinte ein „Gottes-Gen“ gefunden zu haben, was bedeuten würde, dass es genetisch bedingt ist, ob wir zu Religiosität neigen oder nicht[49]. Der Neurowissenschaftler Michael Persinger hingegen hielt eine Art Mikro-Epilepsieanfälle für die Ursache von spirituellen Eindrücken[50]. Beide Thesen konnten sich jedoch nicht durchsetzen. Religion lässt sich wohl nicht auf eine bestimmte Hirnregion festlegen, sondern aktiviert die unterschiedlichsten Areale, je nachdem an was man glaubt und wie man seinen Glauben auslebt. Da wäre so ein Kölsches Gehirn für die Neurowissenschaft doch sicher besonders interessant. Denn was mag wohl im Gehirn aktiviert werden, wenn man *jot katholisch es, ävver an nix jläuv*?

Zusammenfassung Artikel 5:
Wir wissen nie was im Leben auf uns zukommt, daher ist es gut, wenn wir flexibel bleiben. Ziele und Werte helfen, auch bei veränderten Bedingungen den Weg durchs Leben zu finden und den Halt nicht zu verlieren.

Praktische Tipps zur Umsetzung:

- Mache bei einem Improtheater Workshop mit. Wer erst einmal nur zuschauen möchte, kann dies beim Kölner Impro Festival: *www.koelnerimprofestival.de*
- Schließe dich einer Sache an, die du für sinnvoll hälst, z.B. einer Gruppe für Naturschutz, einer Partei oder der Nachbarschaftshilfe in deinem Veedel. Vielleicht wirst du hier fündig: *www.vereine-in-koeln.de*
- Geh den Krippenwanderweg entlang und versuche Hennes VIII zu finden. Mehr Infos unter *www.koelner-krippenweg.de*.

Artikel 6:
Kenne mer nit, bruche mer nit, fott domet

Pflege gemeinsame Traditionen und zeige deine Dankbarkeit

Wie der Dom vom ungeliebten Preußensymbol zum Hoffnungsträger wurde, was ein kölsches Brauhaus in New York macht und wieso Klüngel in Köln ein positives Image hat.

Der Kölner kennt seine Bedürfnisse, das erleichtert sein Leben ungemein. Er liebt was er hat und hängt an seinen Traditionen. Die Liebe zur Stadt gibt ihm Sicherheit und bildet die Grundlage für ein kölsches Netzwerk.

Hammer immer su jemaht: Traditionen

Haben wir immer so gemacht

Eine Stunde vor Feierabend fängt Tünnes an, seine Sachen zu packen, denn er muss noch zum Hausarzt. Schäl wünscht ihm alles Gute und mit einem mulmigen Gefühl im Magen macht sich Tünnes auf den Weg. Am nächsten Morgen wartet Schäl schon ganz ungeduldig auf seinen Kumpel. Dann endlich geht die Tür auf und Tünnes schlurft mit hängendem Kopf zu seinem Platz.
- «Jo wat es dann loss, hät et dich schwer erwisch?
/ Was ist denn mit dir? Bist du schwer krank?»
- «Nä, dat nit. Ich han Wasser in de Fööß.
/ Nein, das nicht. Ich habe Wasser in den Füßen.»
- «Jo woröm luurst de denn dann esu bedröppelt us der Wäsch, su schlemm es dat doch jar nit?
/ Warum schaust du dann so betrübt, so schlimm ist das doch gar nicht?»
- «Och Schäl, ich kann et nit verston. Ich han mi Levve lang Kölsch jesoffe. Wo kütt dann jetz dat Wasser her?
/ Ach Schäl, ich verstehe es nicht. Ich trinke mein Leben lang Kölsch. Wo kommt denn jetzt das Wasser her?»

Der Kölner kann sehr flexibel und anpassungsfähig sein, wie der letzte Artikel gezeigt hat. Das heißt aber nicht, dass er das auch sein will. Ganz im Gegenteil, wenn der Kölner eins hoch hält, dann sind es seine Traditionen. Und das in einer Art und Weise, wie man sie sonst auf der Welt kaum findet. So ist Brauchtum zwar überall verbreitet, aber selten ist dieses derart auf eine Stadt bezogen wie in Köln. Hier liegt der Fokus nicht so sehr auf überlieferten Riten und Sitten, sondern in der Liebe zur Stadt, die synonym für ein ganzes Lebensgefühl steht. Kölsch, das heißt die Stadt, die Sprache, der Menschenschlag und das Bier – alles ist kölsch, alles ist Köln.

1999 warb ein (später in Ungnade gefallener) SPD Politiker mit dem Slogan «Mein Beruf ist Köln»[51]. Wo sonst würde man eine solche Botschaft verstehen? Und so äußert sich das Brauchtum in Köln vor allem durch den liebevollen Blick auf alles was die kölsche Eigenart widerspiegelt und einen Bezug zur Stadt hat. Dazu gehören insbesondere die kölsche Sprache, die Brauhäuser mit ihrem eigenen Charme samt Kölsch und Köbes, der Karneval mit all seinen Facetten, die kölsche Mentalität, das Kölsche Hänneschen und Millowitsch Theater, die Kölner Originale und natürlich der Dom, Sinnbild und Werbeträger Nummer 1 der Stadt. Das alles zusammen genommen repräsentiert die Stadt und den Kölner und so findet man allerorten Liebesbekundungen in Form von Songtexten, Kleidung, Aufklebern, Feuerzeugen, Lebensmitteln, Tattoos und unzähligen weiteren Ausdrucksformen, die alle dieselbe Botschaft vermitteln: Wir lieben unsere Stadt.

Dieses Festhalten an der Stadt und den kölschen Werten vermittelt dem Kölner in allererster Linie ein Gefühl von Geborgenheit. Das was Eltern für ihre Kinder sind, ist die Stadt für den Kölner. Da wo Kinder in den Schoß der Familie zurückkehren, geht der Kölner «*zo Foß noh Kölle*»[52]. Ob dich das Phänomen Kölsch sein erfasst hat merkst du übrigens, wenn du nach einer längeren Abwesenheit nach Hause (also in die Stadt) zurückkehrst

Dieser überdimensionale Schriftzug über der Nord-Süd Fahrt war Teil einer Kampagne (2005-2007) des Künstlers Merlin Bauer. Sie mahnte dazu, nicht nur den Dom zu lieben, sondern insbesondere auch die Architektur der 50er und 60er Jahre.

und das erste Mal (meist von der Autobahn aus) den Dom wieder siehst. Jedem Kölner geht bei diesem Anblick das Herz auf, man fühlt sich daheim und nicht wenigen kullert ein Tränchen aus den Augen.

Damit erfüllt die Stadt für den Kölner eine der wichtigsten Funktionen überhaupt im Leben, sie gibt ihm Halt und Stabilität. Sei es die Familie, der Partner, die beste Freundin, der Verein oder die Kirchengemeinde, als von Natur aus soziales Wesen braucht jeder Mensch das Gefühl, zu einer Gemeinschaft zu gehören, mit der er sich verbunden fühlt. Das Bewahren von Traditionen und gemeinsamen Werten dient somit auch dazu, die Gemeinschaft zu festigen und für Harmonie in der Gruppe zu sorgen. Das fängt bei Familientraditionen an und geht über Vereinsrituale bis hin zu modernen online Gemeinschaften, die der Glauben an eine gemeinsame Sache zusammenhält.

Und eine weitere wichtige Funktion wird durch Traditionen erfüllt, sie vermitteln ein Gefühl von Sicherheit und Beständigkeit. Situationen, deren Ausgang für uns ungewiss ist, bereiten uns Stress und können uns im Extremfall in Angst und Schrecken versetzen. Gewohnheiten hingegen lösen ein wohliges Gefühl aus, denn unser Gehirn belohnt uns, wenn wir uns mit vertrauten Dingen umgeben, was deswegen auch „Effekt des Wohlbefindens bei bekannten Dingen" genannt wird. Was bedeutet das? Immer wenn ein bestimmtes Muster im Gehirn aktiv ist (z.B. weil wir an eine spezielle Sache denken), verstärken sich die daran beteiligten Neuronenverbindungen. Und je stärker diese sind, desto leichter können wir die damit verbundenen Informationen verarbeiten.

Nun ist das Gehirn im Allgemeinen aber faul und spart wenn möglich Zeit und Kapazität. Also versucht es laufend Ähnlichkeiten zu finden und Bezüge zu bereits vorhandenen Informationen herzustellen, weil das dann weniger (Denk)Arbeit bedeutet. Im Alltag führt das zu interessanten Folgeerscheinungen wie beispielsweise dem Truth Effekt. Demnach beurteilen wir eine Aussage als wahrheitsgemäßer, je häufiger sie wiederholt wird. Kein Wunder also, dass der Kölner mittlerweile glaubt, in der schönsten Stadt der Welt zu leben, wo er doch nicht müde wird, dies ständig hervorzuheben. Aber auch Marketingexperten kennen den Trick und tun alles dafür, uns ein Produkt mit der entsprechenden Werbebotschaft so oft es geht unterzujubeln. Und wird der Slogan nur oft genug wiederholt, glauben wir irgendwann tatsächlich daran, dass rechtsdrehende Kulturen gut für unsere Gesundheit sind.

Auch die Sympathie für etwas scheint alleine dadurch zu steigen, dass es einem immer wieder begegnet, bekannt als Effekt der bloßen Darstellung (auch Mere-Exposure-Effekt). Gangnam Style fanden zu Beginn sicher einige so durchgedreht, dass sie ihm keine weitere Beachtung geschenkt haben (so zumindest die Autorin), nach drei Monaten jedoch hüpfte die halbe Welt und selbst gestandene Staatsoberhäupter Luftlasso schwingend über den Asphalt (so dann auch die Autorin). Vielleicht ist das auch der wahre Grund für die Beliebtheit des Doms. Dieser war schließlich das Einzige, was nach dem Krieg aus den Trümmern herausragte und fortan tagtäglich und kilometerweit zu sehen war. Möglicherweise steckt sogar hinter der Anlage der Autobahnen rund um Köln ein ausgeklügelter kölscher Plan. Es kann doch schließlich kein Zufall sein, dass der Dom, egal aus welcher Richtung man kommt und auf welcher Autobahn man sich befindet, irgendwann zwangsläufig am Horizont auftaucht. Bevor du aber nun ein lebensgroßes Poster von dir vor das Fenster deiner Angebeteten anbringst, noch ein kleiner Hinweis: das Ganze funktioniert nur, wenn die erste Begegnung einen neutralen oder positiven Eindruck hinterlassen hat. Etwas, das uns auf den ersten Blick unsympathisch erscheint, finden wir mit jeder Wiederholung wahrscheinlich nur noch nerviger.

Nun ist unser Gehirn aber nicht nur träge, schließlich sollen wir im Leben ja auch etwas dazu lernen. Also belohnt es uns auch, wenn wir Neues entdecken (→ Artikel

8 Habituation). Man könnte sagen neue Erfahrungen sind nötig für unsere Weiterentwicklung, doch um uns wohl zu fühlen, brauchen wir Gewohnheiten.

Obwohl sich die bekannten Sprüche „Gleich und gleich gesellt sich gern“ und „Gegensätze ziehen sich an“ auf den ersten Blick widersprechen, haben die meisten beides schon erlebt. Wie kommt das? Das Geheimnis liegt in der zeitlichen Betrachtung. Das Neue verschafft uns einen kurzfristigen Kick, während das Bekannte für anhaltende Zufriedenheit sorgt. So ist die Affäre oft völlig anders als man selbst (weswegen man ihn oder sie auch so häufig im Urlaub trifft) und sorgt für ein prickelndes Gefühl, während der langjährige Partner als Seelenverwandter gilt und Geborgenheit gibt. Tatsächlich werden sich nicht nur Hund und Herrchen, sondern auch Partner über die Jahre sogar immer ähnlicher (→ Artikel 11 Emotionale Ansteckung). Das Neue benötigen wir also um zu lernen und für den Kick zwischendurch, doch das Gewohnte macht uns auf Dauer glücklicher. Oder kennst du ein Pärchen, das sich trennte, weil man sich „zu ähnlich“ war?

Beim Kölner wirken sich bekannte Dinge nun ganz besonders stark auf das Wohlbefinden aus, man könnte gar meinen, im Belohnungszentrum des kölschen Hirns würde der Teil, der Neues belohnt, gänzlich fehlen. Mir fällt jedenfalls kein Beispiel ein, wo sich die Kölner mal über eine bedeutende Neuigkeit gefreut hätten. Im Gegenteil, gut gemeinte Innovationen stoßen beim Kölner in der Regel auf wenig Gegenliebe. Man bleibt halt lieber bei dem was man hat und was man kennt, steckt doch in allem Neuem auch immer eine gewisse Gefahr: *Hätt der Boor dat Krugg jekannt, hätt hä nit de Fott verbrannt /*

Hätte der Bauer das Grünzeug gekannt, hätte er sich nicht den Hintern verbrannt[53]. Nun weiß der Kölner aber auch, dass *nix bliev wie et wor*. Wie also kann die kölsche Seele das Bekannte pflegen und sich gleichzeitig mit Neuerungen arrangieren? Ganz einfach wie genial: Alles Neue und Unbekannte wird einfach eingekölscht und damit wieder zu Bekanntem gemacht. Wie diese „kölsche Integration“ funktioniert, lässt sich schön an der Sprache zeigen, die unzählige fremde Einflüsse aufweist. So wurde aus dem französischen „tout-petit“ (Kleinkind) das *Dubbeditzje* (Kosewort für ein süßes Kind), aus dem englischen „ham“ (Schinken) das leckere *Hämmche* (Eisbein) und aus dem niederländischen „bluts“ die *Blötsch* (Delle). Das „Einkölschen“ wirkt der Angst vor dem Neuen entgegen, denn was kölsch ist, kann nicht schlecht sein. Da wird der ungeliebte und potentiell gefährliche Preuße zum *Schnäuzerkowski*, der französische Stadtsoldat Jean zum *Schäng* und Petrus gar zum *leeve Jung*.

Ist man sich nicht sicher, ob man es mit einem „echten Kölner“ oder einem Fremden zu tun hat, eignet sich übrigens ein kleiner Aussprachetest. Beliebte Beispiele für kölsche Zungenbrecher sind: *Isch ben e klein Öljelche / ich bin ein kleines Zwiebelchen* oder *Hück jitt et Kanaljevüjjelcheszüngelcheszüppche / Heute gibt es Süppchen aus den Züngelchen von Kanarienvögelchen*. Der bekannteste Test dürfte wohl die Aufforderung sein: «*Sach ens Blotwosch! / Sag mal Blutwurst!*», aus dem gleichnamigen Gassenhauer von Jupp Schlösser.

Anhand der Aussprache zu testen, ob man einen Imi vor sich hat, findest du gemein? Und du fragst dich, wo da die viel zitierte kölsche Toleranz und Einbindung bleibt? Na zwei Strophen weiter! Denn da heißt es

«*Doch wer meint dat die Prob' he wör ömmesöns, wem dat Woot es zo schwer, dä säht einfach Flönz / Doch wer meint, der Test wäre umsonst, weil er zu schwer ist, der sagt einfach Flönz* (gekochte Variante der Blutwurst)». Genial. Das kann jeder aussprechen und zack ist man mittendrin im Kölschen Leben. Na gut, trotz aller Integration bewahrt der Kölner sich auch immer noch etwas eigenes: *Ming Doochter es met der Fott op de Stroß jefalle un hät sich ehr jode koote Botz kapott jemaht / Meine Tochter ist mit dem Popo auf die Straße gefallen und hat sich ihre gute Hose kaputt gemacht.* Was daran das Besondere ist? Tja, der Teufel liegt im Detail, denn hier kommen vier verschiedene o's vor, von denen es zwei im Hochdeutschen nicht gibt:

Aussprache	geschlossen	offen
kurz	*Fott, Botz* (gibt es im Hochdeutschen nicht)	*fott, kapott* wie Tochter im Hochdeutschen
lang	*jot, koot* wie Hose im Hochdeutschen	*Doochter, Stroß* (gibt es im Hochdeutschen nicht)

Diesen Satz solltest du unbedingt mal mit Hilfe eines Kölners üben. Das schult die Aufmerksamkeit aus Artikel 4, wirkt gegen die Habituation aus Artikel 8, stärkt die sozialen Beziehungen aus Artikel 10 und sorgt sicher für jede Menge Spaß aus Artikel 11.

Wat mer hät, muss mer fasshalde: Bedürfnisse

Was man hat, muss man festhalten

Die ganze Woche läuft Tünnes herum wie ein begossener Pudel, so sehr haben ihn seine Wasserfüße geschockt. Irgendwann kann Schäl das Elend nicht mehr mit ansehen. Entgegen seiner Natur empfindet er Mitleid und will Tünnes etwas Gutes tun. Bei einem Spaziergang auf der Aachenerstraße kommt ihm die Idee: Er kauft für sich und Tünnes Karten für das neue Stück im Millowitsch Theater. Tünnes ist von der Geste seines Kumpanen ganz gerührt und hat darüber sogar seine Wasserfüße vergessen. Gespannt sitzen die beiden eine Woche später im Theater. Als der Vorhang endlich aufgeht, macht Schäl es sich gemütlich und ruft in den Saal:
- «Maach ens dat Leech us, ich well schlofe!
/ Mach mal das Licht aus, ich möchte schlafen!»
Daraufhin springt Tünnes empört auf und widerspricht:
- «Nä loss dat Leech aan! Söns kann ich doch ming Zeidung nit lese.
/ Nein, lass das Licht an! Sonst kann ich doch meine Zeitung nicht lesen.»

Das größte Bedürfnis des Kölners ist das nach Geborgenheit und Sicherheit. Die Stadt und sein Veedel und das Festhalten an den kölschen Werten erfüllen dieses tief verwurzelte Verlangen. Daher verlässt der Kölner auch höchst ungern seine Heimat und nicht wenige bleiben ihr Leben lang in ihrem Veedel wohnen. Lässt man

Mallorca außen vor, trifft man den Kölner im Ausland (also dem Gebiet, was vor der kölnischen Stadtgrenze liegt) recht selten. Nun kommt es in Zeiten der Globalisierung allerdings doch hier und da vor, dass auch der Kölner in die unbekannte Fremde ziehen muss. Doch wie kommt er dort klar, wo es keinen Dom gibt, kein Kölsch und keinen Karneval? Ganz einfach, er nimmt das Kölsche mit!

Da es den Dom nur einmal gibt, wird dieser als Miniaturmodell im Reisegepäck verstaut, genau wie FC Schal, Bläck Fööss CD und Köln Fahne. Und da er vor allem die Gemeinschaft braucht, schließt er sich mit Gleichgesinnten zusammen, um die kölschen Klischees zu zelebrieren. Zum Beispiel in den „Ständigen Vertretungen“[54], also außerhalb von Köln ansässigen Kölsch Kneipen. Unter anderem in München, Berlin und Frankfurt läuft hier Brings, es gibt lecker Kölsch aus dem Fass, an der Wand hängen Karnevalsorden und an der Theke sitzen Kölner, die das Bedürfnis nach Heimat teilen. Selbst über den großen Teich ist die Liebe zu Köln gewandert, genauer gesagt im Gepäck von Michael Momm, der 2003 den ersten kölschen Biergarten mitten im New Yorker In-Viertel SoHo eröffnete. Sein Ziel: Als Kultur-Botschafter den New Yorkern die kölsche Lebensart näher bringen. So bietet er nicht nur Kölsch und *Rievkoche / Reibekuchen* an, sondern zeigt auch Spiele des 1. FC Köln und schmeißt Karnevalsparties. Und die Amerikaner scheinen „The Kölsch Way of Life“ zu lieben. Demnächst soll das zweite Kölsch Lokal in L.A. eröffnen. Der Rheinische Frohsinn ist halt ansteckend.

Mit seinem Hang, das Kölsche überall auszuleben, hat sich der Kölner eine Fähigkeit erhalten, die vielen Erwachsenen verloren gegangen ist: die eigenen Bedürfnisse zu erkennen. Wir haben kaum ein Problem damit zu sagen, was wir nicht wollen, doch beim formulieren unserer Wünsche geraten wir ins Stocken. Wie einfach war das da noch, als wir Kinder waren und ständig klare Ziele vor Augen hatten: «Mama, ich will spielen!», «Mama, ich will ein iPhone!», «Mama, ich will aber keinen Spinat!». Und was sagten unsere Mütter? «Du hast aber nix zu wollen», «dafür verdient der Papa zu wenig Geld» und «es wird gegessen, was auf den Tisch kommt». So haben wir schon früh gelernt, unsere Bedürfnisse zu unterdrücken. Ganz schön blöd, wo ein Mensch doch umso glücklicher ist, je mehr seine Bedürfnisse erfüllt sind. Also heißt es als Erwachsener neu zu lernen, seine Wünsche auszuleben.

Bleibt nur noch die Frage, was man denn überhaupt möchte? Vielleicht hilft die Bedürfnispyramide des amerikanischen Psychologen Abraham Maslow weiter. Dieser fasste die menschlichen Bedürfnisse in Kategorien und baute sie wie eine Pyramide auf. Seiner Theorie zufolge, treiben uns immer nur die Bedürfnisse einer Stufe. Erst wenn diese erreicht sind, hat man das Bestreben, die Wünsche aus der nächst höheren Stufe zu erreichen. Und das gilt seiner Meinung nach für alle Menschen, unabhängig von Geschlecht, Alter und Kultur. Demnach stehen auf der untersten Ebene die Dinge, die der Mensch zum Überleben braucht: Nein, kein iPhone, sondern Nahrung, Wärme und Schlaf. Und damit die Menschheit nicht ausstirbt, gehört auch noch ein bisschen Sex dazu. Darüber folgt der Wunsch nach Schutz

Bedürfnispyramide nach Abraham Maslow

und Sicherheit. Auf der nächsten Stufe wollen unsere sozialen Anliegen wie Liebe, Geborgenheit und Zugehörigkeit erfüllt werden. Erst dann streben wir nach „Höherem“, also etwa Ansehen, Anerkennung und Macht. Und erst wenn all diese Bedürfnisse erfüllt sind, sitzen wir am Ende da und stellen uns die Frage nach dem Sinn des Ganzen.

Je nachdem, wo wir uns gerade befinden, haben wir also spezifische Bedürfnisse. Jemand der hungert sorgt sich nicht darum, wie hoch seine Rente sein wird und jemand der gerade eine neue Wohnung sucht, macht sich keine Gedanken um seine Selbstverwirklichung. Nun sind in den Industrienationen die ersten drei Stufen für die Mehrzahl der Menschen mehr als erfüllt. Umso mehr Menschen stellen sich daher hier die Frage nach Anerkennung und Sinn. Vielleicht ist das einer der Gründe, warum auch das Thema Nachhaltigkeit in den letzten

Jahren so an Bedeutung gewonnen hat. Denn da wo die Menschen froh sind, überhaupt genug zu essen haben, interessiert es keinen, ob das Fleisch vom Biobauern kommt. Doch mit steigendem Wohlstand, steigen auch die Ansprüche.

Dennoch heißt das nicht, dass man erst bei Erfüllung aller Stufen glücklich sein kann. So gibt es arme Menschen, die vielleicht noch auf dem Boden der Pyramide stehen und dennoch mit ihrem Leben zufrieden sind und reiche Menschen, die alles haben (Familie, Freunde, Karriere, Macht) und sich trotzdem unglücklich fühlen. Mit der Pyramide will Maslow nur zeigen, welche Bedürfnisse Menschen haben und welche Prioritäten sie dabei in der Regel setzen. Wobei das bei jedem Einzelnen natürlich auch ein wenig anders ausfallen kann und die Ausprägung innerhalb der Stufen sowieso subjektiv ist. Umso wichtiger, sich mit den eigenen Wünschen auseinander zu setzen. Und da das nicht so einfach ist, sprießen Berater und Coaches wie Pilze aus dem Boden, dank deren Hilfe wir unsere wahre Bestimmung finden, unsere Talente und Potenziale erkennen und uns in einer Phase der Orientierung Klarheit über uns selbst und unsere persönlichen Wünsche und Ziele verschaffen können. Wer sich lieber im stillen Kämmerlein mit alldem auseinander setzen möchte, kann stattdessen auf eine Reihe von Persönlichkeitstests zurückgreifen.

Haben wir nun dank Pyramide, Coaching und Testanalyse aufgespürt, welche Vorlieben und Sehnsüchte in uns schlummern, gilt es herauszufinden, was wir davon umsetzen können. In mancher Hinsicht werden wir dabei dieselbe Erfahrung machen wie als Kind: nicht alle unsere Wünsche können erfüllt werden (insofern ist es nicht die schlechteste Erziehungsmethode, Kinder schon früh auf diese Erkenntnis vorzubereiten). Doch was uns als Erwachsener besser gelingt ist zu erkennen, was wir bereits (erreicht) haben. In seinem Bestseller schreibt der amerikanische Psychologe John Gray «Die eigentliche Herausforderung im Leben besteht nicht einfach darin, sich zu beschaffen, was man haben möchte, sondern darin, auch das zu schätzen, was man schon hat»[55]. Auch Vertreter der Positiven Psychologie sehen in der Dankbarkeit eine der wirksamsten Charakterstärken für das subjektive Glücksempfinden. Sie hilft vorteilhafte Vergleiche zu ziehen (→ Artikel 7 Vergleiche), das Gute in Dingen zu sehen (→ Artikel 3 Positives Denken), hat eine entspannende Wirkung (→ Artikel 2 Körper und Geist) und ist förderlich für Bindungen (→ Artikel 10 Soziale Beziehungen). Wer dankbar ist, fühlt sich reich und glücklich, denn *et Jlöck well ‚Danke' hüre öm widder ze kumme / das Glück möchte ‚Danke' hören, um wieder zu kommen.* Paradoxerweise sind gerade die Menschen besonders dankbar, die nicht viel besitzen. Wahrscheinlich fällt es ihnen leichter, das Wenige wahrzunehmen und zu schätzen, was sie haben. Getreu dem Motto *besser en Luus em Döppe, wie jar kei Fleisch / besser ein Laus im Topf als gar kein Fleisch*.

Um die eigene Fähigkeit zur Dankbarkeit zu trainieren, muss man ihr übrigens einfach ein wenig mehr Aufmerksamkeit schenken. So kann man beispielsweise ein Dankbarkeitstagebuch schreiben, in das man regelmäßig Dinge aufschreibt, für die man dankbar ist. Oder man verfasst einen Dankbarkeitsbrief an jemanden, dem man etwas zu verdanken hat. Auch im Alltag kann man ruhig öfter mal danke sagen, so wie die alte Dame in der folgenden Geschichte, die sich (laut Überlieferungen) tatsächlich zugetragen haben soll:

Vor einigen Jahren kam bei der Post ein rührseliger Brief fürs Christkind an. Eine alte Kölnerin bat darin um 100 Euro, da sie nur eine kleine Rente hatte. Den Postbeamten tat die alte Dame leid und sie schickten den Brief an das Kölner Finanzamt weiter. Auch dort ging das Schreiben den Mitarbeitern ans Herz und schließlich startete man eine Sammlung. 80€ kamen so zusammen, die sie der Dame mit einer schönen Karte zuschickten. Alle freuten sich über ihre gute Tat und waren sicher, der Dame angesichts der noblen Spende ein glückliches Fest beschert zu haben. Und tatsächlich trifft kurz nach Neujahr ein Dankesschreiben der Dame ein: «*Liebes Christkind, herzlichen Dank für das Geld. Aber wenn du mir das nächste Mal hilfst, schick das Geld bitte direkt an mich und nicht über das Finanzamt. Die Aaschlöcher hammer doch jlatt zwanzich Euro Stüür avjetrocke!*»

Mer kennt sich, mer hilf sich: Klüngel

Man kennt sich, man hilft sich

Bei Schäl ist zur Zeit etwas Ebbe in der Kasse. Und wenn er es sich so recht überlegt, hatte ihm sein Chef auch eigentlich eine Gehaltserhöhung in Aussicht gestellt, wo er doch die Bilanz für das letzte Jahr ein wenig zu Gunsten der Firma interpretiert hatte. Also fasst er sich ein Herz und spricht seinen Chef geradewegs darauf an:
- «Saht ens, mer hatte uns doch em letzte Mond üvver minge Luhn ungerhalde. Also su lantsam dät ich schon jän e bessje mih han. Met däm, wat ich em Momang krijje, kann ich jo nu kein jroße Sprüng maache.
/ Sagen Sie mal. Wir hatten doch letzten Monat über mein Gehalt gesprochen. So langsam hätte ich schon gerne ein bischen mehr. Mit dem, was ich zurzeit verdiene, kann ich ja nun keine großen Sprünge machen.»
Daraufhin sieht ihn sein Chef verständnislos an:
- «Jo wat soll dat dann heiße? Han ich ene Bochhalder aanjestallt oder e Känjuruh?
/ Was soll das denn heißen? Habe ich einen Buchhalter eingestellt oder ein Känguruh?»

Der Kölner stillt seine Bedürfnisse, indem er an seinen Gewohnheiten und Eigenarten festhält. Eine typisch kölsche „Tradition“ darf dabei nicht fehlen und das ist sein Klüngel. Obwohl ursprünglich ein rheinischer Begriff, hat sich dieser mittlerweile deutschlandweit durchgesetzt. Die meisten verstehen darunter eine Art Korruption und auch der Duden sieht darin eine abwertende Bezeichnung für eine «Gruppe von Personen, die sich gegenseitig Vorteile verschaffen». Doch das wird dem Kölschen Klüngel in seiner Reinform nicht gerecht. Tatsächlich geht es beim Kölschen Klüngel darum so zu handeln, dass möglichst viele einen Nutzen davon haben (der nicht in einseitiger Bezahlung besteht). Dafür werden im Einzelfall auch mal komplexe und mühevolle bürokratische Vorgänge umgangen, um auf „inoffiziellem" Weg eine Lösung zu finden oder wie es der ehemalige Bürgermeister J.N. van Ziegler ausdrückte: «Klüngel ist, wenn man eine amtliche Sache persönlich erledigt». Der große Unterschied zur Korruption besteht also vor allem darin, dass keine Bestechungsgelder fließen. Hier handelt keiner gegen Entlohnung so, dass für den anderen ein Vorteil herausspringt. Nein, das Ganze ist eher etwas wie eine Hilfestellung unter guten Bekannten. Also eigentlich nichts anderes als das, was im Volksmund unter „eine Hand wäscht die andere" bekannt ist. Früher nannte man das Nachbarschaftshilfe und heute „Netzwerken", und dies wird ganz und gar nicht abwertend gesehen, sondern erfreut sich zunehmender Beliebtheit, bedeutet es doch für alle Beteiligten Vorteile.

In Köln war das Klüngeln vor allem zwischen den Händlern gang und gäbe, die täglich am Rheinufer auf die Schiffe warteten, die aus der ganzen Welt in die Domstadt kamen, um hier ihre Waren zu verkaufen. Gute Kontakte waren dabei von großem Vorteil, mit guten Bekannten lässt es sich schließlich besser verhandeln. Insofern hat der Begriff Klüngel in Köln eine lange Tradition und auch wenn er manchen Quellen zufolge ursprünglich tatsächlich im Zusammenhang mit Betrug stand, hat er doch schnell eine positive Bedeutung angenommen.

Der Kölner Journalist Frank Überall, der zum Thema Klüngel promoviert hat, sieht darin eine «Geisteshaltung, die die prinzipielle Bereitschaft zum unkomplizierten Umgang mit Kommunikation, Verhandlung und Tausch voraussetzt». In seiner Arbeit weist er zwar deutlich auf die Gefahr hin, in die Korruption abzurutschen, doch den Klüngel sieht er als eine Form von „sich arrangieren", von Lebenstüchtigkeit an. Und sein Fazit ist eindeutig: «Ohne (positiven) Klüngel wäre Demokratie kaum machbar»[56]. Zu einem ähnlichen Schluss kommen heutzutage Personaler, wenn es um die Jobsuche und Karriere geht, auch hier gilt: ohne ein gutes Netzwerk läuft nix. So gehört es längst zum professionellen Standard, möglichst viele geschäftliche und persönliche Beziehungen im Arbeitsumfeld aufzubauen, um im Berufsleben weiterzukommen. Und wie eine Studie im Auftrag der Europäischen Union und des Landes Nordrhein-Westfalen zeigte, hat das sogenannte Netzwerkkapital noch weiteren Nutzen. Es fördert die Kooperationsbereitschaft, den Informationsfluss, die Kreativität und übt einen nachweisbaren Effekt auf die Qualität der Arbeit, auf Krankenstände und freiwillige Fluktuation aus[57].

Doch wie funktioniert erfolgreiches Klüngeln? Dazu im Folgenden ein paar Basics. Ganz offensichtlich benötigt man in erster Linie viele Kontakte. Um diese herzustellen, eignet es sich ganz hervorragend, Gemeinsamkeiten zu finden und hervorzuheben. Nicht umsonst gibt es in jedem Online Netzwerk interessenbezogene Untergruppen und die Möglichkeit Beiträge zu teilen und weiterzuempfehlen. Hier ist zum einen der aus dem ersten

Abschnitt bekannte Effekt des Wohlbefindens bei bekannten Dingen am Werk und zum anderen das sogenannte Ähnlichkeitsprinzip. Wir mögen nämlich nicht nur Dinge lieber, die uns bekannt vorkommen, sondern finden auch Menschen sympathischer, die uns ähnlich sind, da wir uns durch diese gemocht und bestätigt fühlen. (Dieses Phänomen kann sogar soweit gehen, dass der/die Partner/In eine frappierende Ähnlichkeit mit dem Vater beziehungsweise der Mutter aufweist). So neigen wir dazu, uns besonders gerne mit den Menschen zu umgeben, die unsere Interessen und Ansichten teilen. Um ein breites Netzwerk aufzubauen, kann es also durchaus helfen, die Angaben zu Hobbies und Interessen im eigenen Profil möglichst breit zu fächern und in anderen Profilen viele Likes zu hinterlassen. Und wenn der Chef gerne ins Brauhaus geht, schadet es nicht Montagmorgen nebenbei fallen zu lassen, dass man am Wochenende im Päffgen in der Friesenstraße war.

Hat man sich nun ein Netzwerk mit potentiellen Klüngelpartnern aufgebaut, ist es wichtig, dass beim eigentlichen Akt des Klüngelns ein Nutzen für alle Beteiligten herausspringt, damit am Ende etwas wie eine "Win-Win"-Situation entsteht. Derjenige, der etwas braucht, sollte dem anderen also gleichzeitig etwas anbieten können. Soweit so gut, doch nun wird es heikel. Denn von der Art der Bitte und des Angebots hängt es ab, ob es sich um Klüngel, Korruption oder eine einfache Dienstleistung handelt. Biete ich jemandem einen hohen Posten, damit er eine Entscheidung trifft, die rational schlecht ist, mir aber einen Vorteil verschafft, handelt es sich um Korruption. Beispiele hierfür gibt es reichlich aus der Kölner Wirtschafts- und Politiklandschaft. Biete ich jemandem Geld oder eine andere Entlohnung an, damit er eine Arbeit für mich ausführt, handelt es sich um eine Dienstleistung. So würden mir die Studenten vom Kölner Unidienst sicher keine Kartons in die neue Wohnung hochschleppen, wenn ich sie dafür nicht bezahle. Wir befinden uns hier auf der Marktebene, wo es klare Regeln für Angebot, Nachfrage und Preisbestimmung gibt.

Schwieriger wird es, wenn wir uns auf die soziale Ebene begeben, auf der auch der Klüngel angesiedelt ist. Stell dir vor, deine Freundin zieht um und bittet dich um Hilfe. Nachdem ihr alle Kartons in die neue Wohnung hochgeschleppt habt, drückt sie dir 20€ in die Hand. Im Gegensatz zu den Studenten würdest du das Geld sicher ablehnen und entrüstet, wenn nicht gar ein bisschen beleidigt reagieren. Bedankt sie sich stattdessen einfach nett bei dir oder kocht dir abends etwas leckeres, würdest du dich bestimmt freuen. Der Unterschied zwischen Markt- und sozialer Ebene liegt also darin, dass wir bei letzterer etwas tun, ohne eine (direkte) Gegenleistung zu erwarten. Im Gegenteil, ein äußerer Anreiz kann sogar dazu führen, dass wir unsere Motivation zu handeln verlieren, was in der Psychologie als Korrumpierungseffekt bezeichnet wird. Dahinter steckt folgender Gedanke: Wenn wir etwas freiwillig tun, müssen wir in irgendeiner Form Freude daran haben oder etwas wissenschaftlicher ausgedrückt, wir handeln aus einer intrinsischen Motivation heraus. Sollen wir umgekehrt Dinge tun, die wir nicht mögen, machen wir das nur, wenn wir in irgendeiner Form dafür entschädigt werden (oder weil die Ehefrau mit Liebesentzug droht). Dadurch ergibt sich eine einfach Faustregel: Freiwillige Tätigkeit = Spaß, Bezahlung = Frust. Werde ich für etwas entlohnt, denkt das

Gehirn, es handele sich um eine Entschädigung und stoppt die guten Gefühle.

Was lernen wir daraus? Auf sozialer Ebene sollten Gegenleistungen besser keinen (hohen) materiellen Wert haben, sonst fühlt sich das Gegenüber schnell vor den Kopf gestoßen (deswegen immer daran denken, das Preisschild abzumachen). Und wenn wir jemanden um etwas bitten wollen, sollte dies nichts sein, für das er normalerweise Geld bekommt. Als Anwalt gieße ich gerne die Blumen, solange meine Nachbarn in Urlaub sind, aber den Kaufvertrag fürs Auto zu prüfen passt nicht ins Hilfeschema (es sei denn gegen den üblichen Stundensatz).

Nach so viel Theorie, soll die Funktionsweise des Klüngels zum Abschluss an einem praktischen Beispiel gezeigt werden: Wir schreiben das Jahr 1913, Konrad Adenauer ist erster Beigeordneter der Stadt Köln[58] und die bis dato eigenständige Stadt Mülheim wird eingemeindet. Damit die Mülheimer sich über die nicht ganz freiwillige Eingemeindung freuen, wird ihnen eine tolle neue Brücke versprochen (die Alte fing schon an zu bröckeln). Zu Beginn des Baus einige Jahre später steht man nun vor der Frage, ob es eine Bogen- oder eine Hängebrücke werden soll. Ein Gremium unter Leitung von Hans Böckler hatte sich für eine kostengünstige Bogenbrücke der Firma Krupp entschieden, Adenauer jedoch möchte eine Hängebrücke, deren Kabel von der Mülheimer Firma Felten & Guilleaume hergestellt werden sollen. Dass Adenauer und der Firmendirektor sich als Parteikollegen der Zentrumsfraktion kannten, sei an dieser Stelle nur nebenbei erwähnt. Es folgen angeregte Diskussionen,

Konrad Adenauers Meisterstück: Die Mülheimer Brücke.

doch trotz Gutachten wird man sich nicht einig. Da besinnt sich der findige Adenauer auf die kölschen Tugenden. Um die eigenen Interessen durchzusetzen, verbündet er sich mit dem politischen Gegner (Win-Win Situation). Er schnappt sich ein paar Kommunisten aus dem Stadtparlament (*Drinkste eine met?*) und lässt bei ein paar Kölsch diskret fallen, wie schön doch die Hängebrücken in Leningrad seien und wie toll es doch wäre, wenn man eine solche auch in Köln hätte (Ähnlichkeitsprinzip). Sein Kumpel der F&G Direktor hat derweil ein interessantes Gespräch mit der Belegschaft, die rein zufällig zu einem großen Teil ebenfalls aus KPD Mitgliedern besteht (soziale Beziehungen). Bei der nächsten Sitzung der Stadtverordneten ergibt es sich nun, dass die Kommunisten im Rat urplötzlich für Adenauers Vorschlag stimmen und er damit die Mehrheit erzielt. Die Hängebrücke wird gebaut und sichert vielen Arbeitern von Felten &

Guilleaume den Arbeitsplatz (erfolgreicher Klüngel). Als ein Journalist Adenauer bei der Brückeneröffnung auf den vermeintlichen Klüngel anspricht, soll er nur schmunzelnd erwidert haben «M*er kennt sich, mer hilf sich*». Bei der Fertigstellung zwei Jahre später war die neue Kölner Brücke übrigens die größte Kabelbrücke der Welt und die längste Hängebrücke des europäischen Festlands. Aber das nur ganz nebenbei.

Zusammenfassung Artikel 6:
Traditionen sorgen für langfristige Zufriedenheit, genauso wie die Erfüllung der eigenen Bedürfnisse. Wer diese kennt, dem fällt es leichter, für das dankbar zu sein, was er hat. Ein Bedürfnis, dass allen Menschen gleich ist, ist der Wunsch nach Verbundenheit zu einer Gemeinschaft. Durch gemeinsame Werte und Bräuche sowie gegenseitige Hilfestellung wird diese gestärkt.

Praktische Tipps zur Umsetzung:

- Führe eine neue Tradition ein, z.B. jeden Morgen den Lieblingskollegen umarmen (das zahlt dann auch gleich auf Artikel 9 ein).
- Bedanke dich eine Woche lang jeden Tag bei einem Menschen aus deinem Umfeld.
- Schließe dich einem Nachbarschaftsklüngel an. Gibt es in fast jedem Veedel. Einfach mal im Büdchen von Artikel 10 nachfragen.

Artikel 7:
Wat wells de maache?

Lass dir bei allem Zeit und verliere nie die Geduld

Wie der Schiefe Turm von Köln entstanden ist, welches Jugendwort des Jahres im kölschen Sprachschatz verankert ist und warum der Kölner Dom immer der höchste der Welt bleiben wird.

Der Kölner verfügt über eine unerschütterliche Gelassenheit und lässt sich durch Nichts und Niemanden aus der Ruhe bringen. Fehler und Schwächen nimmt er mit Humor und Vergleiche mit anderen zieht er so geschickt, dass er selbst am besten dabei wegkommt.

Mäht nix:
Gelassenheit

Macht nichts

Die Tochter von Schäl klagt seit Wochen über Magenschmerzen und war nun endlich beim Arzt. Ganz betrübt sitzt sie am Küchentisch und erwartet ihren Vater. Als der kommt und seine Kleine da so sitzen sieht, kriegt er einen Schreck und fragt sorgenvoll:
- «Trinche, wat es dann los, es et jet Schlemmes?
/ Katharina, was ist denn los, ist es etwas Schlimmes?»
- «Nä Papa, dat nit.
/ Nein Papa, das nicht.»
- «Jo wat hät der Doktor dann jesaht?
/ Was hat der Arzt denn gesagt?»
Kleinlaut rückt Katharina mit der Sprache heraus:
- «Och Papa, die Mareping kummen jar nit vun ener Krankheit. Ich ben schwanger!
/ Ach Papa, die Magenschmerzen rühren nicht von einer Krankheit. Ich bin schwanger!»
Schäl ist zwar etwas verdutzt, nimmt sein Kathrinchen aber in die Arme und tröstet sie:
- «Jo Leevje, dat es doch nit schlemm. Jitz musste nor zosin, dat de en der nökste sechs Mond hierode deis, domet dat ding Mareping noch ene Vatter krijje.
/ Aber Liebes, das ist doch nicht schlimm. Jetzt musst du nur schauen, dass du in den nächsten sechs Monaten heiratest, damit deine Magenschmerzen noch einen Vater bekommen.»

Man hört schon einmal hier und da, dass Köln die nördlichste Stadt Italiens sei. Womit man auf den an manchen Stellen mediterran anmutenden Charakter des Kölners anspielt. So wie ich das (natürlich ganz unvoreingenommen) sehe, liegt die Sache jedoch ein klein wenig anders. Als das Römische Reich damals um 450 n. Chr. dem Ende zuging, mussten auch in Köln die Zelte abgebrochen werden. Und während die meisten Truppen mit gesenkten Köpfen zurück ins Heimatcamp marschierten, waren es lediglich die aus Colonia abziehenden Sandalenträger, die mit hoch erhobenem Haupt und einem fröhlichen Lied auf den Lippen den Rückmarsch angetreten haben - „Viva Colonia!". Im Gepäck die kölsche Lebensfreude und Mentalität, die sich fortan in der Heimat ihrer Vorfahren wie ein Lauffeuer verbreitete und als südländisches Flair weltweit bekannt wurde.

Na gut, da mag jetzt ein wenig der Patriotismus aus Artikel 6 mit mir durchgegangen sein. Aber egal wer zuerst da war, das Huhn oder das Ei, fest steht, dass man nicht bis nach Rom reisen muss, um sich ins mediterrane Flair zu stürzen. Da reicht es auch, sich am Wochenende ins Belgische Viertel zu hocken und dort mit einer leckeren Flasche Kölsch das „Dolce far niente" zu genießen. Oder man macht es wie der Gas- und Wasserinstallateur aus Nippes, der nach drei Stunden Verspätung erst das Bad unter Wasser setzt und dann gemütlich eine Zigarette raucht. Der Kölner lässt sich halt nicht unter Druck setzen und bewahrt auch in heiklen Situationen einen ruhigen Kopf. Insofern kann man *wat wells de mache* (was sollen wir tun, das Rohr ist geplatzt) auch in einem Zug verbinden mit *et es wie et es* (jetzt steht das Bad unter Wasser und ich kann nicht weiterarbeiten) um dann zu schließen mit *mäht nix* (da gehe ich mir halt erst mal eine rauchen). Schuldgefühle und Leistungsdruck haben da keine Chance: *flupp et, dann flupp et, flupp et nit, dann flupp et nit / Wenn es gelingt, gelingt es, wenn es nicht gelingt, gelingt es nicht*.

Damit hat der Kölner ein simples, aber durchaus wichtiges psychologisches Prinzip verinnerlicht: *Met falle un opston, liere de Kinder jon / durch Hinfallen und (wieder) Aufstehen lernen Kinder gehen*. Soll heißen, selten gelingen uns Dinge schon beim ersten Versuch, doch wir lernen aus unseren Missgeschicken (zumindest könnten wir das). Um wachsen und uns selbst verwirklichen zu können, brauchen wir Geduld und eine gewisse Toleranz gegenüber unseren eigenen Fehlern. Stell dir doch nur mal vor, dass alle Babies, die bei ihrem ersten Gehversuch hinfallen, liegen bleiben würden.

Zum Glück kennen Babies aber keine Versagensängste und lassen sich von Rückschlägen nicht aufhalten. Und finden wir sie nicht gerade deswegen süß, weil sie so unbeholfen durch das Wohnzimmer tapsen? Genau wie wir oft gerade die Menschen besonders sympathisch finden, die Fehler machen und trotzdem nicht aufgeben. So mausern sich in einschlägigen Shows (liebevoll auch Trash TV genannt) gerade diejenigen zu Publikumslieblingen, die eben nicht perfekt sind, sondern Schwächen haben und auch mal daneben hauen. Denn sie zeigen uns, das Leben geht auch trotz Fehltritten weiter. Und die passieren uns schließlich allen mal. Doch sich deswegen fertig zu machen hilft nicht weiter, hieße das doch *sich för nix un widder nix zeröschele / sich umsonst den Kopf zerbrechen*.

Dass wir trotzdem dazu neigen, selbst kleinste Missgeschicke als mittlere Katastrophe zu empfinden, liegt unter anderem am sogenannten Spotlight-Effekt. Geraten wir zum Beispiel auf der Hohe Straße ins Stolpern oder laufen gedankenverloren gegen eine Schaufensterscheibe, haben wir das Gefühl, dass sämtliche Passanten stehen bleiben und uns anstarren, ganz so, als ständen wir mitten im Scheinwerferlicht. Die Situation ist uns unendlich peinlich und wir schwören, dass wir nie wieder einen Schritt in dieses Geschäft setzen werden. Tatsächlich fällt unser Malheur aber kaum jemandem auf und die wenigen Leute, die Zeugen unseres Missgeschicks geworden sind, haben es im nächsten Moment schon wieder vergessen.

Deswegen werden aus Möchtegernstars auch niemals echte Promis. Auch sie unterliegen nämlich dem Effekt und glauben fälschlicherweise durch peinliche Aktionen aller Art berühmt zu werden. Doch selbst wenn bildlich gesprochen einmal kurz der Scheinwerfer des Trash TVs auf sie strahlt, sind sie nur kurze Zeit später wieder in der Versenkung (oder im Z-Promi Dschungelcamp) verschwunden. Also bei Pannen ganz entspannt bleiben und auch mit vermeintlich peinlichen Situationen und Themen gelassen umgehen.

Bereits in den 90er Jahren wurde diese Botschaft eindrucksvoll von einem Imagefilm vermittelt, der im Rahmen der Kampagne «Gib Aids keine Chance!» für die Nutzung von Kondomen warb. In dem Spot spielt Ingolf Lück einen Kunden, der in einem Supermarkt Kondome kaufen möchte. Da ihm das sichtlich unangenehm ist, versucht er, sich damit möglichst unbemerkt an die Kasse zu schleichen. Dort angekommen, macht ihm die blonde Kassiererin jedoch einen Strich durch die Rechnung und brüllt lauthals durch den ganzen Supermarkt: «Rita, wat kosten de Kondome?»[59]. Der arme Ingolf würde dank Spotlight-Effekt am liebsten im Boden versinken, doch die Kassiererin lächelt ihn an und nichts passiert. Die Moral: Nichts ist peinlich, noch nicht mal Kondome. Und wer hätte das besser rüberbringen können als die Komikerin Hella von Sinnen, die der Rolle der Kassiererin ihren unverkennbar rheinischen Charakter gab.

So gut es ist, im Leben eine gewisse Gelassenheit an den Tag zu legen, so gefährlich kann es werden, wenn man zu unbedarft mit Missgeschicken umgeht und sich völlig dagegen sträubt, aus seinen Fehlern klug zu werden. So wie der Kölner in Bezug auf seine Bauvorhaben. In diesem Punkt scheint ihm seine Gelassenheit ganz schön im Weg zu stehen, fällt er doch mit nahezu traumwandlerischer Sicherheit immer wieder in die eigenen Baugruben. Regelmäßig kommt es zu Zwischenfällen und Pannen. Beim Bau der Nord-Süd Bahn sogar gleich mehrfach bei ein und demselben Projekt. Die Pannenserie begann im September 2004, als sich plötzlich der Turm der St. Johann Baptist Kirche im Severinsviertel um etwa einen Meter zur Seite neigte. Das löste die Alarmanlage aus und wurde erst für einen Einbruch gehalten. Doch schnell stellte sich heraus, dass durch die Bauarbeiten unter der Kirche ein Hohlraum entstanden war. Da niemand ernsthaft zu Schaden gekommen war, ging man zunächst typisch gelassen mit dem Vorfall um, heißt es doch in Köln auch *e bessje scheiv es englisch / ein bischen schief ist englischer Stil*, was soviel heißen soll, dass richtig oder falsch am Ende nur eine Sache der Betrachtungsweise ist. Der „Schiefe Turm von Köln" wurde jedenfalls schnell zum Anziehungsmagneten und lockte nicht nur zahlreiche Kölner an, sondern gelangte gar zu weltweitem Ruhm. Namhafte Zeitungen wie die New York Times berichteten über die neue kölsche „Attraktion"[60] und so wie vor 1000 Jahren Knochen an die Pilger verkauft wurden, gab es jetzt T-Shirts und Souvenirs für die zahlreichen schaulustigen Touristen. Nach einem Jahr bestand jedoch akute Einsturzgefahr und der Turm musste wieder begradigt werden.

Einige Jahre und diverse Beschädigungen an Gebäuden entlang des Streckenabschnitts später, folgte im März 2009 der traurige Höhepunkt der Baupannen. Das Kölner Stadtarchiv in der Südstadt stürzt ein. Zwei Menschen kommen dabei ums Leben und viele Anwohner verlieren ihr zu Hause. Spätestens jetzt war es vorbei mit der Gelassenheit. Dafür kam nun ein anderer wesentlicher Charakterzug des Kölners zum Vorschein: seine Hilfsbereitschaft. Spontan wurden Spenden gesammelt und Menschen aufgenommen und es zeigte sich, dass man im Veedel wirklich *zosamme hält, ejal wat och passeet / zusammen hält, egal was auch passiert* (→ Artikel 10 Soziale Beziehungen). Die Bauarbeiten an der Unglücksstelle stoppten, doch die Pannenserie ging weiter. Am Breslauer Platz regnete es gleich am ersten Tag nach Inbetriebnahme der neuen Station in selbige hinein und der Dom geriet durch die neue U-Bahn Strecke sogar ins Zittern. Also muss mal wieder nachgebessert werden. Getreu dem Motto: „Ist der Ruf erst ruiniert, baut's sich völlig ungeniert."

Küsste hück nit, küsste morje: Entschleunigung

Wenn du heute nicht kommst,
kommst du morgen

Auf den Schreck, dass er nun Opa wird, muss Schäl anstoßen. Also klingelt er nebenan bei Tünnes und fragt, ob er auf ein Kölsch mit herüberkommen möchte. Tünnes freut sich und sagt er würde gleich kommen, er müsse sich nur noch schnell umziehen. Also geht Schäl vor, macht zwei Flaschen Kölsch auf und wartet. Nach einer halben Stunde fängt er alleine an. Drei Flaschen Kölsch und eine Stunde später trudelt Tünnes endlich ein.

- «Jo wo wors do dann esu lang? Ich daach do wollst der bloß jet anderes aandon?

/ Wo warst du denn solange? Ich dachte du wolltest dich bloß umziehen?»

- «Ach Schäl, et Levve es doch hückzedaach en einzije Hetz. Ich maachen do nit mih met. Ich loss et jetz bei allem jet lantsamer aanjon.

/ Ach Schäl, das Leben ist doch heutzutage eine einzige Hetze. Da mache ich nicht mehr mit. Ich lasse es jetzt bei allem etwas langsamer angehen.»

- «Wie, do mähs jetz alles lantsam? Jitt es dann jar nix mih, wat flöck bei dir jeiht?

/ Wie, du machst jetzt alles langsam? Gibt es denn nichts mehr, was schnell bei dir geht?»

- «Doch Schäl, eins: Ich weeden flöck möd.

/ Doch Schäl, eins: ich werde sehr schnell müde.»

Im letzten Abschnitt hast du schon etwas von der mediterranen Art des Kölners kennengelernt. Dazu gehört auch, dass Zeit für ihn ein dehnbarer Begriff ist. In südländischen Gegenden mag es am heißen Klima liegen, beim Kölner liegt es an seiner sprichwörtlichen Gemütlichkeit, dass bei ihm keine Hektik aufkommen kann. Ihn bringt so schnell nichts aus der Ruhe und nicht selten trifft man hier den Typus des *Lossmichjonn* (langsamer, träger Mensch). Gekonnt widersetzt er sich jeglichem Zeitdruck und lebt schon seit jeher das, was im restlichen Europa erst seit einigen Jahren als Slow-Bewegung zu Popularität gelangt[61]. Statt Last Minute, Fast Food und Coffee to Go plädieren die Slow Anhänger für mehr Langsamkeit im Alltag.

Doch woher rührt überhaupt das Phänomen des Zeitdrucks? Warum haben wir ständig das Gefühl, nicht genug zu schaffen? Und das obwohl wir heutzutage mehr Zeit denn je haben! Schließlich sparen wir durch neue Technologien jede Menge Zeit ein. Während wir früher Stunden an einem Brief saßen, verschicken wir heute in wenigen Sekunden SMSen in die ganze Welt. Und dank technischem Fortschritt wird uns vieles von dem abgenommen, was wir früher in mühsamer Handarbeit selber erledigen mussten. Dazu hat sich die durchschnittliche Wochenarbeitszeit in den letzten hundert Jahren nahezu halbiert. Wir verfügen also über mehr Freizeit als jede Generation vor uns und empfinden trotzdem mehr Zeitnot als je zuvor. Wie kommt das?

Zeitforscher gehen dem Phänomen seit einigen Jahren auf den Grund und haben mehrere Erklärungen. Zum einen hat sich unsere Performance erhöht. Statt zwei Briefen in einer Stunde, bearbeiten wir in derselben Zeit heute zwanzig Mails. Und statt nur von A nach B, geht es gleich nach Z. Zum anderen sind mit der Performance auch unsere Ansprüche daran gestiegen. War es früher nicht ungewöhnlich, dass die Briefzustellung ein paar Tage gedauert hat, werden wir heute bereits nervös, wenn nach einer Minute noch keine Antwort auf unsere SMS eingegangen ist. Die Frustrationstoleranz beim Warten ist also wesentlich geringer geworden (was man im Alltag übrigens leicht an jeder Supermarktkasse beobachten kann). Und während man früher zufrieden war, wenn man sich überhaupt etwas leisten konnte, muss es heute immer gleich das Beste sein. Sogenannte Maximizer verbringen zum Beispiel Stunden mit dem Vergleichen von Angeboten (z.B. beim Lesen der Speisekarte), weil sie immer das Optimum aus allem herausholen wollen. Doch selbst die beste Wahl macht sie am Ende nicht glücklich, da sie unbewusst weiter danach Ausschau halten, ob es nicht doch noch etwas Besseres gegeben hätte. Die Satisfier haben dagegen längst erkannt, dass gut genug meist besser ist als „das Beste". Deswegen greifen sie auch gleich zu, sobald sie eine Alternative gefunden haben, die ihre Anforderungen erfüllt (zum Beispiel das erste Gericht, das sich lecker anhört). Damit sparen sie nicht nur jede Menge Zeit, sondern erhöhen auch die Wahrscheinlichkeit, mit ihrer Auswahl zufrieden zu sein[62].

Am deutlichsten zeigt sich der erhöhte Anspruch im beruflichen Umfeld. Laut Stressport Deutschland 2012 arbeitet bereits jeder Zweite unter starkem Termin- und Leistungsdruck. 64 Prozent arbeiteten auch Samstags, 38 Prozent sogar an Sonn- und Feiertagen (viele sogar unentgeltlich)[63]. Mittlerweile sind einige Unternehmen deswegen schon dazu übergegangen, Mails aus dem Urlaub zu verbieten, um dem zwanghaften Drang ihrer Mitarbeiter Einhalt zu gebieten. Womit sie der Firma und dem Mitarbeiter etwas Gutes tun. Denn wie der Autor Stefan Klein es passend ausdrückt: «Wir sind nicht gestresst, weil wir keine Zeit haben, sondern wir haben keine Zeit, weil wir gestresst sind»[64]. Klein erklärt das wie folgt: Im Großhirn gibt es eine Art innere Uhr, die für unsere Zeitwahrnehmung zuständig ist. Stresshormone bewirken, dass diese Uhr nicht mehr richtig funktioniert und wir subjektiv das Gefühl haben, dass die Zeit schneller vergeht bzw. wir weniger Zeit zur Verfügung haben. Das wiederum erzeugt zusätzlichen Stress. Und da unsere Leistungsfähigkeit unter Stress sinkt, machen wir mehr Fehler und schaffen weniger. Am Ende läuft uns also tatsächlich die Zeit davon.

Und weil das so ist, bieten findige Berater, Trainer und sogar Krankenkassen zahlreiche Kurse und Methoden zum Zeitmanagement an. Dort gelangt man vom „Eisenhower Prinzip“ über die „ALPEN Methode“ bis zur „Pomodore Technique“ Schritt für Schritt zum perfekten Zeitmanagement[65]. Zeit ist also zur wertvollen Ressource geworden und man hört nicht mehr nur allerorten von notwendigen Kosteneinsparungen, sondern auch vom Einsparpotential in Sachen Zeit.

Um Zeit zu sparen, greifen deswegen auch viele zum Multitasking, das jedoch längst nicht so gut ist wie sein Ruf, wie in verschiedenen Studien der Arbeitspsychologie nachgewiesen werden konnte. In einem speziellen Test sollten Probanden beispielsweise gleichzeitig Auto fahren und dabei telefonieren (natürlich im Simulator). Während sich die Stresswerte dadurch deutlich erhöhten, sank die Leistungsfähigkeit der Multitasker um 40 Prozent. Als Folge davon lag ihre Fehlerquote so hoch, als ob sie mit 0,8 Promille unterwegs gewesen wären[66].

Wie wichtig Zeit in unserer Zeit geworden ist, zeigte jüngst auch die Wahl zum Jugendwort des Jahres 2012, bei der es das aus dem Arabischen stammende Wort "Yalla!" (was übersetzt so viel heißt wie "Beeil dich!") auf Platz drei schaffte[67]. Eine alte kölsche Entsprechung heißt *jau*, doch auf die Aufforderung *jau, jau!* entgegnete der Kölner gelassen mit *jau hät der Hals jebroche / schnell hat sich den Hals gebrochen*, womit er bildlich ausdrückte, dass es nicht gut ist, Dinge zu überstürzen.

Und tatsächlich zahlt sich Ungeduld im Leben nicht aus, wie Walter Mischel von der Stanford University bei seinem berühmten „Marshmellow-Test“ entdeckte. Dabei wurde einem Kind ein Marshmellow angeboten und es konnte sich entscheiden, ob es diesen sofort essen oder fünfzehn Minuten warten wolle, wofür ein zweiter Marshmellow als Belohnung winkte. Mischel wollte damit testen, ob die Kinder kurzfristig auf etwas Verlockendes (den sofortigen Verzehr) verzichten konnten, um langfristig ein lohnenswertes Ziel (zwei Marsmellows) zu erreichen. Diesen Vorgang nennt man in der Psychologie auch Belohnungsaufschub. Das erstaunliche an dem Experiment war aber nicht die Reaktion der Kinder (die meisten aßen den Marshmellow sofort), sondern die Erkenntnis, die Mischel vierzehn Jahre später daraus ziehen konnte. Die Kinder, die damals gewartet hatten, erwiesen sich nämlich als Erwachsene stressresistenter, sozial kompetenter, zuverlässiger und erfolgreicher[68].

Warten zahlt sich also aus. Übrigens auch beim Autofahren, wie der Stauforscher Michael Schreckenberg von der Universität Duisburg herausfand. Das Fazit seiner jahrelangen Untersuchungen: Staus zu umfahren bringt meistens nichts, denn am Ende sind diejenigen am schnellsten, die einfach stur auf ihrer Strecke bleiben und den Stau zur Not aussitzen. Das erhöht zudem die sogenannte Frustrationstoleranz, also die Fähigkeit (auch über einen längeren Zeitraum hinweg) gelassen mit frustrierenden Situationen umgehen zu können. Nun wundert es auch nicht mehr, dass den Kölner nichts aus der Ruhe bringen kann. Verbringt er doch im Schnitt 56 Stunden im Jahr im Stau. Zeit genug, die eigene Selbstbeherrschung zu trainieren, was sich positiv aufs gelassene Gemüt niederschlägt. Nur eins dürfte den Kölner ärgern: im bundesweiten Vergleich landete er diesmal hinter den bedächtigen Stuttgarter Schwaben nur auf Platz zwei[69].

Doch nun möchte ich zum Thema Zeit auch keine weitere Zeit verlieren. Und bevor du nun ganz ungeduldig weiterblätterst, nehm dir doch etwas Zeit und mache einen gemütlichen Spaziergang an der frischen Luft. Der nächste Abschnitt hat sicher noch Zeit.

Jede Jeck es anders: Vergleiche

Jeder Narr ist anders

Tünnes und Schäl sitzen mittlerweile seit drei Stunden in der Küche und stoßen auf den baldigen Enkel an. Zu vorgerückter Stunde und mit steigendem Alkoholpegel werden sie langsam sentimental und kommen ans Philosophieren. Selig beieinander sitzend sinnieren sie über ihre Freundschaft, ihre Arbeit, ihre Kinder, ihre Autos und was sie sonst so im Leben besitzen. Da bleiben natürlich auch ihre besseren Hälften nicht außen vor und irgendwann seufzt Schäl ganz herzergreifend:
- «Weißte Tünnes, mi Fräuche es verhaftich ene Engel!
/ Weißt du Tünnes, meine Frau ist tatsächlich ein Engel!»
Darauf seufzt Tünnes zurück:
- «Wat häs do et jot, de ming läv noch!
/ Was hast du es gut, meine lebt noch.»

Stell dir vor, ich würde dir jetzt ein *Hippeknüppche* anbieten, wie viel wärst du bereit, dafür zu zahlen? Denkst du jetzt «Moment mal, da fehlt doch die hochdeutsche Übersetzung»? Tja die gibt es nicht, da es sich um eine reine Worterfindung handelt. Wenn du nicht weißt, was das sein soll, kannst du auch keinen Preis dafür nennen? OK, das ist ein fairer Punkt. Aber was ist wenn ich dir nun sage, dass es sich um eine delikate Nachspeise handelt, die in Kölns derzeit einzigem Zwei-Sterne Restaurant LeMoissonnier[70] kredenzt wird? Was wäre es dir wert, diese dir bis dahin unbekannte schmackhafte Nachspeise zu probieren? OK, merk dir deinen Preis.

Und nun stell dir vor, dass es sich immer noch um dieselbe unbekannte Nachspeise handelt, du diese aber nicht im Sternerestaurant, sondern auf der Tageskarte der Raststätte „Ville" auf der A1 entdeckst. Bleibt es bei deinem Angebot? Oder kann es sein, dass sich dein Preis gerade mindestens halbiert hat? Die Krux an der Sache ist, dass wir alles im Leben nur einschätzen können, indem wir es vergleichen. Wir wissen zum Beispiel, dass in einem Sternerestaurant eine gehobene Preisklasse gilt, dafür erwarten wir automatisch eine bessere Qualität und sind folglich bereit, auch mehr für die angebotenen Speisen zu zahlen. Ohne Zweifel würde dir das *Hippeknüppche* im LeMoissonnier dank der Selbsterfüllenden Prophezeiung aus Artikel 2 auch besser schmecken als im Autobahnrestaurant.

Der pragmatische Kölner hätte auf meine Frage wahrscheinlich einfach festgestellt «*es mer ejal wat dat es, ich han Schless, he häs de ne Heiermann / es interessiert mich nicht, um welche Art Nachspeise es sich handelt, ich habe Hunger, hier ich gebe dir 5 Euro (eigentlich altes 5 Mark Stück)*». Aber in der Regel sind Bewertungen und Einschätzungen ohne Vergleichsmöglichkeiten nur schwer möglich. Und das kann sehr schnell zur Glücksfalle werden, wie das folgende Beispiel zeigt:

Nehmen wir an, Mattes hat sich einen fetten Sportwagen gekauft und ist nun total happy, weil er das dickste Auto im ganzen *Veedel* sein Eigen nennt. Mindestens zweimal am Tag rollt er damit durch Nippes, lässt den Motor aufheulen und ist der glücklichste Mensch der Welt. Nur zwei Monate später erbt Jupp von nebenan von seiner lieben Patentante Billa aus Poppelsdorf eine beträchtliche Menge Geld. Davon kauft er sich nicht nur einen fetten Schlitten, sondern lässt sich im Garten auch noch einen Swimmingpool bauen. Und an dem veranstaltet er nun großzügig Poolpartys für die ganze Nachbarschaft. An der Situation von Mattes hat sich nichts geändert, trotzdem kann er sich an seinem neuen Flitzer plötzlich nicht mehr erfreuen und würde ihn am liebsten zum Schrott geben.

Um nachzuvollziehen wie Mattes sich fühlt, schau dir einmal das Bild auf der nächsten Seite an und stell dir vor, die linke Anordnung bildet das Gehaltsgefüge in deiner Abteilung ab. Der Kreis in der Mitte entspricht deinem Monatslohn und die Kreise drum herum stellen die Gehälter deiner Kollegen dar. Ganz schön unfair was? Sicher wärst du mit diesem Gehalt nicht zufrieden und würdest bei der nächstbesten Gelegenheit ein ernstes Wörtchen mit deinem Chef sprechen. Nehmen wir nun an du erwischst ihn an einem guten Tag und er verspricht dir tatsächlich, mit der Personalabteilung zu sprechen und etwas an der Situation zu ändern. Und da deine beste Freundin zufällig dort arbeitet, erfährst du, dass dein Chef Wort gehalten hat und die Situation im nächsten Monat wie bei der rechten Anordnung aussieht. Wieder stellt der Kreis in der Mitte dein Gehalt dar. Das fühlt sich doch schon ganz anders an, oder? Dabei ist dein Gehalt unverändert, denn dein windiger Chef hat einfach nur die Gehälter aller anderen verringert (Es handelt sich hier um eine optische Täuschung. Der Kreis in der Mitte ist auf beiden Seiten gleich groß). Also warum warst du vorher unzufrieden und jetzt nicht mehr, obwohl sich an deiner eigenen Situation nichts geändert hat? Weil es nicht die absolute Höhe ist, die dich frustriert, sondern der relative Unterschied zum Gehalt deiner Kollegen.

Bei der Ermittlung des Better Life Index der OECD[71] in 2013 belegten die USA trotz höchstem Durchschnittseinkommen nur Platz 14 bei der allgemeinen Zufriedenheit. Auch andere Studien zeigen immer wieder, dass die Verteilung des Einkommens einen viel höheren Einfluss auf die Zufriedenheit hat, als der absolute materielle Wohlstand. Das erklärt, warum Unternehmen alles dafür tun, die Löhne möglichst geheim zu halten. Ganz anders als die großen Boulevardblätter, die in regelmäßigen Abständen die horrenden Gehälter der Manager veröffentlichen, um ihre Auflage zu steigern. Und das funktioniert dank dem sogenannten Sozialen Aufwärtsvergleich wunderbar. Laut diesem neigen wir nämlich sowieso dazu, uns vor allem immer diejenigen anzusehen, die mehr verdienen, besser leben und schöner aussehen. Unter anderem ist dieser Blick „nach oben“ evolutionär bedingt und bringt uns im günstigen Fall dazu, dass wir uns weiter entwickeln. So heißt es nicht umsonst Konkurrenz belebt das Geschäft und nicht nur im Sport treibt uns der positive Neid zu Höchstleistungen an. Das Ganze kann aber auch sehr schnell kippen, denn wer immer auf dem Treppchen steht, muss viel höheren Erwartungen genügen und gerät schnell unter Erfolgsdruck. Wer in der Schule immer Einsen hatte, wird es später schwer haben, sich auch über einen zweiten Platz zu freuen.

Damit so etwas gar nicht erst passieren kann, achtet der 1. FC Köln seit Jahren penibel darauf, die Anspruchshaltung der Fans gering zu halten. Und tatsächlich haben diese auch ohne Siege und Pokale jede Woche große Freude im Stadion. Denn nicht der Wettkampf ist es, der den Kölner ins Stadion treibt, sondern vor allem der Unterhaltungswert drum herum. So das Fazit von Nicolas Gaede, der die wirtschaftlichen Erfolgsfaktoren von Profi Vereinen untersuchte. Die Erwartungshaltung der Kölner resultiert demnach «primär aus den hohen Leistungsstandards vergleichbarer Unterhaltungsangebote und bezieht sich daher weniger auf das sportliche Leistungsniveau der Fußballmannschaft als vielmehr auf die Servicequalität der verschiedenen angebotenen Dienstleistungen»[72]. Oder um es in einfachen Worten zu sagen: der Kölner geht ins Stadion, um Spaß zu haben. Und den findet er nicht auf dem Platz, sondern auf den Rängen. So erfreut sich der FC auch trotz schwankender sportlicher Erfolge seit Jahren großer Beliebtheit und kann als Zweitligamannschaft sogar weltweit die meisten Zuschauer aufweisen[73]. Und selbst wenn der Abstieg wieder einmal fest steht, sind die verbleibenden Heimspiele überdurchschnittlich gut besucht. Kein Wunder, folgt

Den ersten Wiederaufstieg feierten die Kölner im Sommer 2000 ausgelassen auf dem Alter Markt. Wer genau hinschaut, kann die Autorin rechts neben der Mannschaft auf dem Rathausbalkon erkennen.

doch auf jeden Abstieg zwangsläufig irgendwann die nächste Wiederaufstiegsparty.

Außer immer nach oben zu schauen, können wir unseren Blick natürlich auch nach unten richten. Dort können wir uns mit denen vergleichen, die schlechter wegkommen als wir. Im positiven Sinn kann das unser Selbstwertgefühl heben, weil es uns bewusst macht, wie gut es uns geht. Nutzen wir den Vergleich jedoch nur, um andere abzuwerten, macht uns das nicht glücklicher. Der Kölner wählt deswegen die goldene Mitte, blickt einfach stur geradeaus und verzichtet gleich ganz auf das sonst übliche Konkurrenzgerangel. Zum einen ist er viel zu gemütlich um zu kämpfen, zum anderen sind Vergleiche für ihn per se schon Quatsch, wo doch ohnehin *jede*

Jeck anders es. Selbst die berüchtigte Konkurrenz zu Düsseldorf ist eine Erfindung der Neuzeit. In alten Aufzeichnungen wird (wenn überhaupt) eher ein neutrales bis nachbarschaftlich harmonisches Verhältnis beschrieben. So war das Dorf an der Düssel für das große Köln nie wirklich von Belang. Und auch sonst findet man im Kölner Charakter wenig bis keine Anzeichen von Neid und es stört den Kölner nicht, wenn ein anderer mal besser da steht: *Mer muss och jönne künne / man muss auch gönnen können*. Nur böse Zungen würden vermuten, dass der fehlende Neid des Kölners daher rührt, dass er sich selbst und seine Stadt ohnehin für konkurrenzlos hält. Aber selbst wenn dem so wäre, würde er diese Meinung nie durch einen sozialen Abwärtsvergleich äußern. Wenn er überhaupt mal Witze über andere macht, sind diese immer harmloser Natur. Der kölsche Humor macht gerne auf kleine Schwächen aufmerksam, ist jedoch nie beleidigend. Im Gegenteil, sobald einer persönlich angegriffen wird, hört bei ihm der Spaß auf, da greift er ein und mahnt die allzu vorlaute Nachbarin *packt üch ens an ühr eijene Nas! / Packen Sie sich mal an die eigene Nase*.

So empfindet man den Kölner von außen auch eher als Kumpel denn als Gegner und er genießt weltweit ein positives Image. Zumindest bundesweit bescheinigten über 80 Prozent der Deutschen dem Kölner lebenslustig, gastlich und weltoffen zu sein[74]. Na gut, jetzt wollen wir den Heiligenschein mal nicht all zu hoch halten. Auch wenn er sich nicht direkt über andere lustig macht, so liebt der Kölner doch den ausgedehnten Klatsch und Tratsch. Nicht umsonst ist Köln die einzige Stadt mit zwei großen Boulevardblättern. In dem Fall basiert das Interesse am Leben der anderen aber auf Neugier. Und die ist psychologisch gesehen wieder positiv. Denn Neugier ist eng verbunden mit Kreativität und dem Prozess des Lernens. In dem Fall hilft uns der Vergleich mit anderen also gewissermaßen unseren eigenen Horizont zu erweitern.

Fassen wir noch einmal zusammen: Vergleiche an sich sind nicht schlecht, solange man sich an den eigenen Maßstäben misst. Denken wir an Mattes und sein Auto zurück, sollte er also dankbar sein, dass er sich überhaupt eins leisten kann. Und genauso oft wie er auf die Garage von Jupp schielt, könnte er auch drei Straßen weiter beim Obdachlosenheim vorbei schauen. Oder er macht es wie der fantasievolle Kölner und passt seine Vergleiche im Bedarfsfall einfach an: Bei seiner Fertigstellung 1880 galt der Dom mit gut 157m als höchstes Bauwerk der Welt. Leider durfte sich der Kölner nur vier Jahre lang freuen, dann überholte das Washington Monument mit gut 12 Metern. Kein Problem, war der Dom doch weiterhin das höchste Kirchengebäude der Welt. Leider war die Freude wieder nur von kurzer Dauer, denn 6 Jahre später setzten die fiesen Münsteraner ihrem Turm noch ein paar Steine drauf und waren fortan 4m höher. Pah! Das schockt doch einen Kölner nicht, hatte die Konkurrenz aus Westfalen doch nur einen Turm gebaut. Und so ist der Kölner Dom bis heute das Kirchengebäude mit der höchsten Doppelturmfassade weltweit.

Zusammenfassung Artikel 7:
Wir müssen nicht perfekt sein, denn gerade unsere Fehler sind es, die zu unserer Entwicklung beitragen. Zudem ist eine gelassene Haltung förderlich für unsere Gesundheit. Das gilt übrigens auch für den Blick auf andere. Wer richtig vergleicht, weiß mehr zu schätzen, was er hat.

Praktische Tipps zur Umsetzung:

- Besuche ein Slow Food Restaurant in Köln, z.B. das Anis in Ehrenfeld: https://de-de.facebook.com/CafeANIS
- Stell dich auf die Domplatte und versuche aufzufallen. Du wirst merken, wie verrückt du sein musst, damit es überhaupt jemandem auffällt! Danach steckst du kleinere Pannen locker weg!
- Lese einen Monat lang jeden Morgen die Express. Dabei erfährst du nicht nur alles Wichtige aus Köln, sondern wirst auch feststellen, wie gut du es eigentlich hast.

Artikel 8:
Maach et jot, ävver nit ze off

Genieße das Leben und die Arbeit, aber halte alles in Maßen

Warum die Kölschen Mädchen an Karneval Spitzenhosen tragen, Blutwurstcanapés gegen den Gewöhnungseffekt helfen und die Kölner trotz faulem Gemüt als Trendsetter gelten.

Der Kölner feiert gerne und das am liebsten das ganze Jahr, denn Feiern gehört für ihn zur Tradition. Allem Neuem geht er hingegen lieber aus dem Weg. Genauso wie der Arbeit, bietet Köln doch viel schönere Möglichkeiten, seine Zeit zu gestalten.

Wä sich selvs nix jönnt, es e Bies: Ausgelassenheit

Wer sich selbst nichts gönnt, ist ein Biest

Nachdem Tünnes die halbe Nacht bei seinem Freund Schäl war und sie kräftig Kölsch getrunken haben, hat er einen ganz schönen Kater. Und ausgerechnet heute muss er wieder zum Arzt. Ob es an der roten Nase liegt, weiß man nicht, aber sein Arzt scheint zu ahnen, dass Tünnes mal wieder zu tief ins Glas geschaut hat und mahnt:

- «Tünnes, dat met der Wasserfööß es jo nit esu schlemm. Aber dat met der Sufferei muss ophöre. Dat mäht die Levver op Dur nit mit!

/ Tünnes, das mit den Wasserfüßen ist nicht so schlimm. Aber das mit der Trinkerei muss aufhören. Das macht die Leber auf Dauer nicht mit!»

- «Ävver Häär Doktor, dat Kölsch schmeck doch esu jot.

/ Aber Herr Doktor, das Kölsch schmeckt doch so gut.»

- «Passt op. Wann ehr Loss op e Kölsch hat, doot einfach en Banan esse.

/ Passen Sie auf. Wenn Sie Lust auf ein Kölsch haben, essen Sie stattdessen einfach eine Banane.»

- «Jo ävver Häär Doktor. Meint ehr dann nit dressich Banane der Daach, dat wör jet vill?!

/ Aber Herr Doktor, meinen Sie nicht, dreißig Bananen am Tag wären etwas viel?!»

So manch einer stellt sich den Kölner als chronisch lustigen Typen vor, der 365 Tage im Jahr mit einer roten Pappnase herumläuft und heiter trunken Karneval feiert.

Doch das stimmt nicht. An einem Tag ruht er sich aus. Nein im Ernst, der Kölner feiert tatsächlich gerne, aber das nicht nur an Karneval, denn als begeisterungsfähiger Mensch braucht er keinen Anlass zum Feiern, sondern hat einfach *Spass an der Freud*. Es kommt auch durchaus vor, dass er mal über die Stränge schlägt, trotzdem weiß er immer, wo die Grenzen sind. So geht es ihm auch beim *Fasteleer* vor allem um die Zusammengehörigkeit. Egal ob in der Kneipe, auf dem Alter Markt, beim Nachbarn, auf der Sitzung oder am Zugweg: Gemeinsam wird gesungen, geschunkelt, gelacht, gebützt, getrunken und gefeiert. Man pflegt die gemeinsame Tradition und hat Spaß dabei.

Daneben gibt es den organisierten Karneval, so wie man ihn aus (Fernseh-)Sitzungen kennt. Der hatte ursprünglich nicht viel mit der Kölschen Mentalität zu tun. Kein Wunder, haben doch erst die Preußen das tolle Treiben organisiert und ein „festordnendes Komitee“[75] gegründet (für jeden Kölner ein Widerspruch in sich: Fest und Ordnung). Damit auf den Straßen Ruhe einkehrte, wurde der Karneval in die Säle geholt und dort zu einem gesellschaftlichen Ereignis herausgeputzt. Während sich sein Ruf über die Stadtgrenzen hinaus verbreitete und immer mehr Menschen wegen der Festivitäten anreisten, verzogen sich die Kölner derweil hinter verschlossene Türen und feierten in ihren Veedelskneipen ohne die preußischen Vorschriften weiter.

So entwickelten sich quasi zwei karnevalistische Paralleluniversen. Das der organisierte Frohsinn, wie er in den Sitzungssälen zelebriert wird, wenig mit der urtümlichen Kölschen Mentalität zu tun hat, sieht man schon an den Umständen: es wird fast nur noch hochdeutsch gesprochen, man serviert überwiegend Wein und bei vielen Sitzungen wird entweder Abendgarderobe vorgeschrieben oder es herrscht Kostümzwang (noch ein Widerspruch in sich: Kostüm und Zwang). Und im ganzen organisierten Karneval durften Frauen lange Zeit keine leitenden Positionen einnehmen. Während die *Kölschen Mädcher* auf den Straßen nicht nur an *Wieverfastelovend* die *Spitzebötzcher* anhaben, setzt sich im organisierten Karneval erst langsam eine Emanzipation durch.

Zur Bedeutung des Karnevals hat das Festkomitee dann auch eine ganz eigene Meinung, die es in 11 Leitsätzen zusammengefasst hat. Da ist von „Qualitätskriterien", „Alleinstellungsmerkmal" und „adäquatem Niveau" die Rede und es heißt, der Kölner Karneval müsse „zukunftsorientiert und innovativ" sein (ja, wir reden hier immer noch vom Karneval und keinem Dax 100 Unternehmen). Was das noch mit Kölscher Mentalität zu tun hat? Man weiß es nicht. Während das Festkomitee dem Karneval eine „hohe emotionale Komponente" bescheinigt, ist er für den Kölner einfach *e Jeföhl.* Da die Meinungen aber bekanntlich auseinander gehen und der Kölner ja zum Glück sehr tolerant ist, wollen wir an dieser Stelle auch den organisierten Karneval tolerieren. Dennoch soll auf andere Bewegungen hingewiesen werden, die sich entgegen einer Kommerzionalisierung auf Alternativen besinnen. So gibt es neben der etablierten Stunksitzung[76] mittlerweile Kneipen-, Flüster- und sogar Imisitzungen. Und am Ende gilt: *jede Jeck es anders* und deswegen auch *jedem Jeck singe Karneval*, die Hauptsache ist, *mer es dobei.*

Doch der sprichwörtliche Kölsche (oder auch Rheinische) Frohsinn ist nicht auf Karneval beschränkt, denn der Kölner findet immer einen Grund zu feiern, hat das in der Domstadt doch eine lange Tradition. Als Genussmensch schwelgt er überhaupt gerne in (Sinnes)freuden und hat deswegen kein schlechtes Gewissen. *Löstich jeläv un sillich jestorve, es dem Düüvel et Handwerk verdorve / lustig gelebt und selig gestorben ist dem Teufel das Handwerk verdorben.* Klar, dass in einer Stadt mit knapp 50 Prozent Singles[77] auch viel und leidenschaftlich gern geflirtet wird. So ist ein Fisternöllche durchaus moralisch vertretbar: «*Wäje su nem kleine Fastelovends-Fisternöll kütt ne kölsche Jung bestemmp noch lang nit en de Höll / Aufgrund eines kleinen Karnevalsflirts kommt ein kölscher Kerl noch lange nicht in die Hölle*»[78]. Und da in Köln schon früh die Gleichberechtigung galt, klärt *et Mariellechen* ihren One-Night-Stand *Pitter* im Höhner Klassiker «*Ich ben ne Räuber*» auf, dass auch sie nicht treu sein kann und in den Tag hinein lebt[79].

Ja, der Kölner genießt das Leben in vollen Zügen, was allerdings nicht jeder nachvollziehen kann. So musste die beliebte kölsche Kneipe „Coellner im Paragraph" in München Schwabing Anfang 2013 schließen. Und warum? Weil die Kölner den Bayern zu viel gefeiert haben. Wirt Joachim Pohl räumte nach zahlreichen Anwohnerbeschwerden ein, dass zwei Rheinländer so laut seien wie zwanzig Bayern. Also wurde die kölsche Deko in den Keller verbannt, bayrische Spezialitäten auf die Speisekarte gesetzt und die Kneipe mit Loungecharakter unter dem Namen „Unglaubbar" wieder eröffnet. Doch der Plan ging nicht auf, erst war mit den kölschen Partys Schluss und im Dezember 2013 auch mit der Unglaubbar.

Schade, denn eine gewisse Feierlust ist aus psychologischer Sicht durchaus wertvoll. Begeisterungsfähige Menschen nehmen die positiven Dinge des Lebens nicht nur besser wahr, sondern haben auch eine höhere Resilienz, lassen sich also von den Widrigkeiten des Lebens nicht so leicht erdrücken. Das meint Professor Elie Karam, Leiter der medizinischen Universität in Beirut. Er untersuchte die Auswirkungen der Kriegszustände im Libanon auf das Wohlbefinden der Einwohner. Erstaunlicherweise fand er heraus, dass die meisten seiner Landsleute trotz der anhaltenden Bürgerkriege ein hyperthymes Temperament haben, also in überdurchschnittlicher Weise gesellschaftlich, fröhlich und warmherzig sind. Er nennt es Party Temperament und kommt zu dem Schluss, dass dieses einen guten Schutz vor seelischen Störungen bietet[80].

Und tatsächlich scheint uns ein gewisser Hang zum Feiern sogar angeboren zu sein (nur den Münchnern fehlt wohl das „Partygen"). So waren und sind Feste, die bis zur körperlichen Ekstase gehen, bei Naturvölkern keine Seltenheit und der Gebrauch von Drogen ist nicht etwa eine Modeerscheinung der Neuzeit, sondern hat eine lange Tradition. Ob in der Heilkunde, bei religiösen Ritualen oder einfach nur zum Vergnügen, natürliche Rauschmittel finden in allen Kulturen Anwendung. Und das wir überhaupt so gut auf diese ansprechen, hat einen einfachen Grund. Unser Körper produziert nämlich selber Opiate, die unter anderem dazu dienen, das Schmerzempfinden zu vermindern, Konflikt- und Angstgefühle zu hemmen, die geistige Aktivität zu reduzieren und die Stimmungslage zu verbessern. Mindestens die letzten beiden Zustände dürften jedem bekannt vorkommen, der schon einmal ein paar Kölsch über den Durst getrunken hat. Das Alkohol und andere Drogen dieselben Wirkungen bei uns auslösen können, liegt daran, dass sie ähnlich gestaltet sind wie die körpereigenen Opiate und deswegen in unserem Gehirn problemlos „andocken" können. Das reagiert entsprechend und löst rauschähnliche Zustände aus. Nun produziert unser Körper zum Glück genug eigenen „Stoff", so dass wir nicht mit künstlichen Mitteln nachhelfen müssen. Doch ab und zu mal über die Stränge schlagen macht glücklich und das geht ja auch mit weniger schädlichen Genussmitteln wie zum Beispiel Schokolade.

Wo wir übrigens gerade beim Essen sind. In Köln isst man, wie man ist: einfach, deftig, bürgerlich. Und der Kölner isst gerne, denn *et schmeck nix besser, als wat mer selver is / es schmeckt nichts besser, als was man selber isst.* Typisch für die Kölsche Speisekarte sind der *Kölsche Kaviar* und der *Halve Hahn,* die vor allem deswegen so beliebt sind, weil man Touris damit herrlich auf die Schippe nehmen kann. Nachdem du aus Artikel 3 bereits weißt, was es mit dem kölschen Geflügel auf sich hat, kommt hier noch etwas Schlaubergerwissen zu den Kölschen Fischeiern. Natürlich sind auch diese nicht echt. Stattdessen kommt wie beim *Halven Hahn* ein *Röggelchen* (dunkles Roggenbrötchen) auf den Teller, allerdings nicht mit Käse, sondern mit *Blotwoosch,* also geräucherter Blutwurst. Oft liest man auch *Flönz,* ebenfalls Blutwurst, allerdings in gekochter Form, wodurch sie keine feste Konsistenz hat (und sich daher hervorragend für *Himmel und Äd,* einer weiteren Spezialität eignet). Wie viele kölsche Gerichte sind sie ursprünglich aus einer Not heraus entstanden. Da das Geld für ein üppiges Mahl fehlte, gab es halt Brötchen. Und die wurden mit Roggenmehl (statt dem teureren Weizenmehl) gebacken. Um dem Ganzen trotzdem ein wenig Glanz zu verleihen, fiel die Namenswahl für das „Arme-Leute-Essen“ umso opulenter aus, was einmal mehr die Fähigkeit des Kölners zeigt, seinen Humor auch in schwierigen Zeiten nicht zu verlieren. Und damit der Nachbar nicht mitbekam, wie schlecht es einem ging, wurden die Kinder in die Metzgerei geschickt, um Wurstreste „für den Hund“ zu kaufen: «*Ich hätt jään för zwei Jrosche Flönz för der Hungk – ävver kein Fleischwoosch dobei, die mach minge Vatter nit. / Ich hätte gerne für zwanzig Pfennig Wurstreste für den Hund – aber keine Fleischwurst dabei, die mag mein Vater nicht*»[81].

Als Tourist und Imi sollte man im Brauhaus neben den Tücken der Speisekarte übrigens auch unbedingt die „Paradiesregel“ beachten. So fließt das Kölsch auch ohne Bestellung immer weiter nach (soll heißen, das Glas ist noch nicht ganz leer, da steht schon wie von Zauberhand ein Neues da) und zwar solange, bis der Deckel auf dem Glas signalisiert: ich bin voll. Und da auch der Köbes ein Recht auf paradisische Zustände hat, trinkt er gerne mal ein Glas mit und stößt zum Zeichen der Freundschaft mit den fremden Besuchern an. Die prosten dem netten Köbes ebenfalls zu und freuen sich über die sympathische und bekanntermaßen aufgeschlossene Art des Kölners. Allerdings nur solange, bis sie die Rechnung begleichen und feststellen müssen, dass der nette Köbes zwar gerne mit trinkt, aber nicht mit bezahlt.

Wann de Firke satt sin, schmieße se der Troch öm: Habituation

Wenn die Ferkel satt sind,
schmeißen sie den Trog um

Da ihre Liebsten heute Frauenabend haben, haben sich Tünnes und Schäl zu Jussi an die Theke verzogen. Der stellt den beiden auch gleich zwei leckere gut gekühlte Kölsch hin. Schäl greift zu und leert das Glas in einem Zug. Tünnes jedoch zögert, druckst ein wenig herum und flüstert schließlich leise:
-«Jussi, hür ens, häste vielleich och e Alt?
/ Jussi, hör mal, hast du vielleicht auch ein Alt?»
Jussi denkt er muss sich wohl verhört haben und hakt erstaunt nach:
- «Sach Tünnes, wie küsste dann op su en verdötschte Idee?
/ Sag Tünnes, wie kommst du denn auf so eine abwegige Idee?!»
Daraufhin erwidert Tünnes kleinlaut:
- «Jo luur nit esu, der Doktor hät jesaht, ming Levverwerte wören esu schlääch, ich dürf keine Alkohol mih drinke!
/ Nun schau nicht so, der Doktor hat gesagt, meine Leberwerte wären so schlecht, da dürfte ich keinen Alkohol mehr trinken!»

Der Kölner ist zwar durch und durch ein Genussmensch, doch er weiß auch, dass immer feiern keinen Spaß macht. Deswegen hält er sich nach Karneval auch an die Fastenzeit, wo es bis Ostern heißt: kein Fleisch, kein Alkohol, keine *Kamelle*. Ursprünglich handelte es sich bei Karneval übrigens um den letzten Abend vor der Fastenzeit, also der Zeit „carne vale" (aus dem lateinischen „ohne Fleisch")[82]. Und da nun harte fleischlose Wochen bevorstanden, durfte einen Abend vorher noch mal richtig auf den Putz gehauen werden. Nun dachte sich der Kölner mit seinem ausgeprägten Gerechtigkeitssinn: «*Wie, sechs Woche jitt et kei Fleisch un doför darf ich nur eine Ovend fiere? Dat es ävver unjerääch / Wie sechs Wochen gibt es kein Fleisch und dafür darf ich nur einen Abend (als Entschädigung) feiern? Das ist aber ungerecht*». Und so machte er kurzerhand aus einem Abend eine ganze Woche. Genau das richtige Maß um sich satt zu essen, aber nicht satt zu feiern. Denn irgendwann hört jeder Spaß auf, Spaß zu machen. Dahinter steckt die „hedonistische Gewöhnung", die vor allem dazu dient, dass wir Dinge lernen können.

Kannst du dich noch an deine erste Fahrstunde erinnern? Sicher warst du ziemlich aufgeregt und voll konzentriert. Mit der Zeit bist du dann immer sicherer geworden und heute navigierst du fast wie im Schlaf durch den Straßenverkehr (und das soll in Köln schon etwas heißen). Das Fahren ist zur Routine geworden. Bei bekannten Vorgängen können wir das Denken getrost unserem Unterbewusstsein überlassen und den Autopiloten anschalten. Wenn man es sich einmal überlegt, ist es schon erstaunlich, wie viele komplizierte Vorgänge wir einfach so ganz nebenbei erledigen, ohne darüber nachzudenken. Bei konstanter Ausübung werden Gewohnheiten übrigens schon nach etwa drei Wochen zum Ritual. Will man sich eine schlechte Angewohnheit abgewöhnen, muss man also gar nicht so lange durchhalten.

Aber kommen wir noch einmal auf den Kölner Karneval zurück. Wer einmal beim *Zoch / Karnevalsumzug* dabei war, kann ein seltsames Schauspiel erleben. Kleine bunt geschminkte *Pänz / Kinder* stehen stundenlang ohne murren in unterschiedlichsten Kostümen an der Straße und warten, die stolzen Eltern gleich dahinter. Sobald dann der erste Wagen zu sehen ist, geht es los, die süßen Kleinen setzen das unschuldigste, hübscheste, liebste Gesicht der Welt auf, rufen aus vollem Halse «*Kamelle, Kamelle!*» und halten erwartungsvoll ihre Tüten auf. Sobald die erste Beute vom Wagen fliegt, ist jedoch Schluss mit lieb und lustig. Da wird hemmungslos geschubst, gedrückt, gezerrt, gezogen und sogar aus fremden Taschen geklaut, um an die heiß begehrte Ware zu kommen. Das Kuriose dabei, viel schlimmer noch als die *Pänz* führen sich die Erwachsenen bei diesen Straßenkämpfen auf. Hier packen 80jährige Omis ihre Spazierstöcke aus und duellieren sich mit türkischen Muttis, die mit ihrem Kopftuch um sich wedeln. Und wofür? Liegt da etwa Geld oder Gold auf der Straße? Von wegen. Bei der hart umkämpften Beute handelt es sich um einfache poplige Bonbons. Die schmecken meist noch nicht einmal besonders gut und sind vor allem ohne Mühe und körperliche Blessuren für ein paar Cent im nächsten Supermarkt erhältlich. Warum also das ganze Spektakel? Weil wir mehr Spaß an Sachen haben, die wir uns erkämpfen müssen. Schließlich lag der Büffel früher auch nicht fertig abgepackt und portioniert im Kühlregal, sondern musste verfolgt und erlegt werden, was mit ziemlich viel Anstrengung verbunden war.

Zum Glück müssen wir heute nichts mehr selber erlegen, aber immer noch schätzen wir Sachen mehr, für die wir uns anstrengen mussten. Die Aussicht auf Köln ist nach 533 Stufen (die man mühsam im Dom erklimmen muss, um an die Turmspitze zu gelangen) einfach schöner, als nach der Fahrt mit dem Aufzug (der ohnehin nur im Rahmen von Führungen benutzt werden kann). Und der neue HD Flatscreen Fernseher macht mehr Freude wenn ich mühsam darauf gespart habe, als wenn ich ihn im Preisausschreiben gewinne. Wir neigen allgemein dazu, den Dingen, die für uns mit Mühe verbunden waren, einen höheren Wert beizumessen. Hier spielt wieder der Rückkopplungseffekt aus Artikel 2 eine Rolle. Unser Gehirn denkt, mein Gott was habe ich mich für diesen Ausblick angestrengt, da muss der mir ja total wichtig sein und mich total glücklich machen (beim Preisausschreiben denkt es einfach: gewonnen – aha). Daher sind diejenigen, denen scheinbar alles in den Schoß fällt oder diejenigen, die immer auf der Sonnenseite des Lebens verweilen, auch nicht zwangsläufig glücklich, obwohl man das doch eigentlich vermuten könnte. Wenn wir durch schwierige Zeiten gehen, geht es uns zwar temporär schlechter, langfristig gesehen erhöht sich dadurch aber unser Potential für Lebensfreude. Denn die positiven Seiten (die irgendwann wieder kommen) können wir dadurch stärker wahrnehmen und schätzen (jeder FC Fan würde da vorbehaltlos zustimmen).

Kontraste scheinen also für Glücksmomente im Leben zu sorgen, was eine Erklärung dafür sein könnte, warum Menschen freiwillig fasten. Durch den vorübergehenden Verzicht ist die Freude danach umso größer. Was insbesondere für sinnliche Genüsse gilt, da der Reiz an diesen besonders schnell abklingt. Das hat auch Tünnes festgestellt, dessen absolute Lieblingsspeise eine richtig gute leckere *Flönz* ist. Schon beim Gedanken daran läuft ihm das Wasser im Mund zusammen. Als seine Frau Annemie ihm dann letztes Wochenende eine äußert schmackhafte *Flönz* serviert, läuft sein neuronales Belohnungszentrum auf Hochtouren und feuert jede Menge Glücksgefühle ab. Das macht auch Annemie glücklich und da sie ihren Tünnes über alles liebt, kocht sie ab jetzt jeden Tag *Flönz* für ihn. Doch bereits nach vier Tagen kann Tünnes keine *Flönz* mehr sehen und spätestens nach einer Woche kölscher Blutwurst streikt er und verlangt nach einem saftigen Steak. Annemie versteht die Welt nicht mehr und zweifelt erst an ihren Kochkünsten und dann an sich selbst («Schmeckt dir meine Flönz etwa nicht mehr? Die hast du doch sonst immer so gern gegessen? Du liebst mich nicht mehr!»). Doch die Ursache liegt nicht bei Annemie, sondern im Belohnungszentrum. Nach zu vielen Wiederholungen werden keine Glücksgefühle mehr erzeugt, die Freude (an der *Flönz*) ist erloschen.

Dass selbst die beste *Flönz* irgendwann nicht mehr schmeckt, kann sich sicher jeder vorstellen (nicht nur die Vegetarier unter uns). Doch die Habituation wirkt in allen Lebensbereichen. Die Freude über die Gehaltserhöhung hält genauso wenig an, wie die Erholung nach dem Urlaub. Menschen gewöhnen sich einfach von Natur aus bemerkenswert schnell an gute wie an schlechte Umstände (du erinnerst dich an die Lottogewinner aus

Artikel 4). Der Erholungseffekt nach einem Urlaub ist sogar nach nur einer Woche dahin, und das unabhängig davon, wie lang der Urlaub war. So das Ergebnis einer Untersuchung der Psychologin Jessica de Bloom von der Universität Nimwegen. Jede Unterbrechung mindert hingegen den Gewöhnungseffekt, daher sind mehrere Wellness-Wochenenden glückstechnisch gesehen besser als sechs Wochen Dauerurlaub[83].

Auch das Ausprobieren von Neuem und Ungewohntem hilft gegen die Habituation. Denn unser Gehirn mag zwar Bekanntes, doch es belohnt uns auch, wenn wir etwas Neues entdecken. Begegnet uns ein neuer Reiz, wird das Erwartungssystem angeregt und Dopamin sorgt dafür, dass unsere Aufmerksamkeit auf das Neue gelenkt wird (es könnte schließlich auch eine Gefahr darstellen). Wenn wir noch einmal an das Autofahren denken, könnte es ja sein, dass plötzlich ein Elefant auf der Straße steht (vielleicht ist Ming Jung aus dem Zoo ausgebrochen). In dem Fall sollte unser Gehirn uns schnell melden „Achtung - neue Situation!“, damit sich der Autopilot aus- und das Bewusstsein einschaltet. Denn bewusst fahren wir nicht gedankenverloren weiter (gegen Ming Jung hätten wir schlechte Chancen), sondern können angemessen auf die neue Situation reagieren (anhalten und Zoodirektor Pagel anrufen).

Es gibt sogar Menschen, die ständig auf der Suche nach neuen Abenteuern sind. Bei diesen sogenannten Novelty oder auch Sensation Seekern wird das Dopamin erst bei Höhen über 1000m und Geschwindigkeiten jenseits der 200Km/h ausgeschüttet. Und dann gibt es den Kölner, sozusagen der Prototyp des Anti-Draufgängers, der möglichst jedem Risiko aus dem Weg geht. Was übrigens auch mit seiner Lebenszufriedenheit zusammenhängt, aber dazu mehr in Artikel 11. Nun muss man sich auch gar nicht unbedingt in Gefahr begeben, um den Kick des Neuen zu erleben. Für eher zurückhaltende Naturen eignet sich der Karneval zum Beispiel hervorragend, um einmal gefahrlos in andere Rollen zu schlüpfen. Oft reicht es auch schon, seine Aufmerksamkeit für das zu steigern, was sich in unmittelbarer Nähe befindet (→ Artikel 4 Achtsamkeit). Vielleicht achtest du bei deinem nächsten Spaziergang durch die Stadt einmal besonders darauf, was es alles zu entdecken gibt (z.B. welche Hausnummer der Dom hat). Denn eine Sache bleibt auch dann interessant, solange man noch etwas Neues an ihr entdecken kann (einem Weinspezialisten wird der Wein auch niemals langweilig).

Neugier und Entdeckungslust sind also glücksfördernde Eigenschaften, sie haben allerdings auch schon für so manche Ehekrise gesorgt. Denn die angeborene Lust nach neuen Reizen spielt auch bei Seitensprüngen eine Rolle (man denke an das *Fisternöllche*). Doch es muss nicht unbedingt ein neuer Partner her, falls sich im Bett die hedonistische Gewöhnung eingestellt hat. Und keine Sorge, auch sechs Wochen Abstinenz sind nicht von Nöten. Um wieder Spaß zu haben und neue Seiten am Partner zu entdecken, kann man es auch hier einmal mit Variationen versuchen. Also nicht jedes Mal in Missionarsstellung gehen, sondern vielleicht mal die Columbus Position ausprobieren. Und für Annemie gilt: Statt jeden Tag Flönz könnte sie Montags „Pochierte Blutwurstscheiben an grünen Berglinsen“, Mittwochs „Blumenkohl mit Blutwurst-Ravioli“ und Freitags "Blutwurstcanapés mit Quittenmus“ servieren.

Wer nun aber glaubt, durch Veränderung allein würde das Glück sich zwangsläufig einstellen, befindet sich auf dem Holzweg. Wer unglücklich ist, weil er immer Stress mit dem Nachbarn hat, wird dies auch durch einen Umzug nicht lösen. Bestimmt haben die neuen Nachbarn dann andere schlechte Eigenschaften. Und abgesehen davon, dass Versöhnung glücklich macht und ein Umzug für den Kölner ohnehin nicht in Frage käme, sind es ja auch gerade unsere Gewohnheiten, die uns Freude machen. Und an manche Dinge gewöhnt man sich sowieso nie. Was wir zum Überleben brauchen, wie Karneval, Kölsch und Kölner Dom, hört zum Glück nie auf, uns zu erfreuen.

Noh der Arbeid es jot räste: Work-Life-Balance

Nach der Arbeit kann man gut ausruhen

Nach einem langen Abend sitzt Tünnes morgens ganz gemütlich in der Küche und gönnt sich ein reichhaltiges Katerfrühstück. Er schüttet sich gerade seine dritte Tasse Kaffee ein, beißt herzhaft in sein Salamibrötchen und schlägt den Sportteil der Zeitung auf. Da kommt seine Frau Annemie in die Küche und fragt ganz verwundert:
- «Sach Tünnes, häs do dann hück jar kein Loss, för en et Büro ze jon?
/ Sag Tünnes, hast du heute keine Lust auf die Arbeit zu gehen?»
Ganz verschreckt springt Tünnes daraufhin vom Stuhl auf, läuft zur Tür, schnappt sich seinen Mantel und ruft beim herauslaufen:
- «Öm Joddeswelle, ich hatt jedaach, ich wör ald lang do!
/ Um Gotteswillen, ich dachte ich wäre schon lange da!»

Es gibt viele Eigenschaften, die man dem Kölner nachsagt, doch eine gehört sicherlich nicht dazu: Fleiß. Doch hinter dem, was böse Zungen als behäbig oder gar faul bezeichnen würden, steckt in Wirklichkeit eine gesunde Einstellung zu Arbeit und Anstrengung: *Vum Arbeide jon de beste Pääder kapott / vom Arbeiten gehen die besten Pferde ein,* soll heißen zu viel davon ist nicht gut. Und wie Recht er damit hat. Wissenschaftler des Finnischen Instituts für Arbeitsmedizin haben herausgefunden, dass permanente Mehrarbeit die Intelligenz schrumpfen lässt. Über einen Zeitraum von fünf Jahren testeten sie Arbeitnehmer mit unterschiedlicher Wochenarbeitszeit. Und wie sich heraus stellte, hatten die Workaholics (jene, die durchschnittlich 55 Stunden pro Woche arbeiteten) am Ende nicht nur körperliche Beschwerden, sondern auch einen geringeren IQ.

Nun wundert es auch nicht mehr, dass man den Kölner von jeher als listig und verschlagen kennt, konnte sich sein IQ doch dank arbeitsscheuer Einstellung ungehindert entfalten: *Wä fuul es, muss och kloch sin / wer faul ist, muss auch klug sein.* Die kölschen Kaufleute brachten es durch ihren ausgeprägten Geschäftssinn und geschicktes Taktieren zu Ruhm und Reichtum und auch das einfache Volk wusste sich zu helfen. *Et Bolze Lott*, die zu den Kölner Originalen zählt, war beispielsweise eine Meisterin im *Maggele*[84]. Sie nutzte einfach die damalige Mode der weiten Röcke, um darunter Zigaretten vor den neugierigen Augen der Zöllner zu verbergen. Und wehe einer versuchte ihr an die Wäsche zu gehen! Ähnlich listig auch das *Lappöhrche*[85], eine Art kleiner Verdienst „am Finanzamt vorbei“. Das „-chen“ dient hier wie so oft im Kölschen der Verharmlosung. Etwas, dass so niedlich klingt, kann ja schließlich nichts Schlimmes sein.

Nun ging es den Patriziern vor allem um Geld und Ansehen, während die Bürger ums Überleben kämpften. Doch in einem waren sie sich einig: *Mer hät zwei Ärm för ze arbeide, zom Jlöck ävver och zwei Bein för der Arbeid us dem Wäch ze jon / man hat zwei Arme zum Arbeiten, zum Glück aber auch zwei Beine, um der Arbeit aus dem Weg zu gehen.* Arbeit war und ist für den Kölner eine lästige Notwendigkeit, aber kein Lebensinhalt. Vielleicht schlägt hier wieder seine mediterrane Art durch, so pflegt er doch das *Erömlömere / faulenzen* wie die Italiener das „dolce far niente" und die Franzosen das „savoir vivre".

Und nun die gute Nachricht für alle Müßiggänger: Ein gewisses Maß an Faulheit oder nennen wir es besser Entspannung, ist aus medizinischer Sicht sogar empfehlenswert. Denn beim Faulenzen, Verzeihung Entspannen, schaltet der Körper herunter und kann seine Batterien ähnlich wie im Schlaf wieder aufladen. Nichtstun ist also nicht zu verwechseln mit Antriebslosigkeit. In depressiven Phasen fehlt uns der Ansporn, weil die dafür zuständige Region im Gehirn sozusagen still gelegt ist, wir sind also zum Nichtstun verdammt. Beim Entspannen hingegen nehmen wir uns bewusst eine Auszeit. Natürlich greift auch hier die Habituation, immer faul ist auch nicht schön. Und außerdem wusste schon der Volksmund: Sich Regen bringt Segen! Sind die Batterien wieder voll, belohnt uns das Gehirn für Aktivität. Bewegung, Engagement und Arbeit sind die Dinge, die die positiven Gefühle in Wallung bringen.

Möglichkeiten dafür bietet Köln als Großstadt in Hülle und Fülle. Laut Comdirect Städtereport gilt sogar mehr als jeder vierte Kölner als Trendsetter, d.h. er ist «kulturell aktiv, sozial aufstrebend oder Neuem gegenüber besonders aufgeschlossen»[86]. Und weil das so ist, kann man auch problemlos alleine losziehen. Da wird man nicht komisch angeguckt, sondern findet schnell Anschluss und lernt nebenbei noch nette Leute kennen. Doch Achtung, wir sollten uns gut überlegen, wie wir unsere freie Zeit nutzen, denn damit haben wir einen der größten Hebel für unser Wohlbefinden selber in der

Welche Faktoren beinflussen das gefühlte Glück?
nach Sonja Lyubomirsky

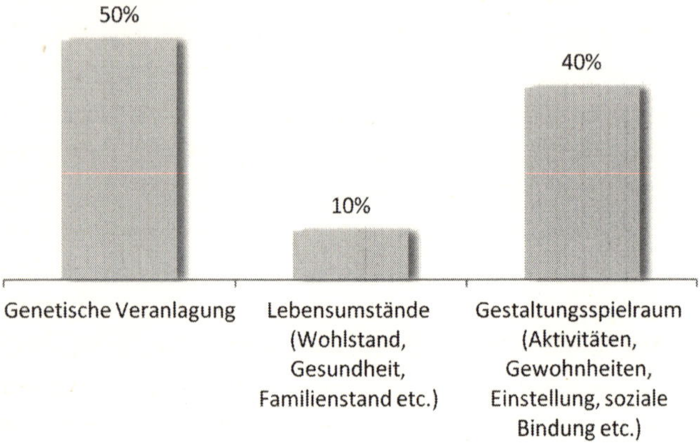

Hand. Die renommierte Psychologin Sonja Lyubomirsky hat herausgefunden, dass unser Glücksempfinden zu einem großen Teil davon abhängt, wie wir unsere Zeit verbringen. Unsere Lebensumstände spielen dagegen nur eine verschwindend kleine Rolle[87].

Bestätigt wird das durch eine Studie des Nobelpreisträgers David Kahneman, der ebenfalls der Frage nachging, welche Dinge glücklich machen. Dazu ließ er knapp 1.000 texanische Frauen eine Art Glückstagebuch schreiben. Ergebnis: Auf den ersten vier Plätzen standen Sex, Freunde, Entspannen und Essen. Alles Dinge, die im Normalfall jedem zur Verfügung stehen und nicht von den Lebensumständen abhängen[88]. Eine größere Auswirkung auf den Grad unserer Zufriedenheit haben nur unsere Gene und auch hier ist man dem Glück auf der Spur. So konnte man erstmalig ein Gen identifizieren, das direkte Auswirkungen auf den Charakter hat. Anscheinend entscheidet die Form des Gens 5-HTTLPR darüber, wie stark wir zu Depressionen neigen. Allerdings ist diese These strittig[89] und überhaupt geht unser Einfluss auf unsere Erbanlagen (zumindest noch) gegen Null. Lässt man die Gene außer Acht, kann man daher sagen, dass unser Glück zu 80 Prozent von unseren Gewohnheiten bestimmt wird. Grund genug, diese einmal genauer unter die Lupe zu nehmen.

Als erstes können wir festhalten, dass Glücksgefühle durch Tun ausgelöst werden und nicht durch Haben. Egal wie sehr ich meinen Besitz auch anhäufe, er macht mich nicht glücklicher. Solltest du also zu denjenigen gehören die unzufrieden sind, aber denken, das Glück kommt garantiert mit der nächsten Beförderung, dem größeren Haus oder dem fünften Kind, dann erliegst du möglicherweise einem populären Irrtum: fehlendes Glück bedeutet nämlich nicht, dass man noch nicht genug (erreicht) hat, sondern dass man sich höchstwahrscheinlich auf dem Holzweg befindet. Statt immer mehr von demselben anzuhäufen, bringt es einen vermutlich weiter, wenn man es einmal mit etwas Neuem ausprobiert. Zum Beispiel mit Erlebnissen statt Einkäufen. Diese verschaffen uns langfristig ein deutlich stärkeres Glücksempfinden als Ware. Das tolle neue Kleid landet schnell vergessen im Schrank, aber über die Gefühle beim Fallschirmsprung erzählt man immer wieder gern. Dieses Potential hat seit einigen Jahren auch die Dienstleistungsbranche erkannt und Anbieter von Erlebnispaketen schießen wie Pilze aus dem Boden. Gerade bei Geschäftsleuten ist diese Art von Geschenk sehr beliebt, denn was will man sonst jemandem schenken, der schon alles hat?

Als zweites kann man festhalten, das uns Aktivitäten dann besonders glücklich machen, wenn wir total in ihnen aufgehen. Das sagt zumindest der Psychologe Mihaly Csikszentmihalyi, der dieses Prinzip eingehend untersucht hat. Flow nennt er den Zustand, in dem wir alles um uns herum vergessen. Und laut seinen Studien tritt das immer dann ein, wenn uns eine Tätigkeit herausfordert, aber dennoch machbar ist. Ist sie zu leicht, fehlt die Motivation sich anzustrengen, ist sie zu schwer, fehlt die Belohnung des Erfolges. Befinden wir uns aber im Flow, blühen wir auf und sind regelrecht zu Höchstleistungen fähig[90].

Fasst man beide Punkte zusammen, erreichen wir also die höchste Lebensqualität, wenn wir der richtigen Aktivität im richtigen Ausmaß nachgehen. Und damit uns dabei nicht die Habituation aus dem letzten Abschnitt einholt, kann man auch bei der Aktivitätenauswahl für Abwechslung sorgen. Indem man zum Beispiel in der Freizeit etwas komplett anderes ausprobiert, als man es vom beruflichen Umfeld kennt. Sei es der IT Nerd, der zum Tanzkurs geht oder der Heizungsinstallateur, der sich sonntags zum Schach trifft. Egal worauf die Wahl fällt, ein Job oder Hobby, das einen herausfordert und neue Fähigkeiten abverlangt, zahlt sich auf jeden Fall für das Glückskonto aus.

Auch Sport kann eine große Glücksquelle sein, sofern man auch hier eine Sportart findet, die einen weder unter- noch überfordert. Denn jede Art von Bewegung wirkt sich positiv auf Körper und Geist aus. Der Kreislauf wird aktiviert, die Stimmung hebt sich und sogar die Produktion neuer Gehirnzellen wird angekurbelt. Nicht nur Gehirnjogging, sondern auch körperliche Tätigkeit

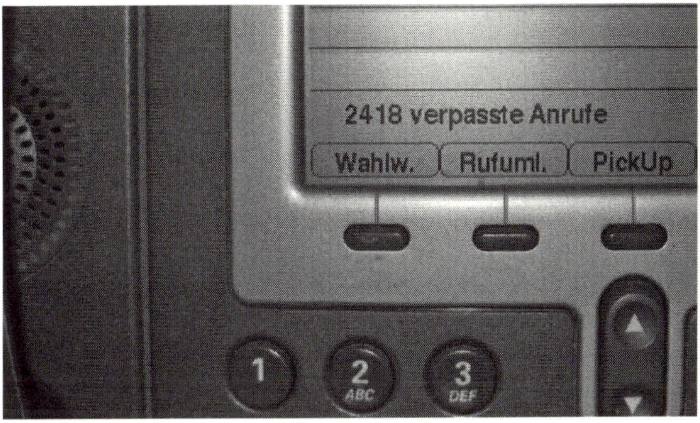

Nicht nur während eines Sabbatical kann man die Arbeit auch mal ruhen lassen.

hilft also die „grauen Zellen" in Schwung zu halten, wodurch auch im fortgeschrittenen Alter noch hohe geistige Leistung möglich ist (man denke an den alten Fritz aus Artikel 2). Und nicht nur das. Angemessene Bewegung scheint auch die seelische Widerstandskraft (Resilienz) zu stärken, wie ein Forscherteam des National Institute of Mental Health nachweisen konnte. Mäuse, die sich zuvor ausgiebig austoben durften, verhielten sich später in Stresssituationen deutlich gelassener[91].

Nimmt man nun alles zusammen, scheint der beste Weg eine Verbindung zwischen erfüllender Tätigkeit und gesunder Faulheit zu sein. Unter dem Stichwort Work-Life-Balance hat sich das selbst in der Arbeitswelt herumgesprochen. Immer mehr Beschäftigte wechseln daher auf Teilzeit oder lassen die Arbeit im Rahmen eines Sabbatical für längere Zeit ruhen. Warum auch nicht, schließlich ist *de Arbeid keine Has, die jeiht nit laufe / die Arbeit ist kein Hase, die geht nicht laufen.*

Zusammenfassung Artikel 8:
Wichtig ist, etwas zu machen und aktiv zu sein, denn sich Regen bringt Segen. Dazu gehört auch, mal ordentlich zu feiern und das Leben zu genießen. Doch bei allem gilt es nicht zu übertreiben, denn sonst verliert man den Spaß daran!

Praktische Tipps zur Umsetzung:

- Lass es mal ordentlich krachen, z.B. in der „Lachenden Kölnarena". Die richtig harten treten in einen Karnevalsverein ein.
- Probiere mal etwas Neues aus und koche ein typisch kölsches Gericht, z.B. Schavu met Zizies.
- Gönn dir ein Wochenende Erholung in einer Kölner Wellness Oase. Z.B. im Savoy Hotel oder der Mauritius Therme:
  www.savoy.de oder www.mauritius-ht.de

Artikel 9:
Wat soll dä Käu?

Bleib auf dem Boden und bestimme selber über dein Schicksal

Wieso Furz in Köln ein Kosewort ist, der amerikanische Präsident in Köln eine Abfuhr erhielt und Köln die erste deutsche Stadt mit einer demokratischen Verfassung wurde.

Der Kölner lehnt von Grund auf jede Art von Obrigkeit und Befürwortung ab. Standesunterschiede mag er nicht und setzt sich daher für ein selbstbestimmtes und gleichberechtigtes Leben ein.

Käue un Däue häld der Minsch am Levve: Bodenständigkeit

Kauen und drücken hält den Mensch am Leben

Nachdem ihr Tünnes zur Arbeit gegangen ist, geht Annemie nach unten auf den Spielplatz, um nach ihrem kleinen Tünnchen zu sehen. Unten angekommen erwartet sie ein Aufruhr. Die gesamte Nachbarschaft ist in heller Aufregung, denn genau vor der Türe liegt ein großer Haufen. Offensichtlich hat eines der Kinder es nicht mehr bis nach oben geschafft und sein Geschäft gleich vor der Tür verrichtet. Frau Kääzmanns vom ersten Stock ist ganz außer sich und meint:
- «Der Haufe es doch jaranteet vun dem Panz vum Tünnes. Die janze Famillich hät doch keine Benimm. Ich sage nor wie der Vatter su der Son!
/ Der Haufen ist doch bestimmt von Tünnes' Sohn. Die ganze Familie kennt doch kein Benehmen. Ich sage nur wie der Vater, so der Sohn!»
Annemie bleibt angesichts des Vorwurfs jedoch ganz ruhig. Sie besieht sich das Malheur in aller Ruhe und meint gelassen:
- «Nä Frau Kääzmanns. Vun mingem Son kann et nit sin. Mer hatte jester Ovend Spinat.
/ Nein Frau Kääzmanns. Von meinem Sohn kann es nicht sein. Wir hatten gestern Abend Spinat.»

Käu kommt von *käue,* also kauen und bezeichnet das Gekaute. Als Substantiv wird es im Kölschen aber vor allem im negativen Sinn von (wirklich völlig) unnötigem

Geschwätz gebraucht. Mit Artikel 9 stellt der Kölner somit alles in Frage, was ihm in irgendeiner Weise suspekt vorkommt. Und das ist unter anderem alles, was mit Regeln und Ratschlägen zu tun hat. Braucht der Mensch zum Überleben doch keine Vorschriften, sondern nur zwei einfache wie elementare Dinge: gutes Essen und eine gute Verdauung. Und ob du es glaubst oder nicht, selbst hinter dieser einfachen und etwas prekären Ansicht, verbirgt sich eine wichtige Glückserkenntnis. Um das zu zeigen, ist ein kurzer Exkurs in die menschlichen Windungen nötig. Folgen wir also dem Weg, den jede Nahrung zwangsläufig passiert und besuchen den Darmtrakt. Hier herrscht zwar nicht gerade die schönste Aussicht, aber dafür gibt es mehr zu entdecken, als man vermuten würde.

Zum einen tummelt sich hier all das, was man im Laufe des Tages so zu sich genommen hat. Schließlich wird unsere Nahrung im Darm aufgespalten und in wichtige und unwichtige Bestandteile getrennt. Dabei landen die Nährstoffe im Blut und die Abfallstoffe im Pott. Wie viele Nährstoffe bei diesem Prozess aufgenommen werden können, liegt vor allem an der Beschaffenheit der Mahlzeiten und der Qualität des Verdauungsapparates. Wenn der nicht funktioniert, kann das Essen noch so hochwertig und biologisch sein, am Ende landet alles ungenutzt im Rhein. Das ist nicht nur schade für die guten Inhaltsstoffe, sondern auch für den Körper, denn der leidet als Folge an Nährstoffmangel und gibt das durch eine Vielzahl von Beschwerden zu verstehen. Es lohnt sich also dafür zu sorgen, dass die Verdauung gut läuft.

Soweit alles noch nicht spektakulär. Doch jetzt kommt der überraschende Teil. Bei genauerem Hinsehen entdeckt man im Darm nämlich auch jede Menge Nervenzellen (die man eigentlich primär im Gehirn erwarten würde). Anfang der 80er Jahre fand man heraus, dass sich im Verdauungstrakt sogar ein ganzes Nervensystem mit mehr als 100 Millionen Nervenzellen befindet, das dem des Gehirns sehr ähnlich ist. So benutzen beispielsweise beide dieselben Botenstoffe. Von dem bekannten Glückshormon Serotonin werden sogar mehr als 95 Prozent im Verdauungstrakt produziert. Unter Wissenschaftlern gilt der Darm daher mittlerweile sogar als eine Art zweites unabhängiges Gehirn.

Zumindest scheint der Darm unser Denken bzw. unsere Stimmungen zu beeinflussen. So existiert mit dem Vagus-Nerv eine Verbindung zwischen Bauch und Kopf, bei der fast 90 Prozent der Nervenfasern vom Darm zum Gehirn verlaufen. Der Darm hat dem Gehirn also viel mehr zu sagen als umgekehrt. Damit lenkt er nicht nur wichtige Körperfunktionen, sondern scheint einen direkten Einfluss auf unsere Stimmung zu haben. Denkbar wäre zum Beispiel, dass bei einer schlechten Verdauung weniger Serotonin produziert wird. Und das könnte bewirken, dass wir müde, schlapp oder reizbar sind: *Us enem bedrövte Aasch kann kei löstich Fützje kumme / aus einem traurigen Popo kann kein fröhlicher Furz kommen.* Umgekehrt könnte eine gute Verdauung die Serotoninproduktion anregen und dafür sorgen, dass wir uns vital und glücklich fühlen.

Das eine ist nun, dass der Kölner die überaus wichtige Bedeutung dieses menschlichen Bedürfnisses erkannt hat, dass er aber auch so offen damit umgeht, das andere. Hier zeigt sich erneut seine bodenständige Art, die dir schon in Form seines Pragmatismus in Artikel 1 und seiner Gelassenheit in Artikel 7 begegnet ist. Und nun kommt noch seine Direktheit hinzu. Der Kölner mag keinen Käu, er mag es geradeheraus. Damit erscheint er denn manch einem auch als grob oder unsittlich, liegt ihm das bürgerlich kölsche Herz doch auf der Zunge. So findet sich im Kölschen eine reiche Auswahl an Schimpfwörtern und Beleidigungen und das *Drieße / Sch...* Wort ist allgegenwärtig. Von außen betrachtet mag das tatsächlich einen ungehobelten oder gar aggressiven Eindruck machen, doch davon ist der Kölner weit entfernt. Es ist einfach seine Art, sich auszudrücken. Der legendäre Kneipenwirt Lommi aus Artikel 4 wurde gerade wegen seines verschrobenen Charakters zum Original und viele vermissen beim landläufigen Köbes heutzutage die original kölsch-deftige Art. Wohl um im täglichen Wettbewerb zu bestehen, wird man in vielen Brauhäusern mittlerweile als Gast gesiezt und höflich bedient, während der Köbes früher spöttisch Seife und Handtuch anbot, wenn jemand ein Wasser bestellte. Schade, denn die raue Art des Kölschen hat durchaus ihre eigene Liebenswürdigkeit. Selbst bei Kosenamen wird auf die Darmregion zurückgegriffen: *Mi Fützje, minge Futzemann* oder auch *minge kleine Knubbelefutz* drücken sinnlich die kölsche Zärtlichkeit aus.

Doch woher kommt die Vorliebe des Kölners für das, was sich in der unteren Körperhälfte abspielt? Möglicherweise ist es ein Ausdruck der Auflehnung gegenüber der vornehmen Gesellschaft. So gab es im Mittelalter zwar auch in Köln reiche Familienverbände, doch der Großteil des Volkes bestand aus Bauern, Handwerkern und Proletariat. Und die waren gegen jeden, der sich für etwas Besseres hielt. Während die feinen Familien anfingen französisch zu sprechen, um die Mitglieder der Königshäuser zu imitieren, könnte das kölsche Volk bewusst die derbe Sprache als Gegenpol verwendet haben, um sich von den oberen Schichten abzusetzen und eine eigene Identität zu bewahren. Denn die war für den Kölner überaus wichtig. Jahrhundertelang kämpfte er mit der Kirche um die weltliche Macht über die Stadt. Am Ende konnte er den Sieg einfahren und das geistliche Oberhaupt musste sich samt seiner Residenz ins Kölner Umland verziehen (→ Artikel 5 Glaube). Innerhalb der Stadtmauer konnte der Kölner nun frei schalten und walten und ohne das Eingreifen von Kirche oder König blühte der bürgerliche Charakter auf. Zumal man in den eigenen vier Quadratkilometern alles hatte, was es zum Leben brauchte. Bis um 1800 wurde noch etwa die Hälfte der Fläche landwirtschaftlich genutzt. Erst als zur Jahrhundertwende die Industrialisierung über das Land fegte, verschwanden die *Kappesboore / Gemüsebauern* (*Kappes* = Weißkohl) und Köln wurde zu einer richtigen Stadt.

Bis dahin aber lebte man in bodenständig-ländlicher Harmonie, in der statt großer Politik die kleinen menschlichen Probleme den Alltag bestimmten. Und weil das so war, machte man sich auch gerne mal über die großen gesellschaftlichen Angelegenheiten lustig. Zum Beispiel in Form von Parodien auf klassische Heldenstücke. Während heutzutage Bruce Willis und Will Smith in aufwendigen Actionstreifen die Welt retten, waren es früher die Helden von Schiller und Lessing, die die Leute in Begeisterung versetzten. Da Special Effects noch nicht zur Verfügung standen, wurde den Stories mit geschwollenen

Worten der nötige Schliff verliehen. Über so viel eloquente Redekunst konnte der Kölner nur müde lächeln. Als Mensch, der mit beiden Füßen auf dem Acker stand, konnte er mit den epischen Dramen wenig anfangen, gingen sie doch meilenweit an der Realität vorbei. Und was macht der Kölner mit Sachen, die ihm fremd sind? Er migriert sie ins kölsche Universum (→ Artikel 6 Traditionen). So heißt es im Erlkönig von Johann Wolfgang von Goethe: «Wer reitet so spät durch Nacht und Wind? Es ist der Vater mit seinem Kind». Wilhelm Koch machte daraus in seiner Parodie „Der Nakswächter“: «Wä kielt esu spät üvver der Aldemaat? Et eß ne Nakswächter met ener Krat». So wird aus dem Vater, der mit seinem Sohn durch den Wind reitet, der Nachtwächter, der den besoffenen Pitter über den Altermarkt schleift[92]. Und während der Sohn am Ende der klassischen Ballade stirbt, kann Pitter dem Wächter entwischen. Und wer weiß, vielleicht hat er sich danach nicht nur ins Fäustchen gelacht, sondern auch *vör Freud en de Botz jedresse / vor Freude in die Hose gemacht.*

Wo der Häär feet,
soll och der Deener levve:
Gleichberechtigung

Wo der Herr feiert, soll auch der Diener leben

Tünnes kommt nach einem langen Arbeitstag mit knurrendem Magen nach Hause. Er freut sich auf eine leckere Flönz und ein kühles Kölsch. Doch als er erwartungsvoll die Küche betritt, stehen keine Töpfe auf dem Herd und keine Teller auf dem Tisch.
- «Sach Frau, wat es dat dann? Der janze Daach han ich jearbeid wie e Päd, han Schless wie ene Ohß un wat es? Kei Esse om Desch. Weißte wat? Ich jon en de Weetschaff!
/ Sag mal Frau, was ist das denn? Ich habe den ganzen Tag gearbeitet wie ein Pferd, habe Hunger wie ein Ochse und was ist? Kein Essen auf dem Tisch. Weißt du was? Ich gehe in die Wirtschaft!»
Da hört er seine Annemie aus dem Wohnzimmer flöten:
- «Waat noch fünnef Minutte!
/ Warte noch fünf Minuten!»
- «Wiesu? Es et Esse dann fädich?
/ Wieso? Ist das Essen dann fertig?»
- «Dat nit, ävver dann ben ich ömjetrocke un kann met der jon!
/ Das nicht, aber dann bin ich umgezogen und kann mit dir gehen!»

Wie du im letzten Abschnitt erfahren hast, mag der Kölner kein dummes Gerede, insbesondere wenn es sich um Vorschriften handelt. Da zeigt sich sein selbstbewusster Charakter, denn der Kölner hat es geschafft, trotz 1000 Jahren mittelalterlicher Wirrungen immer sein eigener Herr zu bleiben. Um die Besonderheit dessen zu verstehen, müssen wir uns kurz knapp 800 Jahre zurück beamen:

Wir schreiben das Jahr 1288, die ganzen deutschen Lande sind fest in päpstlich-kaiserlichen Händen. Die ganzen Lande? Nein, eine große stolze Gemeinde am Rhein macht da nicht mit. Nachdem man den ungeliebten Erzbischof 1288 durch die Schlacht bei Worringen los war (→ Artikel 3 Erinnerung) galt Köln de facto als Freie Stadt, die weitestgehend autonom über ihre Belange bestimmen konnte. Was heute als selbstverständlich erscheint, grenzte damals an eine kleine Sensation. Die wenigen Städte, die es zu der Zeit überhaupt schon gab, unterstanden in der Regel einem weltlichen und einem geistigen Stadtherrn (in Köln hatte der Erzbischof die Funktion lange in Personalunion besetzt). Und da der Stadtherr am langen Arm des Kaisers hing, war es ratsam, sich mit diesem und seinem Anhang gut zu stellen. Zum Beispiel indem man seine Ergebenheit dadurch zeigte, dass man Denkmäler aufstellte und Straßen nach dem Kaiser benannte. Im Umkehrzug verlieh dieser besondere Rechte und vergab Fördermittel für den politischen und wirtschaftlichen Aufschwung.

Auf solch eine Entwicklung blicken auch des Kölners liebste Nachbarn aus Düsseldorf zurück. Da sie in der Schlacht bei Worringen genau wie die Kölner auf der Seite des späteren Siegers standen, dankte dieser ihnen, indem er ihr kleines Fischerdörfchen zur Stadt erhob. Von da an ging es steil bergauf. Zuerst ließ sich Herzog Wilhelm in der neuen Stadt nieder und im 16 Jahrhundert wird das frühere Dusseldorp gar zur Residenzstadt der vereinigten Herzogtümer Jülich, Kleve und Berg ernannt. Von nun an war ständig gekrönte Prominenz vor Ort, was für das Stadtbild weitreichende Änderungen mit sich brachte: Statt Kleckern war Klotzen angesagt und statt zum Fischen an die Dussel ging es zum Shoppen auf die Kö. Na gut, ganz so war es natürlich nicht, aber durch die Erhebung zur Stadt und die Anbindung an den Adel wurde in gewisser Weise der Grundstein für das glamouröse Image von Düsseldorf gelegt.

Ganz anders in Köln. Hier wurden die Straßen und Plätze nach Karnevalisten benannt, strotzte man als weltweite Handelsmetropole und religiöses Zentrum doch vor Selbstbewusstsein und dachte gar nicht daran, irgendeinem „hohen Herren" zu huldigen[93]. Ganz im Gegenteil, sollten die ruhig das Weltgeschehen regeln, Hauptsache innerhalb der Stadtmauern konnte man selber darüber bestimmen, was sich abspielt. Und selbst in den Zeiten, wo Köln von fremden Herrschen besetzt war, hat sich der Kölner immer eine gewisse Individualität erhalten. Denn gerade weil immer unsicher war, was als nächstes im Land passieren würde, stellte die eigene Mentalität eine sichere Basis dar. Während die Machthaber kamen und gingen, festigte sich das Kölsche Bürgertum. Und das hat im Lauf der Zeit eine gesunde Skepsis gegenüber allen Neuerungen entwickelt. Ebenso wie eine ausgeprägte Abneigung gegenüber jeglichem Standesdünkel (was sich übrigens bis in die Neuzeit erhalten hat, wie du später noch am Beispiel von Bill Clinton sehen wirst).

Und was macht der Kölner, wenn ihm etwas nicht passt? Er macht sich darüber lustig. So findet man an vielen Stellen im kölschen Brauchtum Gepflogenheiten, die die Eitelkeit der Obrigkeiten auf die Schippe nehmen. Auch der *Kamelle* Ruf im Karneval, mit dem die am Zugweg stehenden *Jecken* nach Süßem verlangen, diente wohl ursprünglich dazu, den Kaiser zu verspotten. Wenn dieser durch die Straßen zog, jubelten die Kölner ihm zwar zu, doch statt «Hoch lebe der Kaiser» schallte es hämisch «*Kamelle, Kamelle*». Womit sie wohl ausdrücken wollten, was der Kaiser ihnen wert war, nämlich ungefähr so viel wie ein läppisches Karamellbonbon. Ob es sich so abgespielt hat, lässt sich zwar historisch nicht zweifelsfrei nachweisen, aber noch heute heißt es im Kölschen *dä hät he nix zo kamelle! / der hat hier nix zu sagen!*

Um Strunzer auf den Boden der Tatsachen zu holen, gibt es noch viele weitere schöne Beispiele in der kölschen Sprache, natürlich auch welche aus der Körpermitte: *Dä well haad Fütz loße un hät et Aaschloch nit derzo / Der möchte laut furzen, aber ihm fehlen die Möglichkeiten*. Aber auch gut klingende Umschreibungen kennt der Kölner wie die Bezeichnung *Baselemanes*. Die geht aus dem spanischen Ausdruck „beso la mano“ hervor, dem damals in besseren Gesellschaften üblichen Handkuss. Im Kölschen steht der Ausdruck für jemanden der übertrieben höflich daherkommt und kann insofern durchaus als Beleidigung verstanden werden. Was man dem Ausdruck auf den ersten Blick nicht ansieht, hört sich *Baselemanes* doch gar nicht so schlimm an. Und das ist genau der Trick. Denn für offenen Widerstand oder gar Handgreiflichkeiten war der Kölner nie zu haben. Seine Waffe war und ist der Humor. Ein an sich harmloses, aber dafür nicht weniger wirkungsvolles Mittel, um sich gegen Missstände zu wehren.

In Artikel 11 werden wir uns noch etwas ausführlicher mit dem Kölner Humor beschäftigen, an dieser Stelle soll daher nur noch ein letztes Beispiel zeigen, wie subtil der Kölner den Humor nutzte, um sich gegen die Obrigkeiten aufzulehnen. Diesmal geht es nicht um Kaiser oder Adel, sondern das genauso unpopuläre preußische Militär. Das machte sich bei den Kölnern gleich durch eine ganze Reihe von Reglements unbeliebt und bekam dafür auch eine Breitseite des kölschen Spotts ab. Bis heute erhalten hat sich aus dieser Zeit das *Stippeföttche*[94], bzw. der damit verbundene Tanz. Man sieht ihn auf Karnevalsbühnen und könnte angesichts der vielen Männerpopos, die sich da aneinander reiben vielleicht denken, es handele sich um ein Ritual rheinischer Homosexueller. Doch tatsächlich machten sich die Kölner mit diesem merkwürdigen Gebaren über die steifen militärischen Sitten lustig.

Wo nun der Kölner diese historisch gewachsene Abneigung gegen Klassenunterschiede hatte, wundert es nicht, dass auch die Kölner Frauen schon früh auf den Pfaden der Gleichberechtigung wandelten und damit eine weitere Quelle des Glücks in der kölschen Mentalität verankerten. So zeigen Umfrageergebnisse, dass die Geschlechtergleichstellung weltweit ein entscheidender Faktor für subjektives Wohlbefinden und Zufriedenheit ist[95]. Zu einem ähnlichen Ergebnis gelangte auch die unabhängige Getulio-Vargas-Stiftung. Im Vergleich von

158 Ländern belegten die Frauen in Brasilien Platz Nummer 1 in Punkto Zufriedenheit. Als Ursache dafür sieht man die Landespolitik der vergangenen Jahre, die vor allem darauf abgezielt hat, den Frauen auf dem Arbeitsmarkt zu mehr Gleichberechtigung zu verhelfen.

Das muss der Kölner schon früher gewusst haben, denn mit den Garnmacherinnen, den Goldspinnerinnen und den Seidenweberinnen gab es bereits im Mittelalter organisierte Frauenzünfte. Zudem hatten alle Ehefrauen und Witwen von Kölner Bürgern ebenfalls automatisch das Kölner Bürgerrecht inne. Im Vergleich zu anderen Städten war das eine absolute Besonderheit. Mathilde von Mevissen gründete bereits Ende des 19ten Jahrhunderts sogar einen Frauenfortbildungsverein und setzte sich Zeit ihres Lebens für die Bildung von Mädchen und Frauen ein. Dank ihres Engagements wurde die Kölnerin zu einer der bedeutendsten Frauenrechtlerinnen des 20ten Jahrhunderts. Ja, die Männer haben es bei den kölschen Mädchen nicht leicht, denn diese sind mutig, eigenständig und selbstbewusst. Und nicht nur an *Wieverfastelovend* heißt es «*mir sin kölsche Mädcher, han Spetzebötzjer an, mir lossen uns nit dran fummele, mer lossen keiner dran / Wir sind kölsche Mädchen, haben Spitzenhosen an, wir lassen uns nicht daran fummeln, wir lassen keinen dran*»[96].

Das sich das kölsche Ressentiment gegenüber feinen Herrschaften bis in die Neuzeit im kölschen Charakter erhalten hat, soll zum Schluss noch eine kleine Anekdote zeigen. So trug sich im Jahre 1999 die folgende Geschichte zu: Aufgrund des G8 Gipfels weilte die gesamte Politprominenz in Köln, darunter auch der damalige amerikanische Präsident Bill Clinton. Volksnah wie Clinton sich gerne gibt, wollte er auch eine typisch kölsche Lokalität aufsuchen. Sein Assistent machte sich auf die Suche und stieß auf die urkölsche Gaststätte Lommerzheim (→ Artikel 4 Bescheidenheit). Also rief er beim Inhaber Lommi an, um die gesamte Kneipe für den Präsidenten samt Tross zu reservieren. Das jedoch hätte bedeutet, dass den Stammgästen an diesem Abend der Zutritt verwehrt geblieben wäre. Weil die dem urigen Wirt aber wichtiger waren als der amerikanische Präsident, soll Lommi dankend abgelehnt haben mit den Worten: *«Nä, dat jeiht nit!»* Clinton musste die Abfuhr akzeptieren und machte es sich stattdessen in der größeren Malzmühle am Heumarkt gemütlich.

Ja, so ist er der Kölner, für ihn sind alle Menschen erst einmal gleich. Zwar hat jeder Jeck seine Besonderheiten, doch ist kein Jeck etwas Besonderes, *denn och schwatze Höhner läje wieße Eier / auch schwarze Hühner legen weiße Eier*. Und weil das so ist, war es früher auch allgemein üblich, sich mit jedem zu duzen. Heute hat das leider nachgelassen, wahrscheinlich um den vielen Touristen und Imis gerecht zu werden. Schade, ich finde, man könnte diese Sitte wieder einführen, oder was meinst du?

Dat han ich extra verjesse: Selbstbestimmung

Das habe ich absichtlich vergessen

Vor einiger Zeit hatte Schäl seinen Chef um eine Gehaltserhöhung gebeten und er ist immer noch sauer, dass der ihm keine geben will. Deswegen hat er sich eine Liste mit Stichpunkten seiner bisherigen Leistungen gemacht und geht damit selbstbewusst zum Chef, um einige Forderungen zu stellen.

- «Alsu Chef, wann et ald nit mih Jeld jitt, dann well ich ävver e paar andere Sache han: zwei Daach mih Urlaub, Üvverstunde usbezahlt, en längere Meddachspaus, e neu Firmenhandy, Weihnachtsjeld un ene neue Bürostohl.

/ Also Chef, wenn es schon nicht mehr Geld gibt, möchte ich ein paar andere Dinge haben: zwei Tage mehr Urlaub, Überstunden ausbezahlt, eine längere Mittagspause, ein neues Firmenhandy, Weihnachtsgeld und einen neuen Bürostuhl.»

Sein Chef überlegt eine Weile und antwortet dann:

- «Leeve Schäl. Ehr maat en jode Arbeid. Ävver däswäje kann ich doch nit zo allem Jo un Amen sare!

/ Lieber Schäl. Sie leisten gute Arbeit, aber deswegen kann ich doch nicht zu allem Ja und Amen sagen!»

Darauf erwidert Schäl spontan:

- «Dat müsst ehr och jar nit. Et jenöch mer völlich, wann ehr Jo saht!

/ Das müssen Sie auch nicht. Es genügt mir völlig, wenn Sie Ja sagen.»

Zu Beginn möchte ich dir vorab eine kleine Frage stellen: Welcher der folgenden Aussagen stimmst du eher zu?

- Ich meine, keiner kann seinem Schicksal entgehen. Es kommt im Leben alles, wie es kommen muss.
- Wenn ich Pläne schmiede, bin ich sicher, dass das Geplante auch Wirklichkeit wird.

Diese Aussagen sind Teil des Sozio-oekonomischen Panels[97], genau genommen dem Teil, der die Kontrollüberzeugung misst. Damit bezeichnet man in der Psychologie vereinfacht gesagt die subjektive Einschätzung über das Ausmaß des eigenen Einflusses auf das Leben. Jemand mit einer hohen Kontrollüberzeugung ist sich sicher, alles im Leben aus eigener Kraft erreichen zu können. Während die Fatalisten am anderen Ende der Skala sich dem Schicksal geradezu ausgeliefert fühlen. Doch warum erzähle ich dir davon? Weil die Glücksforscher davon ausgehen, dass sich eine hohe Kontrollüberzeugung in starkem Maße auf das individuelle Glücksempfinden auswirkt.

Um das nachvollziehen zu können, machen wir ein kleines Gedankenexperiment. Stell dir vor, du bist auf dem Weg in den Urlaub. Dein Freund sitzt am Steuer und gut gelaunt fahrt ihr der Sonne entgegen. Doch dann plötzlich Stau. Dein Freund hat das GPS mal wieder im Handschuhfach gelassen und jetzt ist es zu spät, ihr sitzt fest und nichts geht mehr. Die meisten Menschen geraten in so einer Situation in Stress und nicht selten führt das zu Streit und Aggression.

Nun drehen wir den Film noch einmal zurück. Diesmal sitzt du am Steuer, hast das GPS eingeschaltet und den Verkehrsfunk im Radio eingestellt. So erfährst du frühzeitig von einem Stau, der auf eurer Strecke liegt. Das GPS bietet dir eine Umgehung an und nun hast du die Wahl. Nimmst du den Umweg über die Landstraße oder bleibst du auf der Autobahn und sitzt den Stau aus? Da du kurz vorher in Artikel 7 gelesen hast, dass man am schnellsten vorwärts kommt, wenn man stur auf seiner Strecke bleibt, entscheidest du dich gegen die Alternativroute. Im Stau angekommen nutzt du die Zeit für eine Kaffeepause und schmiedest mit deinem Freund Pläne für den anstehenden Urlaub.

Zweimal scheinbar dieselbe Situation, doch einmal hat der Zufall (oder das Schicksal) dich in die Lage gebracht und einmal hast du selber darüber entschieden. In der Regel führt letzteres dazu, dass wir selbst mit unangenehmen Situationen besser umgehen können und diese als weniger schlimm empfinden. Mehrere Untersuchungen haben gezeigt, dass schon kleine Erhöhungen des Kontrollerlebens zu großen Steigerungen der Zufriedenheit führen. Eine Gruppe von Heimbewohnern wurde beispielsweise gefragt, ob sie eine Zimmerpflanze haben und sich um diese kümmern möchten. Einer Vergleichsgruppe wurden dagegen ungefragt Pflanzen ins Zimmer gestellt, um die sich das Pflegepersonal kümmerte. Bei einer späteren Befragung waren diejenigen, die sich bewusst für oder gegen die Pflanzen entschieden hatten, wesentlich zufriedener mit ihrem Leben[98].

Diese und ähnliche Untersuchungen zeigen, dass es eine elementare Voraussetzung für das Glücksempfinden ist, selber Regie im Leben führen zu können. Insofern kann man gut verstehen, dass der Kölner so vehement auf seine Unabhängigkeit bestanden hat. Nachdem sie zuerst den Erzbischof und anschließend die reichen

Patrizier vom städtischen Thron gestoßen hatten, formulierten die Kölner Bürger mit dem Verbundbrief von 1396 sogar als erste deutsche Stadt eine demokratische Verfassung. Im Tranfixbrief von 1513 ergänzten sie zudem eine Reihe von Bestimmungen zu persönlichen Freiheitsrechten der Bürger. Damit hatten sie deren Bedeutung schon lange vor Inkrafttreten der Menschenrechte erkannt.

Heutzutage ist die Möglichkeit zur freien Entfaltung fester Bestandteil jeder demokratischen Verfassung und die zunehmende Globalisierung trägt außerdem dazu bei, dass sich weltweit immer mehr Menschen auf ihre Freiheitsrechte berufen können. Was einen enormen Zuwachs an Glück bedeutet, wie internationale Studien zeigen. Denn auch wenn arme Länder insgesamt weniger glücklich sind als reiche, wird der größere Zuwachs an Zufriedenheit nicht durch mehr Reichtum, sondern durch mehr Freiheit erreicht. Glücksforscher nehmen daher an, dass die Differenzen in der subjektiv erlebten Zufriedenheit vor allem durch das unterschiedliche Maß an Selbst- und Mitbestimmungsrechten zu erklären sind.

Welch enorme Bedeutung die Möglichkeit zur freien Entwicklung hat, spiegelt sich nicht zuletzt in der großen Anzahl von Menschen wider, die dafür kämpfen und sogar ihr Leben aufs Spiel setzen. Das war in Köln zum Glück nicht nötig. Böse Zungen munkeln gar, dass der einzige Tote, den die Kölner bei der Schlacht von Worringen zu beklagen hatten, nicht im Kampfgetümmel starb, sondern einfach aus Erschöpfung umgefallen ist. Nichtsdestotrotz hat der Kölner seine Unabhängigkeit durchgesetzt und hätte es damals schon ein Glücksranking gegeben, hätte er sicher einen der oberen Plätze belegt.

Dort findet man heutzutage regelmäßig skandinavische Länder und die Schweiz (→ Artikel 7 Vergleiche). Auffällig ist, dass (ehemals) kommunistisch geführte Länder durchweg schlecht abschneiden. Deswegen halten Ökonomen die Mitspracherechte der Bürger auch für einen wesentlichen Glücksfaktor. In der Schweiz ist man dieser Vermutung auf den Grund gegangen und eine genauere Untersuchung bestätigte: In den Kantonen mit den meisten politischen Einflussmöglichkeiten der Bürger (Basel-Land) ist die Zufriedenheit weit höher als in denen, die ein dem deutschen ähnliches Parlaments-System haben (Genf). Glückstechnisch gesehen bringt ein Umzug von Genf nach Basel-Land so viel wie eine Einkommenserhöhung von 800€ auf 3.000€[99]!

Auch Dänemarks bekanntester Glücksforscher Christian Bjørnskov von der Aarhus Business School sieht vor allem in der hohen Kontrollüberzeugung und der individualistischen Einstellung seiner Landsleute das Geheimnis der großen Lebenszufriedenheit[100]. Was nun nicht heißen soll, dass nur die glücklich sind, die ständig nach dem eigenen Willen leben. Als soziales Wesen erhöht es die Zufriedenheit des Menschen maßgeblich, wenn er zum Wohl der Gemeinschaft beiträgt. Der entscheidende Punkt ist bei allem was man tut, aus eigenem Antrieb heraus zu handeln. Ein Stau, für den ich mich selber entschieden habe, kann mich nicht ärgern.

Übrigens kann schon die Art wie Eltern ihr Kind loben, über deren späteren Grad an Kontrollüberzeugung entscheiden. Psychologen von der Temple University in

Philadelphia haben untersucht, wie sich die Art des Lobens auf Kleinkinder auswirkt. Dabei unterschieden sie zwischen personenbezogenem Lob («du bist aber ein tolles Mädchen») und Prozess-Lob («das hast du aber toll gemacht»). Erstaunlicherweise bewirkte das Personen-Lob, dass die Kinder sich einige Jahre später in der Schule weniger anstrengten und bei Problemen früher aufgaben. Sie hatten gelernt, dass Dinge feststehen, daher fehlte ihnen die Motivation zum eigenen Einsatz. Ganz im Gegensatz zu den Kindern, die mit Prozess-Lob überschüttet worden waren. Diese waren überzeugt, mit ihrem Handeln Einfluss nehmen zu können[101].

Statt der guten Note ist es also wirksamer, die Anstrengung zu loben, die dazu geführt hat. Und im umgekehrten Fall nicht das schlechte Ergebnis rügen, sondern klar machen, dass sich dieses mit ein bisschen Mühe verbessern lässt. Auf diese Weise können schon früh die Weichen für ein selbstbestimmtes Leben gelegt werden. So zumindest die Theorie der Kinderpsychologen. Und wo wir schon gerade bei Theorien sind, soll auch die Selbstbestimmungstheorie der Motivation nicht unerwähnt bleiben. Nach dieser hat jeder von uns ein Grundbedürfnis nach Selbstbestimmung, Kompetenz und sozialer Eingebundenheit. Demnach geht es einem Menschen erst dann gut, wenn er das Gefühl hat, aus eigenem Antrieb zu handeln, seinen Aufgaben gewachsen zu sein (→ Artikel 8 Work-Life-Balance) und einer Gemeinschaft anzugehören (→ Artikel 10 Soziale Beziehungen).

Sollten deine Eltern es versäumt haben, dich richtig zu loben und du noch nicht so ganz von der eigenen Kontrolle und Kompetenz überzeugt bist, brauchst du den Kopf jedoch nicht hängen lassen. Die empfohlenen

Methoden fürs Loben wirken auch noch im fortgeschrittenen Alter und du brauchst noch nicht einmal deine Eltern dafür. Versuch selber einfach mal, dich an die Dinge zu erinnern, die dir in der Vergangenheit gut gelungen sind. In welchen Situationen hattest du Erfolg, wann hat ein Plan gut funktioniert oder wann konntest du jemandem von etwas überzeugen? Wenn dir selber nicht so richtig etwas einfallen will, kannst du auch Freunde und Bekannte fragen. Am besten schreibst du alles auf und legst dir eine Art „Erfolgssammlung" an. Denn das stärkt das Selbstvertrauen und den Glauben an die eigenen Fähigkeiten. Und wenn das alles nicht so richtig klappen will, kannst du dich ja auch erst einmal um die anderen Bedürfnisse kümmern, zum Beispiel das nach sozialer Eingebundenheit. Das zumindest ist in Köln ganz einfach. Wie, dass zeigt der nächste Artikel.

Zusammenfassung Artikel 9:
Grundvoraussetzungen für ein glückliches Leben sind die persönliche Freiheit, eine gleichberechtigte Gesellschaft und die Möglichkeit zur selbstbestimmten Entfaltung.

Praktische Tipps zur Umsetzung:

- Ernähre dich eine Woche ganz bewusst. Gesunde Produkte findest du zum Beispiel auf dem Ökomarkt:
  http://www.oekomarkt.de/in-koeln.php
- Erkundige dich nach der Kölschen Emanzipation bei einer Führung des Kölnischen Frauengeschichtsvereins:
  http://frauengeschichtsverein.de
- Genieße den nächsten Kölner Stau und nutze die Zeit um dich selbst dafür zu loben, was in der vergangenen Woche gut gelaufen ist.

Artikel 10:
Drinks de eine met?

Pflege gute soziale Kontakte und verhalte dich hilfsbereit

Warum die Kölner ihr Büdchen so lieben, wie man mit der „Wie jesaht" Methode jederzeit ins Gespräch kommt und wie ein Unterweltboss Kardinal Meissner aus der Patsche geholfen hat.

Für den Kölner gehört im Grunde jeder zur Familie. Für ihn sind alle Menschen gleich und er kennt keine Berührungsängste. Mit seiner geselligen und hilfsbereiten Art sorgt er zudem für den guten Zusammenhalt im Veedel.

Ne jode Nohber es besser wie ne wigge Broder: Soziale Bindungen

Ein guter Nachbar ist besser
als ein weiter Bruder

Schäl freut sich, denn er konnte beim Chef ein paar Extras herausschlagen. Es gibt eine neue Büroausstattung und seine Überstunden wurden auch ausbezahlt. Um das zu feiern, möchte er sich einen richtig schönen Tag machen und schlägt seiner Frau vor:
- «Hüür ens Leevje. Wat hälste dovun, wammer uns hück ene richtich jenöchliche Sonndaach maache?
/ Hör mal Schatz, was hälst du davon, wenn wir uns heute einen richtig gemütlichen Sonntag machen?»
Seine Frau ist von der Idee ganz angetan:
- «Ach minge schäle Futzemann, dat hüürt sich ävver jot an. Häste dann ald en Idee, wat mer maache künnte?
/ Ach mein lieber Schatz, das hört sich sehr gut an. Hast du denn schon eine Idee, was wir machen könnten?»
Worauf Schäl erwidert:
- «Eja. Do fährst ding Mutter besöke un ich blieven he!
/ Du fährst deine Mutter besuchen und ich bleibe hier!»

Fragt man Zugezogene und Touristen was sie an Köln am meisten mögen, ist der mit am häufigsten genannte Grund die Gastfreundschaft und Offenheit. Hier bleibt man nie lange allein, denn der Kölner kennt keine Berührungsängste. Im Gegenteil, geht man in eine Kneipe und setzt sich an einen unbesetzten Tisch, outet man sich unvermeidlich als Imi. (Wobei mir der alte Schwabenwitz einfällt: Kommt ein Schwabe in eine Kneipe, sagt der Wirt «Mist, der fünfte Gast und ich hab nur vier Bierbänke».) Daher ein Tipp für alle Nicht-Kölner: Wenn du in eine kölsche Kneipe gehst, stellst du dich am besten ganz unverfangen an die Theke, dann ergibt sich der Rest von ganz allein. An guten Tagen fällt sogar ein Kölsch für dich ab, ohne dass du etwas dafür tun musst.

Das gilt vor allem für die „Veedelskneipen", die herrlich verqualmten, mit solidem dunklem Eichenholz ausgestatteten, vorzugsweise an Straßenecken ansässigen, von außen durch dicke bunte Rauchglasscheiben vor neugierigen Blicken geschützten Heimatquartiere der „Lustigen Mongolen" und „Fidelen Flottenkapitäne". Na gut, im Zeitalter der modernen Gastronomiekonzepte sind die urigen Altherrenkneipen zwar ein wenig aus der Mode gekommen, aber es gibt sie noch! Mit Rauchverbot verhängt und schicken Barhockern ausgestattet, sind sie dann oft auch gar nicht mehr so piefig wie anno dazumal. Geblieben aber ist die urige Atmosphäre: hier kommt man zusammen, hier kennt man sich und hier spielt sich das Leben ab.

So auch in den vielen typischen Brauhäusern. In diesen trifft man zwar mittlerweile auf mehr Touris als Einheimische, aber in Erwartung gastfreundlicher Kölner geben sich diese Touris selber aufgeschlossen, so dass am Ende die selbsterfüllende Prophezeiung greift und man sich (Bundes)länder übergreifend näher kommt. Wer das „echte" Brauhausfeeling erleben möchte, dem seien dennoch die Brauhäuser ans Herz gelegt, die sich mindestens 5 km vom Dom entfernt befinden.

Nun muss man wissen, dass der Kölner nicht in erster Linie ausgeht um zu trinken, sondern um soziale Kontakte zu pflegen. Sein Weg in die Kneipe ist keine Flucht aus dem kölschen Alltag, sondern geradewegs ein Abtauchen mitten in diesen hinein. Wen wundert es da, dass der Schlager «Der schönste Platz ist immer an der Theke»[102] in Köln entstanden ist. Denn hier spielt sich das kölsche Leben ab, so wie früher auch in der berühmten *Kaffeebud*, die jedoch leider mehr und mehr aus dem Stadtbild verschwindet. Was sich indes hartnäckig hält, ist das beliebte Büdchen. Mehr noch als die Veedelskneipe symbolisiert es die typisch kölsche Lebensart und ist in seiner Funktion einzigartig. Denn hier geht man nicht nur hin, um sich mit kleinen Alltagsartikeln zu versorgen. Nein, ähnlich der Kneipe ist es ein Ort um sich zu treffen und auf einen Plausch bei einem Kaffee oder Kölsch zu verweilen. Hier begegnet man den Nachbarn aus dem Veedel, tauscht den aktuellen Klatsch aus, diskutiert über die aktuellen städtischen Baumaßnahmen und das letzte FC Spiel und plant gemeinsame Aktivitäten.

Und so hat das Büdchen gegenüber dem normalen Kiosk auch einen bedeutenden wirtschaftlichen Vorteil. Während diese unter den verlängerten Öffnungszeiten der Supermärkte und Tankstellen leiden, bieten Büdchen eine feste Anlaufstelle, einen Ort der Tradition. Im Supermarkt ist man ein Fremder, im Büdchen ist man zu Haus. Hier wird man herzlich empfangen und bekommt sein Brötchen mit doppelt Käse „wie immer" und das Lieblingskölsch extra kalt gestellt. Statt «mal eben kurz Zigaretten holen», geht der Kölner «*ens evvens nohm Büdche / mal eben zum Kiosk*», was nicht selten etwas länger dauern kann.

Veedelstreffpunkt Büdchen

Der Kölner Designstudent Philip Schöde hat die heimelige Büdchenatmosphäre nach seinem Umzug ins ferne Hamburg sogar so sehr vermisst, dass er eine Miniversion des kölschen Universums in der eigenen Küche nachbaute: mit Dachpappe auf dem Dielenboden, einer selbst zusammengezimmerten Ladentheke, Stehtischen und natürlich jeder Menge Deko aus der Heimat. Von nun an traf man sich regelmäßig samstags im Küchenbüdchen auf ein Kölsch und einen Plausch[103]. Übrigens ein weiteres Beispiel dafür, dass der Kölner seine Bedürfnisse in jeder Lage zu befriedigen weiß (→ Artikel 6 Bedürfnisse).

Zusammenfassend kann man festhalten, dass Büdchen und Eckkneipe eines der wichtigsten und wirksamsten Glücksprinzipien überhaupt erfüllen: die Pflege sozialer Beziehungen. Denn welches Maß an Glück wir empfinden, wird entscheidend davon beeinflusst, wie erfüllend unsere sozialen Kontakte und Aktivitäten sind.

Der Mensch ist nun mal von Natur aus ein Herdentier und Einsamkeit löst Stress aus (man denke nur an Isolation und Einzelhaft als besonders schwere Strafen). Umgekehrt hat ein gutes soziales Netzwerk in vielerlei Hinsicht eine positive Wirkung auf unser Befinden. Es stärkt nicht nur unser Immunsystem, sondern erhöht auch unsere Resilienz, lässt uns also Krisen besser überstehen. Wenn wir uns geliebt fühlen, gibt uns das Kraft und Sicherheit und fördert unser Selbstvertrauen. Was viele Casting Teilnehmer eindrucksvoll beweisen, die trotz vernichtender Kritik der Jury auf ihren vermeintlichen Talenten beharren. Und warum? Weil die Familie und Freunde hinter ihnen stehen. Und selbst der coolste Containerbewohner bricht in Tränen aus, wenn er nach vier Monaten Kontaktsperre einen Brief von der geliebten Mutti erhält.

Aber auch im normalen Leben sind diejenigen gesünder und zufriedener, die sozial gut verankert sind. Ein intaktes Umfeld kann sogar die Lebenserwartung erhöhen. So das Ergebnis einer Metastudie, die den Zusammenhang zwischen sozialen Bindungen und dem Sterberisiko von über 64jährigen untersuchte. Diejenigen mit einem guten Freundes- und Bekanntenkreis hatten im Schnitt eine um 50 Prozent höhere Wahrscheinlichkeit alt zu werden[104].

Nun wird dem Kölner das extrovertierte Wesen in die Wiege gelegt. Doch was, wenn man zu den eher schüchternen gehört? Nun, da gibt es mehrere Möglichkeiten. Zum einen führen Alkohol, Drogen und Süßigkeiten dem Körper ähnliche Endorphine zu, die auch bei geselligen Momenten ausgeschüttet werden. Was erklärt, warum sich manch einer gerade dieser Mittel bedient, um sich über seine Einsamkeit hinweg zu trösten. Doch fehlt bei dieser Methode abgesehen von den unwesentlichen Nebenwirkungen in der Regel der Spaß, denn der stellt sich erst in Gesellschaft richtig ein, selbst bei den Introvertierten unter uns. Deshalb haben auch die zahlreichen Online Netzwerke so großen Erfolg. Egal ob Facebook, Twitter oder der eigene Blog, durch das Teilen von Informationen und Fotos schafft man eine (künstliche) Gemeinschaft.

Wie sich die sozialen Netzwerke auswirken, ist indes umstritten. Laut einer Studie von Hua Wang und Barry Wellman sind Leute mit extrem vielen Freunden auf Facebook und Co. diejenigen, die auch im privaten Leben viele Freunde haben. Ihrer Meinung nach werden die sozialen Fähigkeiten durch Social Media sogar noch verstärkt[105]. Untersuchungen von Forschern der American Academy of Pediatrics hingegen lassen darauf schließen, dass zu viel Aktivität in sozialen Netzwerken unglücklich macht. Sie sprechen sogar vom Phänomen der „Facebook-Depression“[106].

Da nun also weder Drogen noch Online Netzwerke die ideale Methode zu sein scheinen, machen wir den Joint aus, melden uns bei Facebook ab und schauen uns doch mal die Methode des Kölners an. Entgegen dem üblichen Credo, Fremden gegenüber einen gewissen Abstand zu wahren, heißt gute Erziehung für den Kölner, jeden so zu behandeln, als gehöre er schon immer zur Familie. Also liebe Zugezogene, solltet ihr zu den eher höflichen Personen gehören, ist Köln der Ort, wo ihr umdenken müsst. Aber Achtung! Wenn man noch neu ist, sollte man auch nicht zu forsch sein, denn der Kölner ist zwar sehr kontaktfreudig, aber nur von sich aus. Das heißt mit anderen Worten, stell dich dazu und warte einfach ab, was passiert. Du wirst sehen, es dauert nicht lange bis du angesprochen wirst, dafür sorgt das unstillbare kölsche Mitteilungsbedürfnis. Mit diesem knüpft der Kölner nicht nur problemlos Kontakte, sondern schafft durch die Einflechtung privater Themen auch schnell eine persönliche Ebene. Und das Gute ist, man muss selber gar nicht viel zum Gespräch beitragen. Im Gegenteil, ab und zu mal mit dem Kopf nicken und hin und wieder eine Runde Kölsch bestellen reichen völlig aus, um sich ins kölsche Universum zu beamen. Fortgeschrittene können darüberhinaus kleine Rückfragen stellen, um zusätzliche Sympathiepunkte zu sammeln. Echte Profis schließlich wenden die *„Wie jesaht“* Methode an, um sich aktiv am Gespräch zu beteiligen. Dazu am besten mal ein Beispiel:

A und B sitzen an der Theke im Rochuseck.

A: «*Un wie es et*? / *Wie geht's?*»

B: «*Och, et jeiht esu./ Ach, es geht so.*»

Es folgt ein ausführlicher Bericht von B über die aktuelle Schmerzlage im Knie.

A bestellt zwei Kölsch.

A: «*Jo? Un de Frau*? / *Aha. Und die Frau?*»

B: «*Bei dä och. / Bei ihr auch.*»

Es folgt ausführlicher Bericht von B über die aktuelle Schmerzlage im Knie der Frau.

A bestellt noch zwei Kölsch.

A: «*Nä sujet. Un de Pänz? / Na sowas. Und die Kinder?*»

B: «*Jo die machen sich ganz jot / Ja, die machen sich ganz gut.*»

B setzt an zu einem ausführlicher Bericht über die aktuelle Schmerzlage im Knie der Kinder, da wendet A die *„Wie jesaht“* Methode an, um nun auch mal zu Wort zu kommen:
A: «*Jo? Mer han uns jo wie jesaht dis Woch ene neue Wage jekauf. / Echt? Wir haben uns ja wie gesagt diese Woche ein neues Auto gekauft.*»

Das hatte A zwar bisher noch nie erwähnt, aber auf diese Weise kann er problemlos an jedes beliebige Thema anknüpfen, um seinem eigenen Mitteilungsbedürfnis nachzukommen. Die *„Wie jesaht“* Methode eignet sich übrigens auch hervorragend wenn man jemanden ansprechen möchte, aber nicht so recht weiß, wie. Denn dank des Einwurfs entsteht der Eindruck, als wäre man schon längst mitten im Gespräch. Nehmen wir zum Beispiel die Schlange an der Supermarktkasse: «Ich geb ja wie gesagt morgen ne Party, deswegen die Mengen an Chips, ne» oder man sitzt neben einem Fremden bei einem Seminar «ich war ja wie gesagt letztes Jahr schon mal hier und Sie?» Und wenn der erste Kontakt erst mal geknüpft ist, folgt in Stufe zwei die Vernetzung. Dabei kann man sogar von Facebook und Co. lernen. Denn ungeachtet der Frage ob soziale Netzwerke für das soziale Leben nun schädlich sind oder nicht, verwenden sie doch einige nützliche Tricks, die auch im echten Leben funktionieren. So kann man bei Partys ruhig mal das Mitbringen von Fremden erlauben oder man stellt Leute untereinander vor („Personen, die du vielleicht kennst“), am besten solche, die gemeinsame Interessen teilen („Thomas gefällt auch FC Köln“). Es bieten sich schier unzählige Möglichkeiten, denn wie gesagt, soziale Kontakte sind die Basis für ein glückliches Leben.

Jeck loss Jeck elans:
Toleranz

Narr, lass den Narr vorbei

Tünnes hat Geburtstag und schmeißt eine große Party. Die ganze Nachbarschaft und auch die bucklige Verwandschaft vom Land ist eingeladen. Annemie hat die Wohnung auf Hochglanz geputzt und Schnittchen, Nudelsalat, Frikadellen und mehr Leckereien liebevoll vorbereitet. Nur um die Getränke sollte Tünnes sich selber kümmern. Der hat auch reichlich Kölsch besorgt und schlägt gerade das erste Fässchen an. Da kommt Annemie ein Gedanke und sie fragt:

- «Sach Tünnes, häste dann och dodran jedach, dat et Lück jitt, die mem Auto kumme?

/ Sag mal Tünnes, hast du auch daran gedacht, dass ein paar Gäste mit dem Auto kommen?»

- «Jo sicher dat.

/ Ja sicher.»

Annemie traut ihrem Tünnes aber nicht und schaut lieber selber einmal im Kühlschrank nach. Wie befürchtet findet sie dort weder Wasser noch Cola, sondern nur leere Bierflaschen. Verwundert hört sie nach:

- «Sach Tünn, för wat häste dann die janze leddije Bierfläsche em Iesschrank?

/ Sag mal Tünnes, warum stehen denn so viele leere Bierflaschen im Kühlschrank?»

- «Jo för wat dann ald? För die Lück, die nix drinke welle!

/ Ja warum wohl? Für die Leute, die nichts trinken wollen!»

Neben Geselligkeit und Frohsinn schreibt man dem Kölner vor allem eins zu: Toleranz. Ein dehnbarer Begriff, denn tolerant sein heißt nicht, alles zu tolerieren. Grund genug, der kölschen Toleranz auf den Zahn zu fühlen. *Jeck loss Jeck elans* heißt wörtlich übersetzt, jemand anderen vorbei zu lassen und ist wohl ursprünglich eine Redensart aus dem Karneval. Dieser wurde vor allem auf den Straßen gefeiert und da war es meistens so voll, dass man öfter mal darum bitten musste, vorbei gelassen zu werden. Im übertragenen Sinn kann man den Ausspruch nun interpretieren als „lass den anderen so sein, wie er ist“. Denn *jeck* hat immer etwas damit zu tun, in irgendeiner Form von der Norm abzuweichen. Doch was ist „die Norm“? Im kölschen Kosmos gibt es kaum eine, da jeder seine Ecken und Kanten hat und daher am Ende auch alle auf irgendeine Art *jeck* sind. Tolerant sein heißt demnach, den anderen so zu respektieren wie er ist, denn *och Jecke sin Minsche / auch Narren sind Menschen*. Man muss nicht gut finden, wie der andere denkt oder wie er sich gibt, aber man lässt ihn unbehelligt vorbeiziehen. Natürlich nur, solange niemand dadurch zu Schaden kommt, denn da hört die Toleranz auf. Und dann kriegt selbst der sonst so friedliche und leicht phlegmatische Kölner seinen *Arsch huh / Hintern hoch* und die *Zäng ussenander / Zähne auseinander*[107].

In der Regel aber herrscht ein friedliches Miteinander und im Veedel tummelt sich eine bunte Mischung an *Jecken*. Bei so viel Andersartigkeit ist es wirklich schwer, überhaupt aufzufallen. In Köln ist eben jeder ein bisschen *jeck* und über sonderbares Verhalten wundert sich hier niemand. Im Zweifel handelt es sich um Filmaufnahmen (die hier täglich irgendwo stattfinden). Und ist jemand komisch gekleidet, befindet der sich garantiert auf dem Weg zu irgendeiner Karnevalssitzung (die hier täglich irgendwo stattfinden). Und letztlich stumpft unser Interesse an allem, was uns zu oft präsentiert wird, schnell ab (→ Artikel 8 Habituation). Daher haben es *Jecke* in Köln so leicht und es ist nicht verwunderlich, dass Köln nicht nur als Hochburg der Karnevalisten gilt, sondern auch als Hauptstadt der Homosexuellen. Deren Anteil ist laut einer Untersuchung der Wirtschaftsberatung agiplan sogar ein Indikator für den wirtschaftlichen Erfolg, was durch den sogenannten „Gay-Index" nachgewiesen werden konnte. So heißt es in der Studie, dass ein Standort wie Köln durch die große gesellschaftliche Offenheit Querdenker und Kreative anzieht. Talente, die die Basis für ein schöpferisches und innovatives Milieu legen[108]. Das ist doch mal eine Aussage. Weil in Köln jeder *jeck* sein darf, wird die Wirtschaft kräftig angekurbelt.

Doch woher kommt denn nun überhaupt die sprichwörtliche kölsche Toleranz? Vermutlich ist sie eine Folge des steten Wandels in der Stadt. Schon der Gründung lag ein politischer Zusammenschluss zwischen den schnieken Römern und den wilden Ubiern (die eigentlich zu den verfeindeten Germanen gehörten) zugrunde. Seitdem ist in über 2000 Jahren ein Multikultigemisch in der Stadt herangewachsen. Vor allem die Pilger und Händler haben dabei fremde Einflüsse an den Rhein gebracht. Und auch wenn diese dem Kölner nicht immer ganz geheuer waren, musste er sie akzeptieren, schließlich brachten die Fremden das Geld in die Stadt. So pflegte der Kölner zum Beispiel auch einen regen Handel mit den Nachbarn aus den Niederlanden. Blöderweise vertraten diese aber den protestantischen Glauben. Hätten die katholischen Kaufleute nun nicht mit den Andersgläubigen gehandelt, wäre ihnen eine wichtige Einnahmequelle verwehrt geblieben. Also dachten sie sich, gut, die sind zwar *jeck*, aber was soll's, wir lassen die Schiffe passieren und schließen dabei gute Geschäfte ab. Ein Teil der Toleranz war also diplomatisch begründet.

Einen weiteren Anteil könnte die Friedfertigkeit des Kölners beigetragen haben. So entzog er sich von jeher möglichst jeglichen Territorialkämpfen, indem er sich neuen Herrschern gegenüber immer liberal verhielt. Was nicht bedeutet, dass er die Sitten der Besetzer gut geheißen hätte (teilweise ganz im Gegenteil). Aber dank seiner Anpassungsfähigkeit hat es der Kölner immer geschafft, sich mit den fremden Bräuchen zu arrangieren. Und es war ja auch nicht alles schlecht. So ist viel an fremden Einflüssen und Kulturen in den kölschen Charakter eingeflossen und tut es bis heute. Denn der Strom an Touristen und Zuwanderern reißt nicht ab. Was früher die Pilger, sind heutzutage vor allem die Studenten und im Umfeld der Zülpicher Straße grenzt es an ein Wunder, einen „echten" Kölner zu treffen. Zumindest wenn man die hier und da geläufige (unsinnige) Definition zugrunde nimmt, dass nur der Kölner ist, dessen Familie seit sieben Generationen in der Stadt verwurzelt ist. Hätte diese Regel tatsächlich Gültigkeit, wäre der Kölner wahrscheinlich schon ausgestorben.

Doch zurück zur Toleranz. Neben wirtschaftlichen und diplomatischen Hintergründen ist sie nicht zuletzt wieder mal ein Fall für die Selbsterfüllende Prophezeiung aus Artikel 2. Denn wenn sich der Kölner im Lauf seiner Geschichte durchaus nicht immer tolerant verhalten hat, so hat das seinem Ruf keinen Abbruch getan. Und dieser Ruf zieht nun gerade diejenigen an, die auf Toleranz angewiesen sind. Und weil diese oftmals in Köln bleiben, bleibt Köln mit ihnen tolerant. Was sich nicht nur positiv auf die Stadt auswirkt, sondern im Allgemeinen auf das Glück. Denn Toleranz ist die Basis für jegliche Art von sozialer Beziehung. Und soziale Beziehungen machen glücklich. Wobei es keine Rolle spielt, um welche Art von Verbindung es sich handelt. Verheiratete sind zwar im Schnitt statistisch gesehen ein bisschen glücklicher als Singles, aber dafür sorgt eine Scheidung umgekehrt für ein großes Minus auf dem Glückskonto. Kinder sind laut Forschung sogar eher eine Belastung für die Partnerschaft, dafür aber eine Bereicherung für das individuelle Gefühl von einem erfüllten Leben. Beide Effekte gleichen sich in etwa aus, so dass Paare mit Kindern ungefähr so glücklich sind wie Alleinstehende. Und wenn die enge Freundschaften haben, macht das eine fehlende Partnerschaft sowieso locker wett.

Überhaupt ist das Beste eine gute nachbarschaftliche Vernetzung, denn die verhindert sogar Herzerkrankungen und senkt den Cholesterinspiegel. Das konnte man durch eine wissenschaftliche Langzeitstudie in der amerikanischen Kleinstadt Roseto nachweisen[109]. Diese liegt in Pennsylvanien und galt in den 50er Jahren als so etwas wie ein medizinisches Wunder. Denn obwohl die Menschen hier genauso ungesund lebten wie im Rest des Landes, erkrankte im Vergleich zum Landesdurchschnitt weniger als die Hälfte der Bewohner an Herz-Kreislaufbeschwerden. Was umso erstaunlicher war, da die Speisen in Roseto so fettreich waren, dass jedem Mediziner schon beim Messen des Cholesteringehalts das Herz stehen blieb. Grund genug für die Forscher, die Bewohner in Roseto genauer unter die Lupe zu nehmen. Alles wurde bis ins kleinste Detail beobachtet, gemessen und erforscht. Am Ende war die Lösung gleichermaßen simpel wie überraschend: Der starke Gemeinschaftsgeist innerhalb der Gemeinde war die Ursache für die überdurchschnittliche Gesundheit. So handelte es sich bei den Bewohnern um Nachkommen italienischer Einwanderer. Und wie das in Italien so üblich ist, hält die „familia" zusammen. Da nun in Roseto quasi der ganze Ort aus einer Familie bestand, herrschte hier ein hohes Maß an sozialen Bindungen und Vernetzung.

So wie im kölschen Veedel, wo man ebenfalls *zesamme hält, ejal wat och passeet / zusammen hält, egal was auch passiert*. Nun ist nicht Veedel gleich Veedel. Während die typische Veedelskultur in manchen Stadtteilen nahezu verschwunden ist, blüht sie in anderen geradezu auf. So ist die Körnerstraße in Ehrenfeld mittlerweile sogar über die Stadtgrenzen hinaus für ihre soziale Vernetzung innerhalb der Anwohner bekannt. Überhaupt entwickelt sich Ehrenfeld in den letzten Jahren zu einem kleinen Roseto. Was nicht heißen soll, dass hier alle miteinander verwandt wären, aber trotzdem wächst das Maß an gemeinschaftlicher Aktivität und Zusammenhalt stetig an. Da passte der Plan einer Immobilienfirma, hier ein großes Einkaufszentrum hinzusetzen, so gar nicht in die Homogenität des Veedels, hätte das doch vor allem den vielen kleinen ansässigen Einzelhändlern geschadet. Also haben sich die Ehrenfelder formiert und für den Erhalt ihrer Veedelsstruktur gekämpft[110].

Und auch in Nippes hält man zusammen. Als „Kalle“ dort wegen Eigenbedarfs seine Wohnung räumen sollte, stellte er sich quer. Und mit ihm rund 300 Nachbarn aus dem Veedel, die friedlich vor seiner Wohnung demonstrierten, als im Februar 2014 Polizei und Gerichtsvollzieher anrückten. Dank der Aktion „Alle für Kalle“, durfte Kalle vorerst wohnen bleiben. Mit einem Großeinsatz der Polizei wurde Kalle zwei Monate später zwar doch noch geräumt, aber für die Bürger im Veedel ist klar, das war erst der Anfang und es wird weiter zusammen gekämpft.

Dass tatsächlich der enge Zusammenhalt für die niedrige Sterberate in Roseto verantwortlich war, zeigte sich übrigens etliche Jahre nach der Entdeckung des Wunders. Im Lauf der Jahre hatte der amerikanische „Way of Life“ Einzug in die Kleinstadt gehalten, die Bewohner gingen ihren Karrieren nach statt gemeinschaftlichen Aktivitäten und am Ende hatte sich nicht nur das kulturelle Leben sondern auch die Sterberate dem amerikanischen Durchschnitt angepasst.

Bleibt zu hoffen, dass Ehrenfeld und andere Kölner Veedel den umgekehrten Weg gehen. Wer weiß, vielleicht findet man in 100 Jahren in Fachbüchern das sogenannte „Körnerstraßen-Phänomen“. Benannt nach der Entdeckung, dass die Leberwerte der Menschen in Ehrenfeld trotz übermäßigem Kölschkonsum um Zweidrittel besser ausfielen, als im Rest des Landes. Möglich ist alles.

Wer jitt, wat hä hät, es wäät, dat hä läv: Hilfsbereitschaft

Wer gibt was er hat, ist wert, dass er lebt

Die Geburtstagsfeier von Tünnes ist in vollem Gange. Alle Gäste amüsieren sich prächtig. Das Kölsch läuft in Strömen, die Verwandtschaft vom Land hat im Keller noch ein paar Flaschen Wasser gefunden und Tünnes und Schäl kippen sich einen Kabänes nach dem anderen hinter die Binde. Die Musik kommt bei den Gästen super an und auch das Essen von Annemie schmeckt allen wunderbar. Nur Annemies achtzigjähriger Großonkel mütterlicherseits hat mal wieder was zu meckern:
- «Nä, wat es dat dann. Dat Fleisch dat es jo esu drüch, dat kann ich mit minge Zäng nit zerbieße.
/ Was ist das denn. Das Fleisch ist ja so trocken, dass kann ich mit meinen Zähnen nicht zerbeißen.»
Tünnes, der mit am Tisch sitzt, hat das Gemaule gehört und bietet spontan seine Hilfe an. Er nimmt sein Gebiss heraus, legt es vor den Großonkel hin und meint:
- «Och Jupp, dat es doch kei Problem. Dann versök et einfach ens met der minge!
/ Ach Jupp, dat ist doch kein Problem. Dann versuch es einfach mal mit meinen!»

Der beliebte Bläck Fööss Klassiker «*Drink doch eine met*» erzählt eine kleine Geschichte von kölscher Herzlichkeit und Hilfsbereitschaft. Hier wird der alte Mann nicht einfach an der Wirtschaftstüre stehen gelassen, sondern in die Gemeinschaft eingebunden. Und da er selber kein

Geld für ein Kölsch hat, bekommt er halt eins ausgegeben. Tatsächlich ist Hilfsbereitschaft ein wesentlicher Charakterzug des Kölners, der erstaunlicherweise nach außen gar nicht so stark wahrgenommen wird. Dabei ist im *großen Hätz* des Kölners viel Platz und *Kniesbüggele / Geizhälse* sind hier gar nicht gern gesehen.

Jeder fünfte Kölner ist in irgendeiner Form ehrenamtlich engagiert[111] und beim „Kölner Ehrenamtstag" stellt sich jährlich eine bunte Mischung aus Organisationen der Öffentlichkeit vor. Seit 2001 wird zusätzlich der Kölner Ehrenamtspreis „Köln Engagiert" verliehen, wobei die Preisträger von der Telefonseelsorge über die Friedhofspflege bis zur „Leseoma" reichen[112]. Sagt man dem Kölner nicht zu Unrecht eine gewisse Trägheit nach, legt er in Sachen sozialer Hilfsbereitschaft doch einen erstaunlichen Aktionismus an den Tag. Und wie Umfragen zeigten, sind diejenigen besonders engagiert, die sich mit ihrem Lebensumfeld identifizieren (man denke an die Nippeser aus dem letzten Abschnitt).

Umgekehrt tritt übrigens derselbe Effekt auf: Menschen, die sich in ihrem Veedel stark engagieren, fühlen sich besonders eng mit diesem verbunden. Dahinter steckt der Rückkopplungseffekt aus Artikel 2 und die sogenannte Dissonanztheorie. Diese besagt vereinfacht gesagt, dass das Gehirn registriert, dass wir uns mächtig anstrengen und daraus folgert, dass es uns die Sache wert sein muss. Denn anderenfalls würde eine Dissonanz (Unstimmigkeit) bestehen zwischen „finde ich nicht gut" und „setze mich aber dafür ein" und das mag unser Gehirn gar nicht. Das funktioniert mit dem Veedel genauso wie mit dessen Bewohnern und wird in letzterem Fall als Franklin Effekt bezeichnet. Laut diesem mögen uns Menschen nämlich mehr, wenn sie uns einen Gefallen getan haben. Aus dem Hilfeakt schließt deren Gehirn sozusagen, dass eine Sympathie für uns vorliegen muss, sonst hätten sie sich die Mühe nicht gegeben. Der Franklin Effekt funktioniert allerdings nur, wenn der Aufwand in einem gewissen Rahmen bleibt. Fragst du jemanden, ob er dir deine Wohnung für eine Party zur Verfügung stellen kann, wird das sicher keine Zuneigung hervorrufen, aber sich öfter mal ein Buch ausleihen oder ein Kölsch ausgeben lassen, kann dich durchaus beliebter machen.

Und dank reziproker Zuneigung mögen wir denjenigen, der uns mag, auch lieber. Wir belohnen sozusagen das Gefühl gemocht zu werden mit Gegenliebe. Bei dieser Spirale der gegenseitigen Zuneigung ist es kein Wunder mehr, dass man im Veedel zusammenhält. Und es kommt noch besser. Hilfsbereitschaft fördert nicht nur die gegenseitigen Sympathien, sondern aktiviert auch unser Belohnungssystem, das fleißig Glückshormone ausschüttet. So konnten Neurologen mit Hilfe bildgebender Verfahren zeigen, dass der Nucleus accumbens aktiviert wird, wenn wir uns großzügig zeigen. Der ist Teil des Belohnungssystems und wird immer dann aktiv, wenn wir etwas tun, was notwendig für unser Überleben ist (wie Essen und Sex). Hilfsbereitschaft scheint also zu den Grundbedürfnissen jedes Menschen zu gehören.

Was nicht weiter verwundert, wenn man bedenkt, dass der Mensch als Herdentier in früheren Zeiten doch auf die Gemeinschaft angewiesen war. Das Leben in der Gruppe funktionierte nur durch gegenseitiges Geben und Nehmen. Dieses Verhalten kann man heute übrigens noch bei Affen und anderen Säugetierarten beobachten. Beim Menschen ist die Notwendigkeit der

Gemeinschaft in den modernen Gesellschaften zwar verloren gegangen, aber da die Evolution langsamer ist als der industrielle Fortschritt, belohnt uns das Gehirn immer noch für jegliche Art von sozialem Handeln.

Damit ist die These widerlegt, dass Geld nicht glücklich macht. Macht es nämlich doch – sofern man es für andere ausgibt. Elizabeth Dunn von der University of British Columbia konnte das in mehreren Studien zeigen. Besonders die Unterstützung von gemeinnützigen Organisationen steigerte den Grad der Zufriedenheit um einiges mehr, als das Geld selber auf den Kopf zu hauen[113].

Großzügigkeit muss aber nicht zwingend auf materiellen Zuwendungen bestehen. Hilfe und Unterstützung kann man auf viele Weisen anbieten (man denke nur an die ganzen Ratgeberbücher). Wichtig ist nicht die Art der Hilfe, sondern die Motivation, die dahinter steckt. Wer aus einem Pflichtgefühl heraus handelt, wird nicht belohnt, denn das Prinzip der Evolution war Kooperation. Oder wie es in Köln heißt: Klüngel. Hilfst du mir, helf ich dir. Besonders interessant in diesem Zusammenhang der Korrumpierungseffekt aus Artikel 6. Stell dir vor du stehst am Nippeser Bahnhof und siehst eine nette junge Frau, die mit ihrem Kinderwagen verzweifelt auf die kaputte Rolltreppe schaut, die nach unten führt. Hilfsbereit eilst du herbei, schnappst dir den Kinderwagen unter den linken Arm, reichst der Dame deinen rechten Arm dazu und geleitest beide sicher nach unten. Dort angekommen übergibst du ihr strahlend den Kinderwagen, wünschst ihr noch einen schönen Tag und fühlst dich wie ein kleiner Held. Doch dann zückt die Dame resolut ihr Portemonnaie, drückt dir mit einem kurzen Danke 10€ in die Hand und zieht von dannen. Und Schwupps ist es dahin das schöne Glücksgefühl. Durch die Entlohnung wurde aus der Hilfsaktion eine simple Dienstleistung und die macht nicht annähernd so glücklich (es sei denn, dass du aus dem letzten Loch pfeifst und dir von den 10€ endlich was zu essen kaufen kannst).

Aus diesem Grund melden sich auch viel mehr Menschen, wenn jemand gesucht wird, der ehrenamtlich eine kleine Tätigkeit übernimmt, als würde man für dieselbe Arbeit eine kleine Bezahlung anbieten. Bei der jährlichen Aktion „Kölle putzmunter“ sind zum Beispiel seit 2002 tausende Kölner unterwegs, um unentgeltlich öffentliche Plätze zu säubern und Müll einzusammeln. Aufgrund des Korrumpierungseffektes würden sich sicher weniger als 10 Leute beteiligen, wenn man statt des freiwilligen Engagements 3€ die Stunde fürs Putzen anbieten würde. Und warum? Weil der Nucleus accumbens bei Leistungen gegen Bezahlung nix tut. In der Marktwirtschaft wird mit harter Währung bezahlt und nicht mit Glücksgefühlen. Das heißt, wenn schon Geld fließt, dann bitte in angemessener Höhe. Was die Stadt Köln natürlich nicht hat, deswegen bietet sie erst gar keine Entlohnung an, sondern lässt ihre Bürger in großem Umfang kostenlos städtische Arbeit erledigen. Doch was sich wie ein einseitiger Vorteil für die Stadt anhört, entpuppt sich tatsächlich als eine Win-Win Situation. Denn wer will schon schnöden Mammon, wenn er stattdessen Freundschaften, Selbstvertrauen, Gesundheit und ein längeres Leben haben kann? Auf all das sollen ehrenamtliche Tätigkeiten nämlich laut einer Metastudie der Universität in Wales eine positive Wirkung ausüben. Unter anderem konnte man explizit zeigen, dass soziales Engagement Krankheiten wie Bluthochdruck und zu hohen

Blutfetten vorbeugt (was erklärt, warum die Bewohner von Roseto auch trotz cholesterinreichem Essen kaum Herz-Kreislaufbeschwerden hatten)[114]. Und dank erhöhter Ausschüttung von Endorphinen, wird der Helfer auch noch in eine Art Rauschzustand, das sogenannte „Helper's High"[115] versetzt.

Nächstenliebe macht also nicht nur Spaß, sondern bringt auch noch jede Menge anderer Vorteile. Trotzdem ist es gar nicht immer so einfach, sie an den Mann oder die Frau zu bringen. Denn vielen fällt es schwer, Hilfe anzunehmen, was am erwähnten tief verwurzelten Prinzip des gegenseitigen Gebens und Nehmens liegt. Wird uns Hilfe angeboten, fühlen wir uns (unbewusst) schnell verpflichtet, in gleichem Wert eine Gegenleistung erbringen zu müssen. Und um diesem unguten Gefühl zu entgehen, lehnen wir das Angebot lieber von Vorneherein ab. Dabei gibt es einen einfachen und viel besseren Weg der Wiedergutmachung und der heißt Dankbarkeit. Sind wir dankbar und lassen das den Helfer wissen, wird das auf beiden Seiten als angemessene Gegenleistung empfunden.

Wenn du dein Glücks- und Gesundheitskonto also durch ein bisschen uneigennützige Hilfsbereitschaft aufbessern möchtest, könnten dir folgende Tipps helfen: Mach gleich zu Beginn deutlich, dass du keine Entschädigung erwartest. Auch konkrete Vorschläge («Soll ich dir etwas vom Supermarkt mitbringen?») werden leichter angenommen als gut gemeinte Pauschalangebote («Lass es mich wissen, wenn du Hilfe brauchst"). Bei besonders hartnäckigen Hilfe-Annahme-Verweigerern kannst du die Wiedergutmachung auch gleich mit einfordern: «Soll ich dir beim Renovieren helfen? Dafür könntest du mir ja danach deine leckeren Reibekuchen machen».

Wenn dir das nun alles viel zu kompliziert ist, kannst du auch einen anderen Weg einschlagen, um dich großzügig zu zeigen, ohne komplexe evolutionsbiologische Prozesse zu berücksichtigen. Und der heißt „Random acts of kindness" oder auch „Stille Taten". Gemeint sind kleine Aktionen, mit denen anderen Menschen eine Freude bereitet wird, ohne dass sie merken, wer dahinter steckt. Zum Beispiel könnte man einen Euro auf die Straße legen und vom Fenster aus beobachten wie sich der Finder freut. Oder man schickt jemandem anonym einen Gutschein fürs Cinedom oder macht es wie die „Guerillagärtner" und verteilt „Seed Bombs" in der Stadt. Auch Bookcrossing basiert auf diesem Prinzip und immer öfter sieht man auch in Köln Bücher, Haushaltswaren oder anderen Kleinkram auf der Straße stehen mit einem Hinweisschild «Zum mitnehmen». Auf diese Weise wird man sein altes Zeug los (→ Artikel 4: Wat fott es, es fott) und macht anderen und sich selbst noch eine Freude damit.

Wie wahre Ritterlichkeit aussehen kann, soll zum Abschluss noch eine kleine Anekdote mitten aus dem kölschen Klüngeluniversum zeigen: Wir schreiben das Jahr 1996 und zum Entsetzen aller Katholiken wird mitten am helllichten Tag ein wertvolles Vortragskreuz aus der Schatzkammer des Kölner Doms geraubt. Ganz Köln ist in heller Aufregung, allen voran Kardinal Meissner, für den das Kreuz vor allem auch eine religiöse und persönliche Bedeutung hat. Die Presse berichtet groß über das Ereignis und auch Heinrich Schäfer (genannt Schäfers Nas), seines Zeichens Kölner Unterweltboss in Rente[116], bekommt Wind davon. Sofort lässt er seine alten Kontakte spielen und bereits wenige Tage später kann er das geraubte Kreuz in den Schoß der Kirche zurückgeben. Die ausgesetzte Belohnung von 3000 Mark weist er indes strikt zurück (der Korrumpierungseffekt lässt grüßen). Domprobst Heinrich bedankt sich auf seine Weise und spricht bei der nächsten Messe eine Fürbitte für den Kreuzretter. Auf die Frage warum er in dieser Angelegenheit überhaupt tätig geworden ist, soll Schäfer übrigens gesagt haben: «Vom Dom nimmt man nicht, dem Dom gibt man». Das ist kölsche Weltanschauung.

Zusammenfassung Artikel 10:
Eine der wichtigsten Glücksquellen sind soziale Beziehungen. Förderlich um solche aufzubauen sind Offenheit und Toleranz, ein reges Mitteilungsbedürfnis und keine Angst vor Berührung.

Praktische Tipps zur Umsetzung:

- Geh zum Körnerstraßenfest und knüpfe mit der „*Wie jesaht*" Methode neue Kontakte.
- Bleib auf der Venloerstraße im Auto sitzen und gib „zufällig" dann den Parkplatz frei, wenn ein Suchender vorbei fährt.
- Geh zum Kölner Ehrenamtstag und erkundige dich nach einem Ehrenamt, das zu deinen Neigungen und Zeitbudget passt. Oder schau einfach mal bei www.engagiert-in-koeln.de.

Artikel 11:
Do laachs de dich kapott

Lass deine Emotionen heraus und lache so oft du kannst

Warum dem Kölner das Lachen nie vergeht, wie er seine Liebe mit Hilfe von Pantoffeln ausdrückt und wieso ihm bei der Wohnungsbesichtigung die Nachbarn wichtiger sind als die Einbauküche.

Für den Kölner ist Humor eine Lebenseinstellung. Doch er lacht nicht nur gerne, sondern ist ein durch und durch emotionaler Mensch. Wenn er auch manchmal grob wirkt, ist er doch im Herzen überaus friedfertig und sentimental.

Mer han nix, ävver vill för ze laache: Humor

Wir haben nichts, aber viel zum Lachen

Um 2 Uhr verabschieden sich Schäl und seine Frau von der Geburtstagsfeier bei Tünnes. Schäl hakt sich unter und lässt sich nach nebenan in die eigenen vier Wände helfen. Er hatte einen heiden Spaß, doch seine Liebste ist angesäuert und hält ihm eine Gardinenpredigt:

- «Nä Schäl, dat saren ich dir. Met dir kammer sich jo nirjendwo blecke losse. Wat häs do dich widder donevve benomme. Nor Müll häste jeschwaad, jelallt wie ene Kanarievujjel, scheif jesunge, et Bier ömjekipp un dann och noch die janze bestusste Witze die do verzallt häst.

/ Also Schäl das sage ich dir. Mit dir kann man sich nirgendwo sehen lassen. Du hast dich wieder mal total daneben benommen. Du hast nur Müll geredet, gelallt wie ein Kanarienvogel, schief gesungen, Bier umgekippt und dann auch noch die ganzen böden Witze, die du zum Besten gegeben hast.»

Schäl versteht die Aufregung seiner Frau nicht:

- «Ich verston jar nit, wat do wells. Die Lück han doch wäje mer all jelaach wie jeck.

/ Ich weiß gar nicht was du hast. Die Leute haben doch dank mir gelacht wie verrückt.»

- «Jo dat stemmp. Ich hoffen nor, dat keiner jemerk hät, dat du nöchtern wors.

/ Das stimmt. Ich hoffe nur, dass niemand gemerkt hat, dass du nüchtern warst.»

Mit dem letzten Artikel endet das Kölsche Grundgesetz und der Kreis schließt sich. Denn Humor ist dir in den anderen Artikeln schon an vielen Stellen begegnet. Aufgrund seines hohen Stellenwertes für die kölsche Mentalität und die Glückspsychologie, soll er hier aber noch einmal in voller Blüte zur Geltung kommen. Dazu werfen wir zunächst einen Blick darauf, was denn Humor überhaupt ist.

Im Allgemeinen wird damit Heiterkeit, Amüsement, Witze, Scherze, Frohsinn und Fröhlichkeit verbunden. Aber auch Satire, Kabarett, Comedy, Ironie und Unsinn zählen zum Humor. Der Duden nennt es die «Fähigkeit und Bereitschaft, auf bestimmte Dinge heiter und gelassen zu reagieren». Für den Kölner ist Humor eine Lebenseinstellung. Und die hat nichts mit in der *Bütt / Kanzel* vorgetragenen Reden zu tun, wo sorgfältig vorbereitete Pointen zum Besten gegeben und - „TäTä TäTä TäTä" (Tusch) - auf Zuruf gelacht wird. Nein, da kommt die Duden Definition dem Ganzen schon näher, denn dem Kölner sitzt das ganze Jahr der Schalk, das heißt *Jeck*, im Nacken und er nimmt das Leben in all seinen Facetten mit der ihm typischen humorvollen Art.

Damit kann er nicht nur bei der Partnerwahl punkten, denn für die meisten Menschen hat Humor einen hohen Stellenwert. Bei Umfragen zum Thema «Welche Charaktereigenschaften sollte ihr Partner haben?», belegt der Sinn für Humor immer einen der obersten Ränge und das bei beiden Geschlechtern. Doch woher kommt das? Wie so oft liefert ein Blick ins Gehirn die Erklärung. Die für das Lachen zuständigen neuronalen Schaltkreise sitzen im Hirnstamm, scheinen also zu den ältesten Funktionen des Gehirns zu gehören. Und genau wie bei der Hilfsbereitschaft aus dem letzten Artikel, springt auch beim Lachen unser Belohnungszentrum an. Evolutionstechnisch gesehen muss dieses also ebenfalls in Vorzeiten unserem Überleben dienlich gewesen sein. Haben unsere Vorfahren womöglich früher durch exzessives Gelächter ihre Feinde in die Flucht geschlagen? Auf gewisse Weise schon, denn Lachen scheint ein kultur- und völkerübergreifendes Mittel zu sein, um friedliche Absichten zu demonstrieren. Traf man auf einem Stammesfremden, konnte man ihm sozusagen mit einem Lächeln anzeigen, dass man es nicht auf seine Haut abgesehen hatte.

Babies können übrigens bereits im Alter von zwei bis drei Monaten lächeln, ohne dass es ihnen jemand beigebracht hätte. Und umgekehrt scheinen wir alle eine Vorliebe für lächelnde Gesichter zu haben, wie Jukka Leppanen von der Universität in Tampere herausfand. Bei speziellen Tests zeigte sich, dass wir diese schneller und besser erkennen, als solche mit negativem Ausdruck[117]. Das alles legt die Vermutung nahe, dass Lachen eine wichtige angeborene Fähigkeit ist, die der Kontaktaufnahme und Kommunikation zwischen Menschen dient.

Und nicht nur für den sozialen Kitt eignet sich das Lachen hervorragend, es dient vor allem auch der Stressbewältigung. In Artikel 3 war schon davon die Rede, dass der Karneval dem Kölner auch in der Nachkriegszeit sehr wichtig war. Aus dieser ist folgende Anekdote überliefert: Vor einem zerbombten Kaufhaus soll ein Schild gestanden haben mit der Aufschrift «Das Geschäft ist durchgehend geöffnet» und an einem ausgebrannten Haus war zur Karnevalszeit zu lesen «Fenster zum Rosenmontagszug zu vermieten. Fußboden ist mitzubringen». Egal in welcher Misere er sich auch befindet, dem Kölner scheint das Lachen nie zu vergehen (die FC Fans können ein Lied davon singen).

Nun könnte diese Art des Umgangs mit Problemen bei manch einem Unverständnis hervorrufen. Doch wie eine Untersuchung gezeigt hat, ist dieses Verhalten nicht nur typisch für den Kölner, sondern für Menschen auf der ganzen Welt. Da, wo es den Menschen besonders schlecht geht, wird auch besonders viel gelacht. Zu dieser erstaunlichen Erkenntnis gelangte der Universitätsprofessor Richard Wiseman, als er 2004 den besten Witz der Welt suchte. Dank Internet beteiligten sich über eine halbe Million Menschen weltweit und außer dem witzigsten Witz fand Wiseman auch noch einige interessante Dinge über den menschlichen Humor heraus[118]. So zum Beispiel, dass die Deutschen im weltweiten Ländervergleich am meisten lachen. Aber nicht etwa weil sie so ein lustiges Völkchen wären. Im Gegenteil, weil die Deutschen im Großen und Ganzen eher unzufrieden mit ihrer Situation sind, lachen sie selbst über die miesesten Witze, nur um überhaupt etwas zum Lachen zu haben. Wir lachen also nicht, weil wir glücklich sind, sondern um glücklich zu werden. Deshalb hat uns die Evolution den Sinn für Humor geschenkt, der immer dann besonders aktiviert wird, wenn wir uns in schwierigen Situationen befinden. Sozusagen als angeborenes Selbsthilfeprogramm zur Bewältigung von Problemen.

Diese These wird auch von einer etwas skurrilen Studie amerikanischer Wissenschaftler gestützt. In dieser sollten Teilnehmer zunächst Aufgaben zu verschiedenen Themen erfüllen und sich danach Überschriften für Comics ausdenken. Am Ende bewiesen diejenigen am meisten Humor, die sich vorher mit dem Thema Tod beschäftigt hatten. Die Wissenschaftler folgerten daraus, dass Humor dazu dienen kann, mit Ängsten besser umgehen zu können[119]. Was dann auch die lustigen Todesanzeigen aus Artikel 2 erklärt.

Welchem Zweck er letztlich auch dient, unbestritten ist, dass sich Humor in vielfältiger Weise auf unsere Psyche auswirkt. Deshalb beschäftigen sich Wissenschaftler und Mediziner weltweit mit dem menschlichen Frohsinn, woraus sogar ein eigener Forschungszweig hervorgegangen ist: die Lachforschung (Gelotologie) - kein Witz! Fasst man die aktuellen medizinischen Ergebnisse zusammen, hat Lachen ganz schön viele positive Auswirkungen auf unseren Körper. Denn beim Lachen

- werden körpereigene Opiate und Botenstoffe ausgeschüttet, die schmerzstillend wirken
- wird die Produktion von Immunzellen hochgefahren, die Krankheitserreger bekämpfen
- wird das Herz-Kreislauf System aktiviert, wodurch sich der Sauerstoffgehalt im Blut erhöht
- wird der körpereigene Cortisolspiegel gesenkt, was die Anzahl von Stresshormonen reduziert
- werden durch die rhythmischen Bewegungen Muskeln und Gefäße entspannt

Neben dem enormen Einfluss auf unseren Körper, hat Humor auch jede Menge psychische Auswirkungen. Er versetzt uns nicht nur in gute Stimmung, sondern macht uns dadurch auch hilfsbereiter und großzügiger. Er beflügelt unsere Fantasie und wie die amerikanische Psychologin Kristy Nielson herausfand, scheint er auch beim Lernen zu helfen. In ihrem Test las sie den Probanden eine Liste mit dreißig Wörtern vor und zeigte der einen Hälfte anschließend einen neutralen Videoclip, während die anderen sich über eine Comedysendung amüsieren durften. Eine Woche später konnten letztere sich noch an doppelt so viele Begriffe erinnern wie die Vergleichspersonen[120]. Eine mögliche Erklärung dafür liegt am beschleunigten Herzschlag beim Lachen. Denn der erhöht die Sauerstoffversorgung des Gehirns und das verbessert dessen Leistungsfähigkeit.

Wie bei allem im Leben hat aber selbst Humor eine zweite Seite der Medaille. So kann er in Form von Spott und Sarkasmus auch psychische Schäden anrichten. Wird

Werbekampage des Kölner Zoos zum 150jährigen Bestehen. Die Plakate hingen an 100 Standorten im benachbarten Düsseldorf und wiesen mit einer gehörigen Portion Selbstironie darauf hin, dass es dort keinen klassischen Zoo gibt.

über jemanden gelästert, sagt der Kölner er wird *durch de Zäng jetrocke / durch die Zähne gezogen*, das tut schon beim Hinhören weh. Humor auf Kosten anderer sollte also nie verletzend sein. Ein bisschen Spottlust, so wie es dem Kölner in die Wiege gelegt ist, ist hingegen durchaus erlaubt. Zumal der Kölner soviel Selbstbewusstsein hat, dass er durchaus auch über sich selbst lachen kann.

Und wenn du jetzt zu denen gehörst, die zum Lachen in den Keller gehen, keine Sorge, erstens ist die therapeutische Wirkung nicht von den Räumlichkeiten abhängig und zweitens kann man Humor und Lachen trainieren. Zum Beispiel könntest du mal zum Lachyoga[121] gehen, dass sich weltweit zunehmender Beliebtheit erfreut. Oder du schaust dir täglich ein paar witzige Filme im Internet an. Oder du umgibst dich mit möglichst vielen lustigen Menschen. Diese wirken in besonderem Maße ansteckend, wie du noch im letzten Abschnitt erfahren wirst. Und falls alles nichts hilft, hier noch der ultimative Trick gegen schlechte Laune: Nutze den Rückkopplungseffekt und stecke einen Stift quer zwischen die Zähne. Dein Gehirn wird die leicht hochgezogenen Mundwinkel registrierten, diese als Lächeln interpretieren und gleich entsprechende Wohlfühlhormone ausschütten. Denn Lächeln bei schlechter Laune würde eine Unstimmigkeit bedeuten, die das Gehirn laut Dissonanztheorie nicht mag. Du glaubst mir nicht? Das Ganze ist aber tatsächlich wissenschaftlich belegt und unter dem Namen Facial Feedback in die Fachliteratur eingegangen[122]. Also: Mit Stift im Mund kann man nicht lange grollen, denn worüber wir lachen, kann uns nicht ärgern.

De Haupsaach es, et Hätz es jot: Emotionen

Die Hautpsache ist, das Herz ist gut

Die Tochter von Schäl hat sich den Ratschlag ihres alten Herren zu Herzen genommen und möchte den „Vater ihrer Magenschmerzen" dazu bringen, ihr einen Heiratsantrag zu machen. Während ihr Liebster auf der Arbeit war, hat sie deswegen das Wohnzimmer romantisch hergerichtet. Auf dem Sofa liegen Kuscheldecke und rote Kissen, überall sind Kerzen aufgestellt, eine CD mit Liebesschnulzen ist eingelegt und rein zufällig liegt ein Magazin mit Brautkleidern auf dem Tisch. Abends machen es sich die beiden im Wohnzimmer gemütlich und tatsächlich scheint ihr Plan aufzugehen. Es wird heftig geschmust und geknutscht und ein Knistern liegt in der Luft. Ganz gespannt wartet Katharina darauf, dass Pitter ihr endlich die entscheidende Frage stellt und schaut ihn schmachtend an. Der blickt ihr tief in die Augen und fragt:

- «Sach ens, mi Hätzje, woran bes de am denke?
/ Sag mal mein Herz, woran denkst du gerade?»
- «Ach mi Schnäuzerche, an et selve wie do!
/ Ach mein Schnäuzerchen, an dasselbe wie du!»
- «Dat es jot, dann breng mer en Fläsch Bier met!
/ Das ist gut, dann bring mir eine Flasche Bier mit!»

Neben dem Dom ist *et Hätz* das Wichtigste für jeden Kölner. Kaum etwas wird mehr besungen, zitiert und als Synonym für die kölsche Mentalität gebraucht. Doch was hat es mit dem *kölschen Hätz* auf sich? Was der Kölner mit *Hätz* umschreibt, sind vor allem Emotionen und wie man heute weiß, gehen diese nicht vom Herzen aus, sondern haben ihren Ursprung im Gehirn. Vereinfacht gesagt, sind sie nichts anderes als ein bisschen Chemie und ein paar elektrische Impulse. Na gut, so unromantisch würden es wahrscheinlich nur Neurologen beschreiben. Tatsächlich sind Gefühle etwas, das die Menschheit seit jeher fasziniert. Ganze Generationen von Philosophen haben sich darum gestritten, ob es eine Seele gibt und bis heute ist sich die Wissenschaft über deren Bedeutung nicht einig geworden. Die meisten Erklärungsansätze unterscheiden zwischen Emotionen, die man mit tierischen Instinkten vergleichen kann und Gefühlen, die durch Kultur und Sprache geformt werden und uns deswegen von unseren vierbeinigen Verwandten unterscheiden. So können Affen zwar auch Freude empfinden (etwa über Nahrung und Zuneigung), doch im Unterschied dazu können wir uns an Dingen ergötzen, die überhaupt keinen Nutzen haben, sondern einfach nur schön sind (etwa der Anblick vom Kölner Dom). Doch soll uns an dieser Stelle nicht weiter interessieren, wie es um die wissenschaftliche Gefühls- und Emotionslage bestellt ist. Der Kölner hat von beidem reichlich und das zeigt er auch. In Punkto Gefühlsregung schlagen eindeutig seine römischen Wurzeln durch, denn er bringt unübersehbar zum Ausdruck, was ihn ihm vorgeht. Der Kölner ist laut, lebhaft und leidenschaftlich. Egal, welche Emotion den Kölner gerade treibt, er lebt sie mit ganzem Herzen aus.

Nun kennt man den Kölner im Allgemeinen als Frohnatur, was auch den Kern seines Wesens trifft. Doch da es im letzten Abschnitt schon ausführlich ums Lachen ging, soll nun einmal die andere Seite der Gefühlswelt beleuchtet werden. Das Leben besteht ja schließlich nicht nur aus Sonnenschein, sondern hält oft genug Dinge für uns bereit, die uns zum Weinen bringen. Der Kölner hat dafür sogar einen eigenen Gemütszustand: *Et ärme Dier*. Das lässt sich kaum ins Hochdeutsche übersetzen, oder wüsstest du, wie es einem geht, wenn man „das arme Tier" hat? Am ehesten lässt sich diese seelische Verfassung als eine Mischung aus Schwermut und Melancholie beschreiben. Ja, du liest richtig, trotz Rheinischer Frohnatur kann auch der Kölner hin und wieder richtig kräftig ins Trübsaalhorn blasen. Sich *och ens richtich uszekriesche / sich auch mal richtig auszuweinen* reinigt die kölsche Seele und scheint sogar ebenfalls zu den Urbedürfnissen des Menschen zu gehören, denn auch die dafür zuständige Schaltzentrale ist wie das Lachen im Stammhirn beheimatet. Am meisten Tränen fließen dabei beim Kölner, wenn es um sein geliebtes *Kölle* geht. Während andere im vermeintlich letzten Moment nach ihrer Mama rufen, möchte der Kölner noch einmal den Dom sehen. So leidet er vor allem in der Ferne an heftigem Heimweh und offenbart mit feuchten Augen: «*Ich mööch zo Foß noh Kölle gon*»[123].

Ansonsten aber liegt dem Kölner die große Gefühlsduselei nicht besonders und statt romantischem Gebaren, besticht er durch seinen rauen Charme. Das zeigt sich nicht nur im Charakter, sondern hat sich auch in der Sprache niedergeschlagen. So gibt es im Kölschen unzählige Synonyme für Schimpfwörter aller Art, aber kein einziges Wort für die Liebe. Wenn das *kölsche Hätz* denn mal etwas schneller schlägt, sagt der Kölner einfach nur «*ich han dich jään / ich habe dich gern*» oder fragt in seiner typisch bildhaft umschreibenden Art: «*Däts de mer ens ding Schluffe liehne? / Würdest du mir wohl deine Pantoffel leihen?*». Womit er ausdrücken möchte, dass er gerne über Nacht bleiben würde.

Weniger zurückhaltend und wortarm ist der Kölner wenn es darum geht, seiner Wut Ausdruck zu verleihen. Und das ist auch gut so, denn unterdrückte Gefühle bahnen sich immer auf die eine oder andere Weise ihren Weg und machen sich nicht selten irgendwann als körperliche Beschwerden bemerkbar. Da ist es doch besser, sich gleich mit ihnen zu befassen. Experten sind sich sicher, dass negative Gefühle durch Leugnen sogar noch verstärkt werden. So scheint uns alles, was wir versuchen zu verdrängen, am Ende erst recht zu beschäftigen. Eindrucksvoll zeigen konnte das der Harvard Professor Daniel Wegner mit seinem berühmten Eisbär Experiment. Dabei bat er Freiwillige, fünf Minuten lang nicht

an einen Eisbären zu denken. Sollte der weiße Zottel doch in ihren Gedanken auftauchen, sollten sie eine Glocke läuten. Und siehe da, diejenigen, die den Gedanken versucht hatten zu unterdrücken, läuteten mehr als doppelt so oft wie diejenigen aus der Kontrollgruppe[124].

Heißt das nun, man sollte seinen negativen Emotionen immer nachgeben und die Wut am Sofakissen auslassen? Auch das halten Psychologen nicht für sinnvoll. Trainieren wir damit doch sozusagen unsere Wutareale im Gehirn. Neurologisch gesehen verstärken sich nämlich die Zellverbindungen, die wir besonders oft benutzen. Die entsprechende Hirnregion arbeitet folglich viel effektiver, was bedeutet, dass wir künftig schneller und heftiger in aggressive Stimmungen geraten würden. Was also tun? Als Königsweg gilt es die Gefühle zu akzeptieren, aber in andere Bahnen zu lenken. Zum Beispiel lässt sich jede Art der emotionalen Erregung wunderbar durch Sport ausgleichen. Oder man macht es wie der Kölner und lässt seiner Wut in Form von absurden Beschimpfungen freien Lauf: «*Do avjerötsch Trappejeländer, do halver Emmer Fröhjohr, do häs doch ene Ratsch em Kappes! / Du heruntergerutschtes Treppengeländer, du halber Eimer Frühling, do hast doch einen Riss im Weißkohl*!» Wer soll sich dabei angegriffen fühlen? Na gut, wer den Kölner kennt weiß, dass seine Schimpfwörter auch deftiger ausfallen können, aber das ist seiner bodenständigen Art geschuldet und hat nicht den Zweck, dem anderen zu schaden. Für ihn sind sie einfach ein Mittel, emotional den Dampf rauszulassen.

Außerdem handelt es sich beim Kölner nur um kurze emotionale Gewitter, hat er doch im Großen und Ganzen ein historisch gewachsenes überaus friedfertiges Gemüt.

Als Händler und Kaufmann musste er sich schließlich stets mit allen Seiten gut stehen, um am Ende den größten Profit herauszuschlagen. So bezieht er auch nicht gerne Position und versucht möglichst, allen Konflikten aus dem Weg zu gehen oder diese auf eine friedliche Weise zu lösen: *Bütze es och en Aat, Fraulück de Muul ze stoppe / Küssen ist auch eine Art, die Frauen zum Schweigen zu bringen*.

Um nicht anzuecken, benimmt er sich auch gerne mal *dommschlau*[125], wie es herrlich in der Figur des Tünnes dargestellt wird. Dieser erscheint immer ein bisschen naiv, hat es aber faustdick hinter den Ohren. Man könnte auch sagen, er ist durch und durch verschmitzt. Womit nicht sein möglicher Nachname gemeint ist, sondern das deutsche Adjektiv, was laut Duden «auf lustige Weise listig und pfiffig» bedeutet. Also genau das, was den Kölner charakterisiert (was auch erklärt, warum es nicht vermüllert oder vermeiert heißt[126]). Mit seiner verschmitzten Art erreicht Tünnes am Ende immer sein Ziel und verbreitet dabei noch gute Laune. Und die hat ebenso erstaunliche Auswirkungen auf unseren Körper wie das Lachen aus dem letzten Abschnitt. Melissa Rosenkranz von der University of Wisconsin konnte 2003 in einem Versuch nachweisen, dass gute Laune alleine schon zu einer Stärkung des Immunsystems führt. Dazu wurden die Teilnehmer zunächst in eine fröhliche bzw. betrübte Stimmung versetzt und bekamen danach eine Grippeimpfung. Und wie anschließende Messungen zeigten, hatten die Frohnaturen deutlich mehr Antikörper gebildet als die Trauerklöße[127].

Wie vielfältig sich positive Emotionen auswirken, haben die letzten Artikel an vielen Stellen gezeigt. Offenheit und Optimismus verbessern die Kreativität und Anpassungsfähigkeit, Dankbarkeit und Hilfsbereitschaft stärken zwischenmenschliche Beziehungen und Humor erhöht die seelische und körperliche Widerstandskraft. Aber auch negative Emotionen haben von ihrer Natur her eine positive Bedeutung. So sollen sie uns unter anderem vor Gefahren warnen und in einen Zustand versetzen, der uns aus bedrohlichen Situationen entkommen lässt. Bei Angst zum Beispiel weiten sich die Augen und die Durchblutung in der Beinmuskulatur steigt an. Dadurch sehen wir besser und können schneller weglaufen. Neid spornt uns zu Höchstleistungen an und Wut verleiht uns ungeahnte Kräfte. Solange wir mit unseren Emotionen richtig umgehen, können wir also durchaus einen Nutzen daraus ziehen. Und für alle Miesepeter gibt es auch noch eine gute Nachricht, denn selbst schlechte Laune muss nicht immer schlecht sein. So mögen die Fröhlichen zwar gesünder sein, dafür sind die Sauertöpfe schlauer. Zumindest scheint ihr Gedächtnis besser zu funktionieren.

Um die Auswirkungen negativer Stimmung auf die Gedächtnisleistung zu untersuchen, schickte der Psychologe Joseph Forgas Teilnehmer mit unterschiedlicher Laune in einen Supermarkt und testete anschließend, woran sie sich noch erinnern konnten. Bei diesem und ähnlichen Tests schnitten die schlecht Gelaunten regelmäßig besser ab. Forgas führt das auf eine gesteigerte Aufmerksamkeit zurück. Denn während Frohnaturen die Welt oft unbedarft durch eine rosarote Brille sehen, führt schlechte Laune ähnlich wie Angst dazu, dass die

Umwelt mit wachen Augen betrachtet wird. Es werden also mehr Informationen aufgenommen, wodurch das Erlebte besser im Gedächtnis haften bleibt. Und er geht noch weiter. Bei guter Laune registrieren wir nicht nur weniger von unserer Umwelt, wir neigen offenbar sogar dazu, Fehlinformationen aufzunehmen und als eigene Beobachtung abzuspeichern[128]. Na das erklärt dann auch, warum der Kölner sich öfter mal etwas zu seinen Gunsten „zurechterinnert" (→ Artikel 3 Erinnerung). Schuld daran ist einfach seine gute Laune!

Und die ist sogar dafür verantwortlich, dass er möglichst jedem Risiko aus dem Weg geht (→ Artikel 8 Habituation). So das Ergebnis einer Studie aus Taiwan, bei der die gut gelaunten Teilnehmer eine deutlich geringere Risikobereitschaft zeigten als die Vergleichsgruppen. Als Erklärung führten die Wissenschaftler an, dass gute Stimmung ein Indikator für Zufriedenheit ist, für Frohnaturen also kein Grund besteht, etwas zu ändern. Während missmutige Menschen eher das Neue suchen, um ihrem Zustand zu entkommen und dabei mutiger sind, weil sie weniger zu verlieren haben[129]. Um nun aber noch einen Punkt für die Frohnaturen herauszuholen, sei an dieser Stelle angemerkt, dass diese sich im Allgemeinen kooperativer zeigen. Das wiederum ein Ergebnis der Forschungen von Joseph Forgas. Müßig zu erwähnen, dass ihm das auch jeder Kölner hätte sagen können.

Fast am Ende des Buches angelangt, erklären sich nun also viele Phänomene des kölschen Charakters einfach durch seine Frohnatur, oder wie es im Titel heißt, sein *kölsches Hätz*. Und weil zu Beginn des Abschnitts die

Frage nach dessen Bedeutung stand, soll zum Abschluss nun die Antwort folgen:

«Em Glöck süht et sich en der Nobeschaff öm,
deit gän singen Üvverfloß deile;
et Unglöck, dat föhlt es bloß halv esu schlemm
un weiß, dat de Zick et weed heile.
Genöglich derheim und verdräglich dervör
Un üvverall löstig un offe;
Eß nit gän allein un versperrt nit sing Döör,
verschlosse nit un nit verkroffe:
gemötlich un löstig, voll Tön und voll Krätz,
et dröcklich, glöckliche, echt kölsche Hätz![130]
/ In guten Zeiten sieht es sich bei den Nachbarn um,
teilt gerne seinen Überfluss;
Unglück empfindet es nur halb so schlimm
denn es weiß, dass die Zeit alle Wunden heilt.
Zu Hause bescheiden und draußen verträglich
und überall lustig und offen;
Es ist nicht gern allein und versperrt keinem die Tür,
verschließt sich nicht und zieht sich nicht zurück:
gemütlich und lustig, voller Lieder und Erzählungen,
(so ist) das treue, glückliche, echt Kölsche Herz!»

Eine Jeck mäht vill Jecke:
Das Glücksvirus

Ein Narr macht viele Narren

Ausnahmsweise steht Annemie heute mal etwas später auf. Als sie in die Küche kommt, sieht sie dort ihr kleines Tünnemännchen sitzen, der ein Buch liest und sich nicht mehr einkriegt vor Lachen. Eigentlich hätte die Oma den Kleinen heute Morgen zur Schule bringen sollen, deswegen fragt sie ganz erstaunt:

- «Jo Tünnemännche, wat mäs do dann noch he, do möts doch ald lang en der Schull sin! Es de Oma dann nit jekumme?

/ Ja Tünnemännche, was machst du denn noch hier, du müsstest doch schon längst in der Schule sein! Ist die Oma denn gar nicht gekommen?»

- «Doch Mam, ävver die han ich widder fott jescheck!

/ Doch Mama, aber die habe ich wieder weg geschickt!»

- «Jo wiesu dat dann? Un woför lachs do üvverhaup die janze Zigg esu jeck, es dat dann esu löstig, wat de do am lese bes?

/ Ja wieso das denn? Und warum lachst du überhaupt die ganze Zeit, ist das denn so lustig, was du da gerade liest?»

- «Nä Mam, ävver he en däm Boch steiht Laache es aansteckend. Un unse Lehrer hät jesaht, wammer en aansteckende Krankheit hät, kammer zo Hus blieve!

/ Nein Mama, aber hier in dem Buch steht Lachen ist ansteckend. Und unser Lehrer hat gesagt, wer eine ansteckende Krankheit hat, der darf zu Hause bleiben!»

Lachen ist ansteckend, das kennt jeder. Je länger wir jemandem zuschauen, der sich vor Lachen biegt, desto schwerer können wir selber ernst bleiben. Ich wette, dass sich dein Mund schon alleine bei der Vorstellung ans Lachen zu einem Lächeln verzieht. Ähnlich wie ein Grippevirus kann die Ansteckung von Lachen sogar in eine ausgewachsene Epidemie ausarten. Zum Glück ist das aber eine ausgemachte Seltenheit, denn wenn man nicht mehr mit dem Lachen aufhören kann, hört es auf, lustig zu sein. Das mussten die Einwohner von Tansania in Südafrika am eigenen Leib erfahren. Alles begann ganz harmlos, als am 30. Januar 1962 drei Mädchen in der Schule anfingen zu kichern. Nach und nach stimmten auch andere Schüler mit ein, bis schließlich die halbe Schule am gackern war und kein Unterricht mehr stattfinden konnte. Also wurden die lachenden Schüler nach Hause geschickt, wo sich ihr Lachen jedoch weiter verbreitete. Die Teenager konnten einfach nicht mehr aufhören und innerhalb weniger Monate schüttelten sich mehrere tausend Menschen vor andauernden Lach- und Weinkrämpfen. Nach drei Jahren legte sich das Phänomen von ganz alleine wieder und ging als „Tanganjika-Epidemie“ in die psychologische Geschichte ein.

Bis heute kennt niemand die genaue Ursache, doch Soziologen vermuten dahinter eine Art Massenhysterie. Dabei verhält sich ausgehend von einigen Wenigen plötzlich eine große Anzahl von Menschen gleich. Wissenschaftler versuchen seit Jahren die Hintergründe solcher Gruppenprozesse zu erforschen und wie es scheint, haben sie das Geheimnis entschlüsselt. So geht man heute davon aus, dass es sich dabei um eine Art der emotionalen Ansteckung handelt. Man übernimmt dabei unbewusst die Stimmung der anderen und handelt als Folge gleich oder zumindest ähnlich. Dazu bedarf es noch nicht einmal einer großen Gruppe, da dieser Prozess sich ständig abspielt, sobald wir mit jemandem in Kontakt treten.

Stell dir doch mal vor, ich würde dir erzählen, wie ich eben aus Versehen mit dem kleinen Zeh mit voller Wucht gegen das Tischbein gestoßen bin. Na, bist du gerade zusammengezuckt und hast das Gesicht verzerrt, als ob du selber den Schmerz gefühlt hättest? Den meisten Menschen ergeht es so, denn es handelt sich hierbei um eine automatische Nachahmung, so wie es auch beim Gähnen oder Lachen der Fall ist. Wissenschaftler nennen das Mimikry, die Spiegelung der Mimik oder Gestik einer anderen Person[131]. Doch wozu soll das gut sein? Die Antwort liefert wie so oft die Evolutionsbiologie. Als Herdentier war es von Nutzen, auf das Verhalten der anderen zu achten. Nach dem Motto hundert Augen sehen mehr als zwei. Man kann das heute noch in großen Herden beobachten, wo ein einziges Tier den Tiger sieht und urplötzlich die ganze Gruppe Reißaus nimmt. Du kannst das sogar selber auf der Hohe Straße nachstellen. Nein, dort gibt es keine Tiger, aber stell dich doch einfach mal dorthin und schaue demonstrativ nach oben. Es wird nicht lange dauern, bis auch andere gen Himmel schauen (es könnte ja etwas von selbigem herunterfallen).

Warnsignale möglichst schnell zu erkennen, konnte überlebenswichtig sein. Deshalb hat die Natur es so eingerichtet, dass wir nicht nur dem Blick eines anderen folgen können, sondern auch seinem Gemütszustand. Wenn wir jemanden sehen der lächelt, lächeln wir unwillkürlich zurück und wenn wir in ein ängstliches Gesicht schauen, macht sich unterschwellig auch bei uns ein bisschen Furcht bemerkbar. Wir werden quasi vorsichtshalber in Alarmbereitschaft versetzt, denn das, was dem anderen Angst macht, könnte auch für uns gefährlich werden.

Wir scheinen also instinktiv zu spüren, wie es jemand anderem geht und mittlerweile weiß man auch, wie das zustande kommt. Anscheinend lesen wir nicht einfach aus den Gesichtern unserer Mitmenschen, sondern ahmen diese nach. Stell dir vor, du triffst dich mit deinem Kumpel und der schaut ziemlich trüb aus der Wäsche. Automatisch werden sich auch deine Pupillen weiten und deine Mundwinkel leicht nach unten verziehen. Diese unwillkürlichen Mimikveränderungen sind so klein, dass wir sie mit bloßem Auge nicht sehen können, aber sie reichen aus, um das Facial Feedback aus dem letzten Abschnitt in Gang zu setzen. Dein Gehirn registriert die veränderte Muskelaktivität, schließt daraus, dass du ebenfalls schlecht drauf bist und schüttet die entsprechenden Botenstoffe aus. Ratz Fatz hast du dich bei der trostlosen Laune deines Kumpels angesteckt.

Schon wenige Tage alte Babies fangen an zu weinen, wenn sie andere Babys kreischen hören. Und spätestens mit neun Monaten beginnen sie, die Mimik ihrer Eltern nachzuahmen. Verantwortlich für diesen Prozess scheinen Spiegelneurone zu sein, die bereits in Artikel 2 eine Rolle spielten. Inzwischen geht man sogar davon aus, dass es sich nicht nur um einzelne Zellen, sondern ein ganzes System handelt, dass Basis für unser Mitgefühl ist. Das unbewusste Nachahmen führt also zum bewussten Nachfühlen. Und das funktioniert umso stärker, je besser man sich versteht. Ist uns unser Gegenüber sympathisch, nehmen wir automatisch dessen Körperhaltung und Sprechtempo an[132]. Du kannst das selber einmal beobachten. Leute, die sich mögen, haben oft gleichzeitig die Beine übereinander geschlagen, das Kinn aufgestützt oder gehen sich im selben Moment mit der Hand durch die Haare. Das Ganze kann sogar soweit gehen, dass sich Herzschlag und Atemfrequenz angleichen. Na gut, das kannst du jetzt nicht beobachten, da musst du dich auf die wissenschaftlichen Studien verlassen. Aber du kannst es auch selber einmal ausprobieren, denn das Prinzip funktioniert genauso gut umgekehrt. Soll heißen, wenn du dein Gegenüber (unauffällig) imitierst, erzeugst du damit Sympathie.

Nun weißt du auch, warum ich dir in Artikel 2 geraten habe, in Köln bei jeder Gelegenheit kräftig mitzuschunkeln. Das synchrone Bewegen der Körper im gleichen Takt und Richtung erzeugt gegenseitige Zuneigung unter allen Schunkelnden! Zudem werden bei engem Körperkontakt Endorphin und das Hormon Oxytocin ausgeschüttet, das die Bindung zwischen Menschen stärkt. Wer beim Schunkeln seekrank wird, kann den gleichen Effekt aber auch durch jede andere (erwünschte) Art von Körperkontakt hervorrufen, sei es durch Umarmungen, eine Massage oder das Streicheln von Tieren.

Oder du verteilst ein paar von den in Köln überaus beliebten *Bützje / Küsschen*. Die führen zudem noch zur Reduzierung von Stresssymptomen, wie die Psychologin Beate Ditzen von der Universität Zürich herausfand. Je häufiger die an der Studie beteiligten Paare Intimitäten austauschten, desto geringer war deren Konzentration von Stresshormonen im Speichel. Und das obwohl die

Untersuchung am Arbeitsplatz stattfand, wo der Stresslevel normalerweise besonders hoch ist[133].

Also nicht erschrecken, wenn du in Köln gedrückt, geherzt, gebützt und zum Schunkeln animiert wirst. All das ist keine plumpe Anmache, sondern ein Fall von emotionaler Ansteckung. Und da die so gut funktioniert, wirst du dich dem Treiben der Kölner sicher nicht lange entziehen können: *wä sich zwesche zehn Kölsche setz, weed der Elfte / wer sich zwischen zehn Kölsch setzt, wird der Elfte.* Und selbst wenn du kein Kölsch sprichst, solltest du nicht davor zurückscheuen, auch die kölschen Lieder lauthals mitzuträllern. Sprachforscher um Patti Adank von der Universität von Manchester haben nämlich festgestellt, dass die Nachahmung von Dialekt dazu führt, dass man ihn besser versteht. Sprachmimikry führt also ähnlich wie das Nachahmen der Mimik zum besseren Verständnis untereinander[134].

Das unbewusste Nachahmen hat übrigens einen kuriosen Nebeneffekt. So werden sich Paare mit zunehmenden Jahren nicht nur im Gemüt und Verhalten immer ähnlicher, sondern auch im Aussehen. So das erstaunliche Ergebnis einer Studie des Psychologen Robert Zajonc von der University Michigan. Er verglich das Aussehen von Paaren anhand von Fotos, die die Liebenden einmal zu Beginn ihrer Beziehung zeigten und einmal nach 25 Jahren Partnerschaft. Und siehe da, die gemeinsame Zeit hatte im wahrsten Sinne des Wortes ihre Spuren hinterlassen: das Aussehen der Partner hatte sich nachweislich angenähert. Dabei sahen sich die Paare mit besonders glücklichen Beziehungen auch besonders ähnlich. Vermutlich hatten die Liebenden dank emotionaler Ansteckung über die Jahre eine ähnliche Mimik aufgesetzt und dadurch dieselben Falten bekommen[135].

Und nicht nur das Aussehen gleicht sich an, bei Menschen die sich einander nahestehen, scheinen sich deren Gehirne sogar regelrecht zu synchronisieren. Am Max-Planck Institut für Bildungsforschung in Berlin wurden die Hirnströme von sechzehn Jazzmusikern aufgezeichnet, während diese paarweise ein Stück spielten. So konnte man sehen, dass die wellenförmigen EEG-Signale der Probanden im gleichen Takt schwangen. Je präziser die Duos zusammenspielten, desto besser stimmten auch ihre Hirnrhythmen überein[136]. Was der Volksmund schon lange wusste, lässt sich mittlerweile also auch wissenschaftlich nachweisen: Menschen die harmonieren, liegen buchstäblich auf derselben Wellenlänge.

Nun lässt sich Stimmung aber nicht nur durch neurologische Verknüpfungen verbreiten. Genauso gut kann man auf den altmodischen Klatsch und Tratsch zurückgreifen. Denn auch hier ist die Übertragung am Werk. So konnte der US-Psychologe John Skowronski nachweisen, dass Menschen häufig genau jene Eigenschaften zugeschrieben werden, die sie über andere verbreiten[137]. Das könnte erklären, warum der Kölner im Mittelalter alles als heilig deklariert hat, was nicht bei drei auf den Bäumen war. So wurde aus einem afrikanischen Soldaten ein heiliger Märtyrer, aus drei einfachen Weisen heilige Könige und aus ein paar englischen Mädels gleich 11.000 heilige Jungfrauen. Bis heute wird der Kölner nicht müde, Anekdötchen über Ursula und Konsorten zum Besten zu geben. Und warum? Weil er sich denkt, wenn ich ständig über Heilige rede, werde ich irgendwann selbst für heilig gehalten. Im Mittelalter hat der Trick zumindest funktioniert: Als einzige von vier christlichen Metropolen weltweit durfte Köln im 12ten Jahrhundert den Beinamen „Sancta" führen (→ Artikel 5 Glaube).

Solltest du vorhaben nach Köln zu ziehen, kannst du also schon mal sicher sein, dass man dich nach kurzer Zeit für lebenslustig, tolerant und gastfreundlich halten wird (wenn du bereits in Köln wohnst, gilt das natürlich gleichermaßen). Und dank emotionaler Ansteckung wird der Rheinische Frohsinn über kurz oder lang ohnehin auf dich abfärben. Allerdings nur, wenn du bereits eine gewisse Grundsympathie für den Kölner hegst, denn bei Menschen die man nicht mag oder denen man neutral gegenübersteht, ist man eher immun. Umgekehrt stecken sich Menschen, die sich sehr nahe stehen besonders leicht gegenseitig an. Und dabei zählt überraschenderweise die räumliche Nähe sogar stärker als die mentale, wie Nicholas Christakis von der Harvard University in Boston zeigen konnte. Ein gut gelaunter Nachbar erhöht die Wahrscheinlichkeit selber glücklich zu werden, um sagenhafte 34 Prozent, während ein guter Freund, der nur zwei Kilometer entfernt wohnt, keine nennenswerten Auswirkungen mehr hat. Wie sagte der Kölner noch gleich in Artikel 10? *Ne jode Nohber es besser wie ne wigge Broder / ein guter Nachbar ist besser wie ein entfernter Bruder.* Wie Recht er doch hat!

Übrigens hat Cristakis zusammen mit dem Politologen James Fowler noch mehr solcher ansteckenden Fälle untersucht, wie auch die Verbreitung von Rauchen und Übergewicht. Interessanterweise ist es dabei so, dass die größte Gefahr von engen Freunden ausgeht und zwar unabhängig davon, wie weit entfernt diese wohnen. Vollschlanke, qualmende Nachbarn hatten hingegen

Glücksansteckung im sozialen Umfeld
Nach Nicholas Christakis und James Fowler

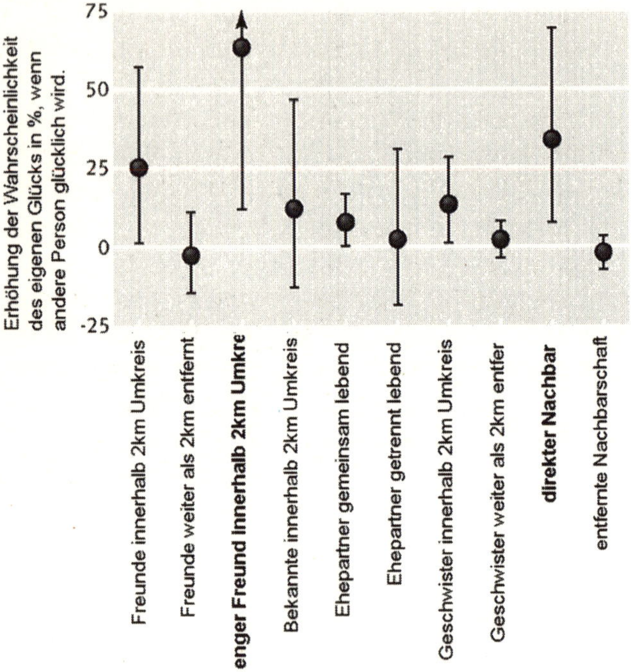

Enge Freunde im Umkreis von 2km und direkte Nachbarn haben den größten Einfluss auf das eigene Glück.

überhaupt keinen Einfluss[138]. Das unterstreicht die Ergebnisse anderer Studien, die allesamt belegen, dass vor allem positive Gefühle in hohem Maße ansteckend sind. Was lernen wir daraus? Bei der Wohnungssuche nicht nur auf die Einbauküche und die Badewanne achten, sondern auch mal einen Blick auf die Nachbarn werfen, denn *eine Jeck mäht vill Jecke.*

Zusammenfassung Artikel 11:
Lachen und Humor stärken Seele und Körper und sind die Allzweckwaffe auf der Suche nach Glück und Zufriedenheit.

Praktische Tipps zur Umsetzung:

- Besuche eine Lachyoga Veranstaltung, zum Beispiel www.elas-lachanstalt.de/.
- Kauf dir ein *Tünnes un Schäl* Witze Buch und setze dich damit in den Stadtwald. Wenn du aufgrund deines lauten Lachens angesprochen wirst, lies einfach ein paar Witze vor.
- Verteile statt „Free Hugs" einen Tag lang *„Freie Bützje"* auf der Domplatte.

Fazit

Fasst man alles zusammen, gibt es offensichtlich einige Voraussetzungen, die es braucht um glücklich zu sein, sowie bestimmte Charakterstärken und Gewohnheiten, die zu einem zufriedenen Leben beitragen:

Charakterstärken

- Realismus
- Selbstakzeptanz
- Optimismus
- Dankbarkeit
- Positive Einstellung
- Bescheidenheit
- Achtsamkeit
- Im Hier und Jetzt leben
- Neugier
- Anpassungsfähigkeit
- Vergebungsbereitschaft
- Hilfsbereitschaft
- Gelassenheit
- Toleranz
- Humor

Gesellschaftliche Voraussetzungen

- Demokratische Struktur
- Gleichberechtigung

- Persönliche Freiheit
- Ausreichend Geld, um Grundbedürfnisse (Wohnung, Nahrung) zu decken

Gewohnheiten

- gute Bindung zu Freunden und Nachbarschaft pflegen
- hilfreiche Vergleiche ziehen
- gemeinsame Traditionen haben
- einen Ausgleich zwischen Arbeit und Freizeit schaffen
- hin und wieder über die Stränge schlagen
- offen für Neues sein, neue Wege gehen
- einer Tätigkeit nachgehen, die einen ausfüllt
- die eigenen Gefühle ausleben
- Ziele verfolgen

Betrachtet man nun das, was gemeinhin unter der kölschen Mentalität verstanden wird, deckt sich dies in erstaunlichem Maße mit den Erkenntnissen der Glücksforschung. Tatsächlich könnten also die gesellschaftlichen Umstände und die Lebensweise des Kölners zu seiner sprichwörtlich frohgemuten Art geführt haben. Dabei konnten sich im Lauf der Jahre Charaktereigenschaften und Angewohnheiten entwickeln, die sich untereinander verstärkt haben und von Generation zu Generation weitergegeben wurden. Während die Psychologen dem Glück erst seit gut 30 Jahren auf der Spur sind, hat der Kölner dessen Geheimnis also schon längst erkannt. Und was bereits über Jahrhunderte in Form von Weisheiten überliefert wurde, wird heute durch moderne Forschungsmethoden neu entdeckt und bestätigt:

Das Kölsche Glücksgesetz:

- Artikel 1: Akzeptiere das Leben und dich selbst
- Artikel 2: Freue dich auf die Zukunft und erwarte immer das Beste
- Artikel 3: Bewahre dir einen gesunden Optimimus und positiven Blick
- Artikel 4: Bleibe stets bescheiden und genieße das Hier und Jetzt
- Artikel 5: Sei offen für Neuerungen und setze dir im Leben Ziele
- Artikel 6: Pflege gemeinsame Traditionen und zeige deine Dankbarkeit
- Artikel 7: Lass dir bei allem Zeit und verliere nie die Geduld
- Artikel 8: Genieße das Leben und die Arbeit, aber halte alles in Maßen
- Artikel 9: Bleib auf dem Boden und bestimme selber über dein Schicksal
- Artikel 10: Pflege gute soziale Kontakte und verhalte dich hilfsbereit
- Artikel 11: Lass deine Emotionen heraus und lache so oft du kannst

Register

Ähnlichkeitsprinzip 138
Alaaf 36
Bedürfnispyramide 130
Belohnungsaufschub 154
Belohnungssystem........... 229
Belohnungszentrum 125, 238
Better Life Index 159
Büdchen 214
Darmhirn 192
Dissonanztheorie..... 228, 242
Dopamin 95, 178
Effekt der bloßen Darstellung
.... 124
Effekt des Wohlbefindens bei
bekannten Dingen 123,
138
Eisbär Experiment............ 246
Endorphine 216
Facial Feedback 255
False Memory Syndrom..... 70
FC Köln 24, 59, 160
Flow 186
Franklin Effekt.................. 228
Frustrationstoleranz 155
Gay-Index 222
Gereon 113
Gorillatest 92
Gottes-Gen 117
Halver Hahn 69
hedonistische Gewöhnung
.... 174
Helper's High 232
Hirnstamm 237
intrinsische Motivation ..*Siehe*
Korrumpierungseffekt
Jugendwort des Jahres 154
Kardinal Frings 116
Karneval 111, 166, 174
Klüngel 135
Kölle putzmunter 231
Kölner Dom 66, 124, 163
Kölner Ehrenamtspreis 228
Kölner Originale 21, 182
Kölnisch Wasser 101
Konrad Adenauer 56, 140
Kontrollüberzeugung 204
Korrumpierungseffekt 139,
234
Lachforschung.................. 240
Lommerzheim 78, 202
Loss mer singe 51
Marshmellow-Test.......... 154

Mathilde von Mevissen 201
Maximizer 152
Micro Expressions 27
Milieukrippe 116
Millionenstadt 67
Mimik 49
Mimikry 254
Mind-Wandering 86
Mülheimer Brücke 140
Neuroplastizität 65
Nonnenstudie 43
Nord-Süd Bahn 148
Nucleus accumbens .... *Siehe* Belohnungssystem
Opiate 170
Oxytocin 256
Placebo 35
Positive Psychologie 10
Priming 63
Random acts of kindness . 233
Reframing 18
Resilienz 170, 187, 216
reziproke Zuneigung 229
Rheinauhafen 30
Rheinischer Frohsinn 168
Rheinischer Katholizismus 115
Rheinischer Optimismus 55
Rievkochebud 83
Roseto-Effekt 224
Rückkopplungseffekt .. 49, 50, 176, 228
Satisfier 152
Schäfers Nas 233
Schiefer Turm von Köln 149
Schlacht bei Worringen 72, 197
Schlüsselstärken 23
Schunkeln 50
Selbsterfüllende Prophezeiung .. 33, 71, 223
Selektive Wahrnehmung ... 62, 107
Sensation Seeker 178
Serotonin 192
Shareconomy 82
simplify Prinzip 83
Slow-Bewegung 151
soziale Netzwerke 217
Sozialer Aufwärtsvergleich 159
Spiegelneuronen 38, 255
Spotlight-Effekt 147, 148
Ständige Vertretungen 129
Sterbeanzeigen auf kölsch . 45
Stippeföttche 200
Stirnhirn 71
Tanganjika-Epidemie 253
Trizonesien-Lied 55
Truth Effekt 123
Tünnes 248
Veedel 225
Veedelskneipe 213
Verbundbrief 206
Verfügbarkeitsfehler 64
Wohlstandsparadox 81
World Happiness Report 79

Anmerkungen

[1] Die Positive Psychologie versucht herauszufinden, welche Faktoren dazu beitragen, dass Menschen sich zufrieden und glücklich fühlen. Sie wurde 1998 unter anderem von Martin Seligman, Präsident der American Psychological Association ins Leben gerufen und basiert vor allem auf empirischen Beobachtungen und Verhaltensstudien, bedient sich aber auch der Erkenntnisse aus neurologischen Untersuchungen. Die Positive Psychologie ist nicht zu verwechseln mit der Richtung des Positiven Denkens.

[2] Beikircher, Konrad: *Et kütt wie't kütt – Das Rheinische Grundgesetz*, Kiepenheuer & Witsch
Gleich zu Beginn führt Beikircher folgende Artikel auf:
Artikel 1: Et es wie't es
Artikel 2: Et kütt wie't kütt
Artikel 3: Et hätt noch immer jot jejange
Artikel 4: Wat fott es es fott
Artikel 4a: Kenne mr nit, bruche mr nit, fott domet!
Artikel 5: Wat soll dä Quatsch?
Artikel 5a: Wer weiß, wofür et jot es

[3] Haus Thomas Bei Jussi, Rochusstr. 106, 50827 Köln

[4] Siehe auch: Louis, Reinold: *Kölner Originale - Die Welt der alten Kölner Originale und Straßenfiguren*, Greven Verlag

[5] Ekman, Paul: *Gefühle lesen: Wie Sie Emotionen erkennen und richtig interpretieren*, Spektrum Akademischer Verlag.

[6] Das im Dezember 2008 eröffnete und zu den „World's Finest Clubs" gehörende King Kamehameha machte nach gut einem Jahr schon wieder dicht. Das exklusive Pier One musste 2011 trotz großer Eröffnungsparty nach nur sieben Monaten aufgeben und dem Playboy Club halfen auch Pamela Anderson und die Häschen nicht weiter, im Mai 2013 ging der Club nach acht Monaten Pleite und die Türen zu.

[7] Wiseman, Richard: *So machen Sie Ihr Glück. Wie Sie mit vier einfachen Strategien zum Glückspilz werden*, Mosaik Verlag

[8] Phillips, David et al. (2001): *The Hound of the Baskervilles effect: natural experiment on the influence of psychological stress on timing of death*

[9] Die älteste schriftliche Erwähnung von *Alaaf* fand man auf einem Trinkbecher von 1550. 1635 nutzte Graf Metternich den Ausdruck als Abschiedsformel in einem Brief.

[10] Abkürzung für Imitierter/Imitierender Kölner. Gemeint ist jemand, der nicht in Köln geboren ist, aber gerne wie ein Kölner wäre und diesen deswegen imitiert. Über die Stadtgrenzen hinaus bekannt wurde der Begriff durch den Gassenhauer „*Sag' ens Blotwoosch*" von Jupp Schlösser aus dem Jahr 1948.

[11] Das Klaaf Schmölzchen ist eine Gruppe von Fründen der Akademie för uns kölsche Sproch, die ehrenamtlich in Seniorenheimen und sozialen Einrichtungen kölsche Geschichten vorliest.

[12] Kölner Statistische Nachricht 1/2012

[13] Express, Ausgabe vom 26.02.2013

[14] Hamer, Mark et al. (2009): *Physical activity and risk of neurodegenerative disease: a systematic review of prospective evidence*

[15] Danner, Deborah et al. (2001): *Positive emotions in early life and longevity: Findings from the Nun-study*

[16] Stadt Köln, Amt für Stadtentwicklung und Statistik; Stand zum 31.12.2013

[17] Mottotext von Liesel Spoo, vorgestellt bei der Veranstaltung «*Sterben op Kölsch, Totsein auf rheinische Art*» im Dr. Mildred Scheel Haus am 26. Mai 2011

[18] Das Facial action coding system (FACS) umfasst alle möglichen Gesichtsausdrücke mit den daran beteiligten Muskeln. Es wird weltweit in der Psychologie eingesetzt, um Mimik zu deuten (z.B. um zu erkennen, ob jemand lügt).

[19] Die Augenbrauen ziehen wir immer dann hoch, wenn wir überrascht sind oder über etwas stauen. Bei Ärger ziehen wir die Brauen hingegen automatisch tief runter, was zur sogenannten „Wutfalte“ zwischen den Augen führt. Bei gezieltem Hochziehen der Augenbrauen ist es somit nicht möglich, lange wütend zu sein.

[20] IHK Konjunkturumfrage 2006

[21] Das unter den drei Siegermächten USA, Großbritannien und Frankreich aufgeteilte Deutschland wurde „Trizone“ genannt.

[22] Kinn, Werner: *Die Narretei als Philosophie und Lebenselixier*, Books on Demand

[23] Møller, Valerie (2007): *The South African Quality of Life Trends Study*

[24] In amerikanischen Supermärkten wird „Colorado Kölsch“ vertrieben und in der brasilianischen Kolonie Blumenau schenkt man „Eisenbahn Kölsch“ aus. Trotz Kölsch Konvention stellt das keinen Verstoß dar, da die Marke Kölsch nur im europäischen Raum geschützt ist.

[25] Bargh, John / Chen, Mark / Burrows, Lara (1996): *Automaticity of Social Behavior: Direct Effects of Trait Construct and Stereotype Activation on Action*

[26] Spencer, Steven / Steele, Claude / Quinn, Diane (1999): *Stereotype Threat and Women's Math Performance*

[27] FAZ, Ausgabe vom 12.4.2001

[28] Pegel Köln Ausgabe 4/2010

[29] Hierbei handelt es sich natürlich nicht um einen wissenschaftlichen Begriff, sondern eine Anspielung auf ein beliebtes Kinderspiel, bei dem man einen Satz von Person zu Person weiterflüstert. Am Ende wird der Ursprungssatz sowie das, was bei der letzten Person angekommen ist, laut wiederholt. Und zur allgemeinen Erheiterung haben beide Sätze meist nicht mehr viel miteinander zu tun.

[30] Weyden, Ernst: *Köln am Rhein vor 150 Jahren*, Greven

[31] Nach dem Tod von Hans Lommerzheim im Sommer 2005 wurde die Kneipe von Päffgen übernommen und saniert. Die Leute stehen zwar

immer noch Schlange, doch viele meinen, dass die alte Atmosphäre mit „Lommi" gegangen ist.
Siehe auch: Mahlke, Günther und Julie / Schumacher, Hans: *Lommerzheim. Kleines Glück op Kölsch. Das Kneipenbuch*, Rhein-Eifel-Mosel Verlag

[32] Beim World Happiness Report handelt es sich um eine Studie der UN, welche das Wohlbefinden der Menschen in den einzelnen Mitgliedsländern ermittelt. Dafür wurden Werte erstmalig von 2005 bis 2007 und mit einer zweiten Erhebung von 2010 bis 2012 gesammelt und verglichen.

[33] Judge, Tim et al. (2010): *The relationship between pay and job satisfaction: A meta-analysis of the literature*

[34] Zum Beispiel:
www.netcycler.de, www.tauschring.de, www.leihdirwas.de

[35] Küstenmacher, Werner Tiki: *simplify your life: Einfacher und glücklicher leben*, campus

[36] Killingsworth, Matthew et al. (2010): *A wandering mind is an unhappy mind*

[37] Brickman, Philip et al. (1978): *Lottery Winners and Accident Victims: Is Happiness Relative?*

[38] Neto, Félix et al. (2007): *Seeking forgiveness in an intergroup context: Angolan, Guinean, Mozambican, and East Timorese perspectives*

[39] Im Industriezeitalter standen in Ehrenfeld vor allem Fabriken und einfache Häuser für die Fabrikarbeiter. Dazwischen bauten sich wohlhabende Unternehmer jedoch schicke Villen, so wie auch der Inhaber der Gießerei Lieck und Plümacher, der 1877 eine Halbvilla in der Körnerstraße 98 erbauen ließ.

[40] Simons, Daniel J. / Chabris, Christopher F. (1999): *Gorillas in our midst: sustained inattentional blindness for dynamic events*

[41] Colonia Claudia Ara Agrippinensium (bedeutet so viel wie Stadt (C) nach römischem Recht, gegründet zur Zeit von Kaiser Claudius (C), an einem Ort wo sich ein Altar (A) befindet und die Agrippinenser (A) leben. Agrippina die Jüngere war die Ehefrau von Claudius und überzeugte ihn, ihren Geburtsort zur Stadt zu erheben.

[42] Eau de Cologne bzw. Kölnisch Wasser ist heute eine allgemeine Produktbezeichnung für ein leichtes Duftwasser. Es muss lediglich unter Verwendung von Citrusölen hergestellt sein und mindestens 70 Vol. % Alkoholgehalt aufweisen. Namenszusätze wie Echt und Original dürfen allerdings nur bei Kölner Produkten verwendet werden.

[43] Historiker zweifeln die Erklärung mittlerweile an, da die Hausnummernverteilung einem strengen System folgte und es nach diesem keine Hausnummer 4711 an Stelle der Manufaktur gegeben haben kann.

[44] Psychologen testen die Fähigkeit des lateralen Denkes übrigens gerne, indem sie Aufgaben stellen wie: «Was kann man mit einer Dose Erbsensuppe machen?» Die meisten kommen auf die Antwort öffnen und essen, schon weniger kommen auf öffnen, ausleeren und als Blumenvase aufstellen und nur sehr kreative würden vorschlagen, die Dose zu öffnen, auszuleeren, mit einem Band zu versehen und beim nächsten Rosenmontagszug als Kölschglashalter um den Hals zu hängen.

[45] Sehr grobes Schimpfwort für einen flegelhaften Mann. Wahrscheinlich abgeleitet von bellen und rammeln, also quasi ein wüster Akt des lautstarken tierischen Begattens. Verstärkt durch das vorangestellte *boore* für bäuerisch, was in diesem Fall zusätzlich beleidigend gemeint ist.

[46] Der Legende nach wurden Gereon und seine thebäischen Legionäre umgebracht, da sie sich weigerten, unschuldige Menschen zu töten und Kaiser Konstantin als Gott anzuerkennen. Ihre Leichen wurden in einem Brunnen entsorgt, an dessen Stelle die heilige Helena (Mutter von Konstantin) später eine Kirche (St. Gereon) errichtet hat.

[47] Zu der Zeit kam es zu vielen Ehen zwischen katholischen Kölnerinnen und protestantischen Preußen. Der König entschied, dass Kinder in diesem Fall die Religion des Vaters annehmen sollten, wogegen der katholische Erzbischof sich vehement wehrte.

[48] Wurde 1996 von Pfarrer Georg Kirsch initiiert. Dieser hatte zuvor in seiner alten Gemeinde in Porz bereits die Hänneschen-Krippe eingeführt. In dieser werden alle Figuren durch Darsteller des Puppentheaters repräsentiert.

[49] Hamer, Dean: *Das Gottes-Gen: Warum uns der Glaube im Blut liegt*, Kösel-Verlag

[50] Persinger, Michael: *Neuropsychological Bases of God Belief,* Praeger Publishers

[51] Klaus Heugel, der kurz vor der Wahl zum Oberbürgermeister wegen Insidergeschäften zurücktreten musste.

[52] «*Ich mööch zo Foß noh Kölle gon*» entstammt dem Lied „Heimweh nach Köln", das als Kölsche Nationalhymne gilt. Der beliebte Liedermacher Willi Ostermann soll den Text 1936 auf dem Sterbebett verfasst haben.

[53] Hier wird auf das Verrichten eines Geschäftes im Grünen angespielt, das – sofern es sich z.B. um Brennesseln handelt – zu schmerzhaften Erfahrungen führen kann.

[54] Der Name erinnert an die Ersatz-Botschaften, mit denen sich die Bundesrepublik Deutschland und die ehemalige DDR im jeweiligen Nachbarland vertreten ließen.

[55] Gray, John: *So bekommst du, was du willst, und willst, was du hast*, Goldmann Verlag

[56] Überall, Frank: *Der Klüngel in der politischen Kultur Kölns*, Bouvier

[57] Badura, Bernd u.a.: *Sozialkapital – Grundlagen von Gesundheit und Unternehmenserfolg*, Springer

[58] 1917 wurde er Oberbürgermeister von Köln, 1949 erster deutscher Bundeskanzler

[59] Aus Rita wurde später Tina, um einen Bezug zur damaligen Gesundheitsministerin Rita Süssmuth zu vermeiden.

[60] New York Times: «*An Old Church's New Tilt Inspires Tourists and T-Shirts*», Ausgabe vom 18. Oktober 2004

[61] Sammelbegriff für Bemühungen mit dem Ziel der Entschleunigung in diversen Lebensbereichen (z.B. Slow Food, Slow Travel und Citta Slow).

[62] Schwartz, Barry et al. (2002): *Maximizing Versus Satisficing: Happiness Is a Matter of Choice*

[63] *Stressport Deutschland 2012*, herausgegeben vom Bundesamt für Arbeitsschutz und Medizin

[64] Klein, Stefan: *Zeit, der Stoff aus dem das Leben ist*, Fischer

[65] Die hier angeführten Begriffe bezeichnen alle Methoden zur Verbesserung des Zeitmanagements.

[66] Watson, Jason / Strayer, David (2010): *Supertaskers: Profiles in extraordinary multitasking ability*

[67] Das Jugendwort des Jahres wir seit 2008 vom Langenscheidt Verlag gewählt.

[68] Mischel, Walter (1989): *Delay of gratification in children*

[69] Inrix Traffic Scorecard, Zeitraum Januar bis Dezember 2013

[70] Stand 2/2012. LeMoissonnier, Krefelderstr. 25, 50670 Köln.

[71] Für den Better Life Index werden die Mitgliedsländer der OECD anhand von elf Teilbereichen miteinander in Vergleich gesetzt. Der Index basiert auf verschiedenen internationalen Studien, u.a. der Gallup World Poll. Diese zählt als wichtigste internationale Umfrage, bei der jährlich 150.000 Befragte auf einer Skala von 1 bis 10 angeben, wie zufrieden sie mit ihrem gesamten Leben sind.

[72] Gaede, Nicolas: *Arena des Profifussballs*, Waxmann Verlag

[73] Express, Ausgabe vom 19.09.2013

[74] Kölner Statitstische Nachrichten 7/2002: *Köln – die Kölner und ihr Image. Empirische Analysen zur Innen- und Außenwahrnehmung Kölns im Rahmen des Leitbildprozesses Köln 2020*

[75] Macht seinem Namen noch heute als Festkomitee alle Ehre und stellt unter anderem das Dreigestirn und richtet den Rosenmontagszug aus.

[76] Alternative kabaretistische Sitzung (als erste Anti-Bewegung gegen den organisierten Frohsinn gegründet), in der typisch kölsch mit (Selbst)Ironie und bissigem Humor kein Blatt vor der Mund genommen wird.

[77] Kölner Zahlspiegel 2013

[78] Wrede, Adam: *Neuer Kölnischer Sprachschatz*, Greven. *Fisternöll* ist wahrscheinlich abgeleitet vom Verb *fisternölle* in der Bedeutung von an etwas herumbasteln, an einem tasten, herumfühlen.

[79] Und nicht in der Dachrinne wie es von Imis wegen der kölschen Aussprache oft fälschlicherweise verstanden wird: «*läv en der Daach ren / lebe in den Tag hinein*».

[80] Karam, Elie (2006): *Lebanese Epidemiologic Burden assessment of the Needs Of the Nation*

[81] *Flönz* nannte man ursprünglich jede Art von Wurstresten, die man in der Metzgerei erwerben konnte, wenn man knapp bei Kasse war.

[82] Neben der Fleischversion halten manche die „carris navalis", Schiffswagen die zur Römerzeit in Prozessionen benutzt wurden, für die Namensgeber des tollen Treibens.

[83] De Bloom, Jessica et al. (2011): *Effects of short Vacations, Vacation activities and experiences on employee health and Well Being*

[84] vom niederländischen makelen: Geschäfte vermitteln

[85] Eigentlich Bezeichnung für ein Flickstück zum ausbessern. Im übertragenen Sinn auch für eine Flickarbeit oder eine Kleinarbeit benutzt.

[86] Stand 2012. Köln liegt mit 28,2% weit über dem Bundesdurchschnitt von 15,6%. Besonders viele Trendsetter (mehr als 86%) leben in der Alt- und Neustadt und in Ehrenfeld.

[87] Lyubomirsky, Sonja: *Glücklich sein. Warum Sie es in der Hand haben, zufrieden zu leben*; Campus Verlag

[88] Kahnemann, Daniel et al. (2004): *A Survey Method for Characterizing Daily Life Experience: The Day Reconstruction Method*

[89] Riesch, Neil et al. (2009): *Interaction Between the Serotonin Transporter Gene (5-HTTLPR), Stressful Life Events, and Risk of Depression. A Meta-analysis*

[90] Csikszentmihalyi, Mihaly: *Flow: Das Geheimnis des Glücks*, Klett-Cotta

[91] Lehmann, Michael et al. (2011): *Enviromental Enrichment Confers Stress Resiliency to Social Defeat trough an Infralimbic Cortex-Dependent Neuroanatomical Pathway*

[92] Hilgers, Heribert A./ Schwering, Max-Leo (Hrsg.): *Kölsche Parodien*, Greven

[93] Gut, damals gab es noch keine berühmten Karnevalisten, aber tatsächlich sind diesen mehr Denkmäler und Straßennamen gewidmet, als irgendwelchen Herrschern. Und das könnte gut auf die damalige Haltung der Kölner zurückgehen.

[94] Dabei stehen jeweils zwei Gardisten Rücken an Rücken und reiben beim sogenannten „Wibbeln" die Hintern aneinander. Der Name kommt vom hervorstehenden (hervorstippen) Hintern (Föttche).

[95] OECD Bericht (2012):*Gleichstellung der Geschlechter – Zeit zu Handel*

[96] Karnevalshit von Marita Köllner - Et Fussisch Julche, *Denn mir sind kölsche Mädcher*, 1989

[97] Das Sozio-oekonomische Panel (SOEP) ist die größte und am längsten laufende multidisziplinäre Langzeitstudie in Deutschland. Durchgeführt wird diese repräsentative Wiederholungsbefragung vom Deutschen Institut für Wirtschaftsforschung (DIW, Berlin) in Zusammenarbeit mit der Infratest Sozialforschung München.

[98] Langer, Ellen / Rodin, Judith (1976): *The effects of choice and enhanced personal responsibility for the aged: A field experiment in an institutional setting*

[99] Aus Klein, Stefan: *Die Glücksformel*, Rowohlt

[100] Bjørnskov, Christian et al. (2003): *The Happy Few. Cross-Country Evidence on Social Capital and Life Satisfaction*

[101] Gunderson, Elizabeth et al. (2013): *Parent praise to 1- to 3-year-olds predicts children's motivational frameworks 5 years later*

[102] Steingass-Terzett: *Der schönste Platz ist immer an der Theke*, Steingass 1951

[103] Das selbst gebaute Büdchen war Schödes Diplomarbeit im Studienfach Gestaltung an der Hochschule für angewandte Wissenschaften Hamburg und wurde 2008 mit einer 1 benotet.

[104] Holt-Lunstad, Julianne et al. (2010): *Social Relationships and Mortality Risk: A Meta-analytic Review*

[105] Wang, Hua / Wellman, Barry (2010): *Social Connectivity in America: Changes in Adult Friendship Network Size from 2002 to 2007*

[106] Schurgin O'Keeffe, Gwenn et al. (2011): *Clinical Report - The Impact of Social Media on Children, Adolescents, and Families*

[107] «Arsch huh, Zäng ussenander!» war das Motto einer Aktion gegen Rassismus, bei der sich 1992 viele Kölner Musiker zusammen geschlossen haben. Höhepunkt bildete ein Konzert auf dem Chlodwigplatz, bei dem am 9.11.1992 über 100.000 Menschen für ein friedliches Miteinander demonstriert haben.

[108] agiplan, *Studie zur Kreativen Klasse in Deutschland*, 2010. Für 111 deutsche Städte wurde der sogenannte „TTT-Index" ermittelt, der das Talent (Anteil der Kreativen), die Technologie (wirtschaftliche Innovationen) und die Toleranz gegenüber Minderheiten vergleicht.

[109] Egolf, Brenda et al. (1992): *The Roseto effect: a 50-year comparison of mortality rates*

[110] Die städtebauliche Planung für das Heliosgelände wurde in einem kooperativen Gutachterverfahren erarbeitet. Drei Planungsbüros wurden dazu aufgefordert, ein städtebauliches Konzept für die knapp vier Hektar große Fläche im Zentrum von Ehrenfeld zu entwickeln. Hierbei sollten Leitbild und Ziele, die vorab von der Bürgerbeteiligung HELIOS FORUM entwickelt wurden, räumlich umgesetzt werden. Im November 2013 wurden die Ergebnisse vorgestellt, seitdem läuft die weitere Umsetzung.

[111] Kölner Statistische Nachrichten – 1/2012

[112] Preisträger: Katholische und Evangelische Telefonseelsorge (2001); Pflege des Geusenfriedhof, Elke Bendixen (2005); „Leseoma" Anneliese Hein (2009)

[113] Dunn, Elizabeth: *Happy Money: The Science of Smarter Spending*, Simon & Schuster

[114] Casiday, Rachel et al. (2008): *Volunteering and Health: What Impact Does It Really Have?*

[115] Der Begriff wurde in Anlehnung an das aus dem Sport bekannte „Runner's High" von Allan Luks geprägt, ehemaliger Geschäftsführer der New Yorker Hilfsorganisation „Big Brothers Big Sisters".

[116] In den 70er Jahren gab es in Köln, vor allem im Bereich der heutigen Ringe eine ausgeprägte Rotlichtszene. Diverse Unterweltgrößen hatten das Viertel fest in der Hand und brachten ihm den Namen „Chicago des Rheins" bei.

[117] Leppanen, Jukka (2003): *Affect and face perception: odors modulate the recognition advantage of happy faces*

[118] Wiseman, Richard: *Quirkologie: Die wissenschaftliche Erforschung unseres Alltags*, Fischer

[119] Long, Christopher / Greenwood, Dara (2013): *Joking in the Face of Death: A Terror Management Approach to Humor Production*

[120] Nielson, Kristy et al. (2007): *Positive and negative sources of emotional arousal enhance long-term word-list retention when induced as long as thirty minutes after learning*

[121]Lachyoga wurde Anfrag der 1990er Jahre vom indischen Arzt Dr. Madan Kataria entwickelt. Es besteht aus den eigentlichen Lachübungen kombiniert mit Atemübungen, die aus dem Yoga entlehnt sind sowie einer Entspannungsübung und einer Lachmeditation.

[122] Strack, Fritz et al (1988): *Inhibiting and Facilitating Conditions of the Human Smile: A nonobtrusive Test of the Facial Feedback Hypothesis*

[123] Siehe 52

[124] Wegner, Daniel: *The illusion of conscious will*, MIT Press

[125] schlau, aber sich dumm, einfältig, harmlos stellend; raffiniert überlegsam (aus Wrede)

[126] Das Wort „verschmitzt" bezieht sich natürlich nicht auf den Namen Schmitz. Es leitet sich vom älteren verschmitzen = mit Ruten schlagen ab. Aber vielleicht hat sich die Bedeutung ja aufgrund der Ähnlichkeit

zum Namen Schmitz zum Positiven geändert? Es liegen zumindest keine anders lautenden Erklärungen vor.

[127] Rosenkranz, Melissa / Davidson, Richard (2003): *Affective style and in vivo immune response: Neurobehavioral mechanisms*

[128] Forgas, Joseph et al. (2009): *Can bad weather improve your memory? An unobtrusive field study of mood effects on real-life memory* Bei dem Versuch ging es um die Gedächtnisleistung in Punkto unbewusste Informationsaufnahme. Im Gegensatz zur Studie aus dem letzten Abschnitt, wo die Teilnehmer bewusst etwas Neues dazu lernen sollten. Dabei schnitten diejenigen mit guter Laune besser ab.

[129] Chuang, Shih-Chieh et al. (2007): *The Effects of Mood and Openness-to-Feeling Trait on Choice*

[130] Auszug aus dem Gedicht *Et Kölsche Hätz* von Wilhelm Schneider-Clauss

[131] Mimikry ist auch aus der Tierwelt bekannt. Dabei ist jedoch Tarnung durch Täuschung gemeint.

[132] Chartrand, Tanya et al. (2005): *Beyond the Perception-Behavior Link: The Ubiquitous Utility and Motivational Moderators of Nonconscious Mimicry*

[133] Ditzen, Beate et al. (2008): *Positive Couple Interactions and Daily Cortisol: On the Stress-Protecting Role of Intimacy*

[134] Adank, Patti et al. (2010): *Imitation Improves Language Comprehension*

[135] Zajonc, Robert et al. (1987): *Convergence in the physical appearance of spouses*

[136] Lindenberger, Ulmann et al. (2009): *Brains Swinging in Concert: Cortical Phase Synchronization while Playing Guitar*

[137] Skowronski, John et al. (1998): *Spontaneous trait transference: communicators taken on the qualities they describe in others*

[138] Christakis, Nicholas / Fowler, James: *Die Macht sozialer Netzwerke: Wer uns wirklich beeinflusst und warum Glück ansteckend ist*, Fischer

Bildnachweis

S. 2, Autorin; Agnes Bockwoldt-Jochmann

S. 16 Tünnes und Schäl; Ralph Müller, www.mues-galerie.de

S. 21 Läsche Nas Brunnen; Birgit Maifeld

S. 29 Nachtflohmarkt; Birgit Maifeld

S. 37 Alaaf Bild; Birgit Maifeld

S. 39 Goldene Kammer; Birgit Maifeld

S. 46 Anzeige; Ruppert, Helmut S., *Eingegangen in die ewigen Jagdgründe: Die Todesanzeige als Abbild der Zeit*, Echter

S. 51 Singender Biergarten; Birgit Maifeld

S. 69 Halver Hahn; Ralph Müller, www.mues-galerie.de

S. 115 Goldene Kammer; Birgit Maifeld

S. 122 Nord-Süd-Fahrt Köln; Birgit Maifeld

S. 141 Mülheimer Brücke, Birgit Maifeld

S. 161 FC Aufstiegsfeier Alter Markt Köln; Birgit Maifeld

S. 187 Anrufanzeige; Birgit Maifeld

S. 215 Kiosk Baba (Maarweg/Vogelsangerstr); Birgit Maifeld

S. 241 Werbeplakat des Kölner Zoos; www.koelnerzoo.de

S. 246 Werbeplakat der Brauerei Früh; www.frueh.de

An dieser Stelle ein Danke für die freundlichen Genehmigungen von der Pfarrgemeinde St. Agnes, dem Echter Verlag, den Kollegen der AWB, dem Kölner Zoo und der Brauerei Früh.